高等职业教育土木建筑类专业新形态教材

U0711455

建筑工程资料管理
（第3版）

主　编　刘尊明　张永平　朱　锋

副主编　吴　涛　于凤鸣　赵　琳

参　编　李晓明　刘乃江

主　审　马　晓　范　涛

北京理工大学出版社
BEIJING INSTITUTE OF TECHNOLOGY PRESS

内 容 提 要

本书根据现行国家规范，以资料管理技能训练为核心，以胜任资料管理岗位为目标，以资料管理流程为导向进行编写。全书共分为七个项目，主要内容包括建筑工程资料管理入门、工程准备阶段文件管理、监理资料管理、施工资料管理、竣工图和工程竣工文件管理、建筑工程资料的组卷与归档、建筑工程资料管理软件及应用等。

本书可作为高等院校建筑工程技术、工程监理、工程造价、建筑工程管理等土建类专业的教材，也可作为开放大学、远程教育、资料员考试、自学考试等的教学用书，还可供从事建筑施工、工程监理、资料管理等工程技术人员和管理人员参考使用。

图书在版编目（CIP）数据

建筑工程资料管理 / 刘尊明，张永平，朱锋主编
.-- 3版.-- 北京：北京理工大学出版社，2023.8（2023.9重印）
ISBN 978-7-5763-2266-8

Ⅰ.①建… Ⅱ.①刘… ②张… ③朱… Ⅲ.①建筑工程－技术档案－档案管理 Ⅳ.①G275.3

中国国家版本馆CIP数据核字（2023）第060409号

出版发行／北京理工大学出版社有限责任公司

社　　址／北京市丰台区四合庄路6号院

邮　　编／100070

电　　话／（010）68914775（总编室）
　　　　　（010）82562903（教材售后服务热线）
　　　　　（010）68944723（其他图书服务热线）

网　　址／http://www.bitpress.com.cn

经　　销／全国各地新华书店

印　　刷／河北鑫彩博图印刷有限公司

开　　本／787毫米×1092毫米　1/16

印　　张／18　　　　　　　　　　　　　责任编辑／钟　博

字　　数／437千字　　　　　　　　　　　文案编辑／钟　博

版　　次／2023年8月第3版　2023年9月第2次印刷　　责任校对／周瑞红

定　　价／55.00元　　　　　　　　　　　责任印制／王美丽

FOREWORD 第3版前言

建筑工程资料只有取得城建档案管理机构的认可，才可以组织工程竣工验收。建筑工程资料管理越来越得到建设单位、监理单位和施工单位的重视。为了更好地管理建筑工程资料，密切地与现行的法律法规、标准规范相结合，方便读者学习，编者对本教材第2版适时进行了修订和完善。

本次修订，以党的二十大精神为指引，以立德树人为根本，以培养脚踏实地、求是创新的现代建筑工程资料管理人才为使命，有机融入课程思政元素，在介绍建筑工程资料管理专业知识的同时，注重正能量价值观潜移默化的引导，培育适合我国现代建筑行业发展的人才。

本次修订主要包括以下内容：

（1）教材编排格式改为项目式教学模式编排。

（2）根据《建设工程文件归档规范（2019年版）》(GB/T 50328—2014)，对相关内容进行了调整。

（3）根据《建设工程监理工作规程》(DB37/T 5028—2022)、《建设工程监理文件资料管理规程》(DB37/T 5009—2022)等，对相关内容进行了修改补充。

（4）增设了附录一建筑工程文件归档范围和附录二山东省建筑工程施工资料组成目录。

本书由山东城市建设职业学院刘尊明、张永平，济南工程职业学院朱锋担任主编；由山东城市建设职业学院吴涛、于凤鸣、赵琳担任副主编；山东城市建设职业学院李晓明、山东惠诚建筑公司刘乃江参与了本书部分章节的编写工作。全书由山东城市建设职业学院马晓、济南市工程质量与安全生产监督站范涛主审。

在修订过程中，编者广泛征求了各方面的意见，查阅了大量的文献和已出版的多种相关教材，对具体修订内容进行了反复讨论和修改，最后经审查定稿。在此，对相关人员的帮助表示深深的谢意。

由于编者的专业水平和实践经验有限，书中难免存在不妥之处，敬请各位读者批评指正。

编 者

第2版前言 FOREWORD

近年来，随着建筑行业的不断发展，与建筑工程资料管理相关的法律法规、标准规范不断地出台、更新和完善。为了使本书与时俱进，方便读者学习，编者对本书第1版适时进行了修订和完善。

本次修订主要包括以下内容。

（1）根据《建设工程文件归档规范》（GB/T 50328—2014），对相关内容进行了调整。

（2）根据《建设工程监理规范》（GB/T 50319—2013）、《建设工程监理文件资料管理规程》（DB37/T 5009—2014）、《建筑工程（建筑与结构工程）施工资料管理规程》（DB37/T 5072—2016）等，对相关内容进行了修改、补充。

（3）增加了"第七章建筑工程资料管理软件及应用"，以帮助读者顺利掌握建筑工程资料管理软件的操作技能。

本书由山东城市建设职业学院刘尊明、张永平，济南工程职业学院朱锋担任主编，由山东城市建设职业学院于凤鸣、赵琳，山东惠诚建筑公司刘乃江担任副主编。山东城市建设职业学院叶曙光、谢东海、吴涛参与了本书部分章节的编写工作。全书由山东城市建设职业学院张朝春、济南市工程质量与安全生产监督站范涛主审。

在修订过程中，编者广泛征求了各方面的意见，查阅了大量的文献和已出版的多种相关教材，对具体修订内容进行了反复讨论和修改，最后经审查定稿。在此，对相关人员的帮助表示深深的谢意。

由于编者的专业水平和实践经验有限，书中难免有不妥之处，敬请各位读者、专家和同行指正。

编 者

FOREWORD 第1版前言

建筑工程资料管理是工程建设活动中进行工程项目管理的一项重要内容，是项目经理、技术负责人、施工员、质检员、材料员及试验员岗位工作的主要内容之一。《建设工程文件归档整理规范》明确要求："建设单位在组织工程竣工验收前，应提请城建档案机构对工程档案进行预验收。建设单位未取得城建档案管理机构出具的认可文件，不得组织工程竣工验收"。由此可见，建筑工程资料管理工作在建筑施工企业项目管理工作中具有重要地位。

建筑工程技术等土建类专业是为企业培养一线高端技能型人才而开设的，其教学内容必须满足企业职业岗位工作要求，以符合职业教育"以服务为宗旨，以就业为导向"的办学方针，实现"零距离"就业。本书是基于企业资料员的工作过程和职业资格考试要求而开发的一部教材，内容以中国建设教育协会组织编写的资料员、施工员等专业管理实务考试标准及考试大纲为基本框架，同时融入山东省地方标准《山东省建筑工程施工技术资料管理规程》的主要内容。全书共分六章，内容包括概述、工程准备阶段文件管理、监理资料管理、施工资料管理、竣工图和工程竣工文件管理、建筑工程资料的组卷与归档。

本书具有综合性强、政策性强、特色性强、实践性强等特点。

（1）以大量的案例为载体，采用理论与实践相结合的编写思路。书中的案例和实训均来源于实际工程项目。

（2）内容设置与职业资格认证紧密结合，紧紧围绕技能教育这一思想。以应用性职业岗位需求为中心，以学生能力培养、技能实训为本位，力求将实际工作内容与教材内容有机结合。

（3）编排形式新颖独特。本书根据现行国家规范，结合职业资格认证的特点，按照建筑工程资料管理的流程编排教材内容，大幅增加案例的成分，以便于学生提高资料管理的技能。

本书由刘尊明、张永平、朱锋担任主编，由于凤鸣、刘晓华、刘乃江担任副主编。具体参加编写的人员有：山东城市建设职业学院刘尊明、张永平、于凤鸣、刘晓华、叶曙光、谢东海、吴涛；山东惠诚建筑有限公司刘乃江；济南工程职业学院朱锋。本书由山东城市建设职业学院张朝春担任主审。

限于编者水平，书中不足和错误之处在所难免，敬请读者批评指正。

编 者

CONTENTS 目录

项目一　建筑工程资料管理入门 ……………1

任务一　熟悉建筑工程资料基本知识 ……1
一、建筑工程资料术语 ………………1
二、建筑工程资料的分类与归档范围 …5
三、建筑工程资料的特征 ……………6
四、建筑工程资料的作用 ……………6

任务二　熟悉建筑工程资料管理基本知识 …7
一、建筑工程资料管理的意义 ………7
二、建筑工程资料管理的现状与发展趋势 …8
三、建筑工程资料管理职责 …………8
四、建筑工程资料管理原则 …………14
五、建筑工程资料管理基本规定 ……15
六、建筑工程资料管理相关标准规范 ……16

任务三　熟悉建筑工程施工质量验收统一标准 ……………17
一、检验批质量验收 …………………18
二、分项工程质量验收 ………………18
三、分部工程质量验收 ………………18
四、单位工程质量验收 ………………19
五、建筑工程施工质量验收不符合要求的处理 ……………20

技能训练 ……………………21

项目二　工程准备阶段文件管理 …………23

任务一　熟悉工程准备阶段文件的形成和管理要求 ………23
一、工程准备阶段文件的形成 ………24
二、工程准备阶段文件的管理要求 …24

任务二　编制、收集与审查工程准备阶段文件 …25
一、立项文件 …………………………25
二、建设用地拆迁文件 ………………27
三、勘察设计文件 ……………………33
四、工程招投标文件 …………………37
五、开工审批文件 ……………………38
六、工程造价文件 ……………………44
七、工程建设基本信息 ………………45

技能训练 ……………………47

项目三　监理资料管理 ……………49

任务一　熟悉监理资料的形成和管理要求 ……………49
一、监理资料的形成 …………………49
二、监理资料的管理要求 ……………50

任务二　编制、收集与审查监理管理资料 ……51
一、监理管理资料的类别 ……………51
二、监理规划 …………………………52
三、监理实施细则 ……………………53
四、监理月报 …………………………54
五、监理会议纪要 ……………………55
六、监理日志 …………………………56
七、监理工作总结 ……………………57
八、工作联系单 ………………………58
九、监理工程师通知 …………………59
十、监理工程师通知回复单 …………60
十一、工程暂停令 ……………………61

CONTENTS

十二、工程复工报审表 …………62

任务三 收集与审查进度控制资料 ……65
一、进度控制资料的类别 …………65
二、工程开工报审表 …………65
三、施工进度计划报审表 …………68

任务四 编制、收集与审查质量控制资料 ……… 70
一、质量控制资料的类别 …………70
二、质量事故报告及处理资料 …………70
三、旁站监理记录 …………71
四、见证取样和送检人员备案表 …………73
五、见证记录 …………73

任务五 收集与审查造价控制资料 ……… 76
一、造价控制资料的类别 …………76
二、工程款支付报审表 …………76
三、工程款支付证书 …………78
四、工程变更费用报审表 …………78
五、费用索赔申请表 …………80
六、费用索赔报审表 …………81

任务六 编制、收集与审查工期管理文件 ……… 84
一、工期管理文件的类别 …………84
二、工程延期申请表 …………84
三、工程延期审批表 …………85

任务七 编制、收集与审查监理验收文件 ……… 87
一、监理验收文件的类别 …………87
二、竣工移交证书 …………87
三、监理资料移交书 …………88

技能训练 ……… 89

项目四 施工资料管理 ………91
任务一 熟悉施工资料的形成、编号和管理要求 ……… 91
一、施工资料的形成 …………91
二、施工资料的分类与编号 …………92
三、施工资料的管理要求 …………97

任务二 编制、收集与审查施工管理资料 ……… 99
一、施工管理资料的类别 …………99
二、工程概况表 …………99
三、施工现场质量管理检查记录 …………101
四、分包单位资质报审表 …………102
五、工程质量事故调（勘）查记录 …………105
六、建设工程质量事故报告 …………105
七、施工检测（试验）计划 …………106
八、见证试验检测汇总表 …………107
九、施工日志 …………108

任务三 编制、收集与审查施工技术资料 ………110
一、施工技术资料的类别 …………110
二、工程技术文件报审表 …………110
三、施工组织设计（施工方案）审批表 …111
四、技术交底记录 …………112
五、图纸会审记录 …………114
六、设计变更通知单 …………114
七、工程洽商记录 …………115

任务四 编制、收集与审查施工物资资料 ………116
一、施工物资资料管理的总要求 …………116
二、《建设工程文件归档规范》
（GB/T 50328—2014）：施工物资资料…117

C O N T E N T S

三、《建筑工程（建筑与结构工程）施工
　　资料管理规程》：施工物资资料……118

任务五　编制、收集与审查施工测量
**　　　　资料**………………………………125
　一、施工测量资料的类别…………………125
　二、工程定位测量记录……………………125
　三、基槽验线记录…………………………126
　四、楼层平面放线记录……………………128
　五、楼层标高抄测记录……………………129
　六、建筑物垂直度、标高测量记录………130
　七、建筑物沉降观测记录…………………132

任务六　编制、收集与审查施工记录……132
　一、施工记录的类别………………………133
　二、隐蔽工程验收记录……………………133
　三、施工检查记录…………………………139
　四、交接检查记录…………………………141
　五、地基验槽检查验收记录………………142
　六、地基钎探记录…………………………143
　七、混凝土浇灌申请书……………………145
　八、预拌混凝土运输单……………………146
　九、混凝土拆模申请单……………………147
　十、屋面淋水、蓄水试验检查记录………148

任务七　编制、收集与审查施工试验
**　　　　记录**………………………………149
　一、施工试验记录的类别…………………149
　二、回填土试验报告（应附图）…………151
　三、砌筑砂浆试验报告……………………152
　四、混凝土试验记录………………………155
　五、钢筋连接试验报告……………………157

任务八　编制、收集与审查施工质量验收
**　　　　文件**………………………………158
　一、施工质量验收文件的类别……………158
　二、检验批质量验收记录…………………158
　三、分项工程质量验收记录………………165
　四、分部（子分部）工程验收记录………167

任务九　编制、收集与审查施工验收
**　　　　文件**………………………………171
　一、施工验收文件的类别…………………171
　二、单位（子单位）工程竣工预验收
　　　报验表…………………………………171
　三、单位（子单位）工程质量竣工验收
　　　记录……………………………………172
　四、单位（子单位）工程质量控制资料
　　　核查记录………………………………174
　五、单位（子单位）工程安全和功能检查
　　　资料核查及主要功能抽查记录………175
　六、单位（子单位）工程观感质量检查
　　　记录……………………………………176
　七、施工资料移交书………………………178

技能训练……………………………………178

项目五　竣工图和工程竣工文件管理……185
任务一　熟悉竣工图和工程竣工文件的
**　　　　形成和管理要求**…………………185
　一、竣工图和工程竣工文件的形成………186
　二、竣工图和工程竣工文件的管理要求…186

任务二　编制、收集与审查竣工图………187
　一、竣工图的作用…………………………187
　二、编制竣工图的职责与分工……………187
　三、竣工图的编制要求……………………188

CONTENTS

四、竣工图的主要内容 ……………… 188

五、竣工图的类型 …………………… 189

六、竣工图的绘制 …………………… 189

七、竣工图的审核 …………………… 193

八、竣工图章 ………………………… 194

九、图纸折叠 ………………………… 195

任务三　编制、收集与审查工程竣工

验收文件 ………………………… 197

一、工程竣工验收文件的主要内容 …… 197

二、施工单位工程竣工报告 ………… 198

三、监理单位工程质量评估报告 …… 200

四、工程竣工验收报告 ……………… 202

五、认可文件（或准许使用文件）…… 205

六、房屋建筑工程质量保修单 ……… 205

七、建设工程竣工验收备案表 ……… 207

技能训练 ……………………………… 210

项目六　建筑工程资料的组卷与归档 … 212

任务一　掌握建筑工程资料的组卷 …… 212

一、组卷的流程、原则和方法 ……… 212

二、组卷要求 ………………………… 214

三、卷内文件排列 …………………… 215

四、案卷编目 ………………………… 215

五、案卷的检查、装订与装具 ……… 220

六、案卷目录的编制 ………………… 221

任务二　掌握建筑工程资料的归档

与移交 ………………………… 222

一、归档 ……………………………… 222

二、验收 ……………………………… 224

三、移交 ……………………………… 227

技能训练 ……………………………… 230

项目七　建筑工程资料管理软件

及应用 ………………………… 232

任务一　熟悉建筑工程资料管理软件的

特点与主要功能 …………… 233

一、建筑工程资料管理软件的特点 …… 233

二、建筑工程资料管理软件的主要功能 … 233

任务二　熟悉建筑工程资料管理软件的

安装 ………………………… 235

一、建筑工程资料管理软件的运行环境 … 235

二、建筑工程资料管理软件的安装 …… 236

任务三　掌握建筑工程资料管理软件的

基本操作 …………………… 239

一、建筑工程资料管理软件的操作流程 … 239

二、建筑工程资料管理软件操作入门 …… 240

技能训练 ……………………………… 245

附录 ………………………………… 246

附录一　建筑工程文件归档范围 ……… 246

附录二　山东省建筑工程施工资料

组成目录 ………………… 257

参考文献 …………………………… 278

项目一　建筑工程资料管理入门

项目导航

建筑工程资料是建筑工程质量验收的必备条件，是建筑工程进行维修、改建、扩建的重要依据。建筑工程资料术语是准确理解并掌握建筑工程资料的基础。了解建筑工程资料的类型及其责任单位，熟悉建筑工程资料的特征，有助于建筑工程资料管理。

各参建单位的资料员是建筑工程资料管理的直接责任者，一定要严守自己的岗位职责，遵守建筑工程资料管理原则和有关标准规范，严格按照建筑工程资料的质量要求把关。其他相关人员也要做好建筑工程资料管理有关工作。

《建筑工程施工质量验收统一标准》（GB 50300—2013）是建筑工程施工质量验收最基本的依据，与建筑工程资料管理密切相关。

党的二十大报告指出："问题是时代的声音，回答并指导解决问题是理论的根本任务。"建筑工程资料的作用是什么？包括哪几种类型？有哪些特征？建筑工程资料管理的现状和发展趋势是什么？建筑工程资料管理的职责如何分工？建筑工程资料管理的原则是什么？建筑工程资料管理有哪些基本规定？回答这些问题是理论解决的根本任务。

任务一　熟悉建筑工程资料基本知识

任务目标

知识目标	能力目标	素养目标
1. 准确掌握建筑工程资料术语； 2. 熟练掌握建筑工程资料的分类与归档范围； 3. 了解建筑工程资料的特征； 4. 重视建筑工程资料的作用	1. 能够编制资料管理计划； 2. 能够建立资料收集台账； 3. 能够进行资料填写交底	1. 养成实事求是、不弄虚作假的工作习惯； 2. 养成细心周到、按时完成任务的工作作风

一、建筑工程资料术语

1. 建筑工程资料

建筑工程资料（也称为建筑工程文件）是指在工程建设过程中形成的各种形式的信息记录，包括工程准备阶段文件、监理文件、施工文件、竣工图和工程竣工验收文件，简称工程资料或工程文件。

2. 建筑工程资料管理

建筑工程资料管理是建筑工程资料的填写、编制、审核、审批、收集、整理、组卷、移交及归档等工作的统称，简称工程资料管理。

3. 资料员

资料员是指从事工程资料的收集、整理、保管、归档、移交等工作的专业人员。

4. 工程准备阶段文件

工程准备阶段文件是指工程开工以前，在立项、审批、用地、勘察、设计、招投标等工程准备阶段形成的文件。

5. 监理文件

监理文件(也称为监理资料)是指监理单位在工程设计、施工等监理过程中形成的文件。

6. 施工文件

施工文件(也称为施工资料)是指施工单位在施工过程中形成的文件。

7. 竣工图

竣工图是指工程竣工验收后，真实反映建筑工程施工结果的图样。

8. 工程竣工验收文件

工程竣工验收文件(也称为竣工验收文件)是指在建筑工程项目竣工验收活动中形成的文件。

9. 工程档案

工程档案是指在工程建设活动中直接形成的具有归档保存价值的文字、图表、声像、电子文件等各种形式的历史记录。

10. 工程电子文件

工程电子文件是指在工程建设过程中通过数字设备及环境生成，以数码形式存储于磁带、磁盘或光盘等载体，依赖计算机等数字设备阅读、处理，并可在通信网络上传送的文件。

11. 工程电子档案

工程电子档案是指工程建设过程中形成的，具有参考和利用价值并作为档案保存的电子文件及其元数据。

12. 工程声像档案

工程声像档案是指记录工程建设活动，具有保存价值的，用照片、影片、录音带、录像带、光盘、硬盘等记载的声音、图片和影像等历史记录。

13. 整理

整理是指按一定的原则，对工程文件进行挑选、分类、组合、排列、编目，使之有序化的过程。

14. 案卷

案卷是指由互有联系的若干文件资料组成的档案保管单位。

15. 组卷

组卷是指按照一定的原则和方法，将有保存价值的工程资料分类整理成案卷的过程，也称为立卷。

16. 归档

归档是指文件资料形成部门或形成单位完成其工作任务后，将形成的文件资料整理立卷后按规定向本单位档案室或城建档案管理机构移交的过程。

17. 永久保管

永久保管是工程档案保管期限的一种，指将工程档案无限期地、尽可能长远地保存下去。

18. 长期保管

长期保管是工程档案保管期限的一种，指将工程档案保存到该工程被彻底拆除。

19. 短期保管

短期保管是工程档案保管期限的一种，指将工程档案保存 10 年以下。

20. 单位工程

具备独立施工条件并能形成独立使用功能的建筑物或构筑物为一个单位工程；对于规模较大的单位工程，可将其能形成独立使用功能的部分划分为一个子单位工程。

21. 分部工程

分部工程是指单位工程中按工程部位、设备种类和型号、使用材料划分的，可以独立组织施工的工程(表 1-1)。如单位工程中的土建部分可分为地基与基础工程、主体结构工程、建筑装饰装修工程、屋面工程 4 个分部工程。较大或较复杂的分部工程可分为若干子分部工程。如主体结构工程可分为混凝土结构工程、砌体结构工程等子分部工程。

22. 分项工程

分项工程是指分部工程中按主要工种、材料、施工工艺、设备类别划分的工程(表 1-1)。如混凝土结构子分部工程可分为模板、钢筋、混凝土、预应力、现浇结构、装配式结构 6 个分项工程。

表 1-1　建筑结构工程分部(子分部)工程、分项工程划分

序号	分部工程	子分部工程	分项工程
1	地基与基础	地基	素土、灰土地基，砂和砂石地基，土工合成材料地基，粉煤灰地基，强夯地基，注浆地基，预压地基，砂石桩复合地基，高压旋喷注浆地基，水泥土搅拌桩地基，土和灰土挤密桩复合地基，水泥粉煤灰碎石桩复合地基，夯实水泥土桩复合地基
		基础	无筋扩展基础，钢筋混凝土扩展基础，筏形与箱形基础，钢结构基础，钢管混凝土结构基础，型钢混凝土结构基础，钢筋混凝土预制桩基础，泥浆护壁成孔灌注桩基础，干作业成孔桩基础，长螺旋钻孔灌桩基础，沉管灌注桩基础，钢桩基础，锚杆静压桩基础，岩石锚杆基础，沉井与沉箱基础
		基坑支护	灌注桩排桩围护墙，板桩围护墙，咬合桩围护墙，型钢水泥土搅拌墙，土钉墙，地下连续墙，水泥土重力式挡墙，内支撑，锚杆，与主体结构相结合的基坑支护
		地下水控制	降水与排水，回灌
		土方	土方开挖，土方回填，场地平整
		边坡	喷锚支护，挡土墙，边坡开挖
		地下防水	主体结构防水，细部构造防水，特殊施工法结构防水，排水，注浆

序号	分部工程	子分部工程	分项工程
2	主体结构	混凝土结构	模板，钢筋，混凝土，预应力，现浇结构，装配式结构
		砌体结构	砖砌体，混凝土小型空心砌块砌体，石砌体，配筋砌体，填充墙砌体
		钢结构	钢结构焊接，紧固件连接，钢零部件加工，钢构件组装及预拼装，单层钢结构安装，多层及高层钢结构安装，钢管结构安装，预应力钢索和膜结构，压型金属板，防腐涂料涂装，防火涂料涂装
		钢管混凝土结构	构件现场拼装，构件安装，钢管焊接，构件连接，钢管内钢筋骨架，混凝土
		型钢混凝土结构	型钢焊接，紧固件连接，型钢与钢筋连接，型钢构件组装及预拼装，型钢安装，模板，混凝土
		铝合金结构	铝合金焊接，紧固件连接，铝合金零部件加工，铝合金构件组装，铝合金构件预拼装，铝合金框架结构安装，铝合金空间网格结构安装，铝合金面板，铝合金幕墙结构安装，防腐处理
		木结构	木方与原木结构，胶合木结构，轻型木结构，木结构的防护
3	建筑装饰装修	建筑地面	基层铺设，整体面层铺设，板块面层铺设，木、竹面层铺设
		抹灰	一般抹灰，保温层薄抹灰，装饰抹灰，清水砌体勾缝
		外墙防水	外墙砂浆防水，涂膜防水，透气膜防水
		门窗	木门窗安装，金属门窗安装，塑料门窗安装，特种门安装，门窗玻璃安装
3	建筑装饰装修	吊顶	整体面层吊顶，板块面层吊顶，格栅吊顶
		轻质隔墙	板材隔墙，骨架隔墙，活动隔墙，玻璃隔墙
		饰面板	石板安装，陶瓷板安装，木板安装，金属板安装，塑料板安装
		饰面砖	外墙饰面砖粘贴，内墙饰面砖粘贴
		幕墙	玻璃幕墙安装，金属幕墙安装，石材幕墙安装，陶板幕墙安装
		涂饰	水性涂料涂饰，溶剂型涂料涂饰，美术涂饰
		裱糊与软包	裱糊，软包
		细部	橱柜制作与安装，窗帘盒和窗台板制作与安装，门窗套制作与安装，护栏和扶手制作与安装，花饰制作与安装
4	屋面	基层与保护	找坡层和找平层，隔汽层，隔离层，保护层
		保温与隔热	板状材料保温层，纤维材料保温层，喷涂硬泡聚氨酯保温层，现浇泡沫混凝土保温层，种植隔热层，架空隔热层，蓄水隔热层
		防水与密封	卷材防水层，涂膜防水层，复合防水层，接缝密封防水层
		瓦面与板面	烧结瓦和混凝土瓦铺装，沥青瓦铺装，金属板铺装，玻璃采光顶铺装
		细部构造	檐口，檐沟和天沟，女儿墙和山墙，水落口，变形缝，伸出屋面管道，屋面出入口，反梁过水孔，设施基座，屋脊，屋顶窗

23. 检验批

检验批是指按相同的生产条件或按规定的方式汇总起来供抽样检验用的，由一定数量的样本组成的检验体。

24. 验收

验收是指建筑工程质量在施工单位自行检查合格的基础上，由工程质量验收责任方组织，工程建设相关单位参加，对检验批、分项、分部、单位工程及其隐蔽工程的质量进行抽样检验，对技术文件进行审核，并根据设计文件和相关标准以书面形式对工程质量是否合格进行确认。

25. 主控项目

主控项目是指建筑工程中对安全、卫生、环境保护和主要使用功能起决定性作用的检验项目。

26. 一般项目

一般项目是指除主控项目以外的检验项目。

27. 观感质量

观感质量是指通过观察和必要的测试所反映的工程外在质量和功能状态。

二、建筑工程资料的分类与归档范围

1. 分类

建筑工程资料是随着基本建设程序的运行而产生的。依据建设工程项目的工作进程、内容和特征，基本建设程序可划分为工程准备阶段、工程实施阶段和工程竣工验收阶段三大阶段。这三大阶段产生不同的建筑工程资料：工程准备阶段产生工程准备阶段文件；工程实施阶段产生监理文件和施工文件；工程竣工验收阶段产生竣工图和竣工验收文件。所以，建筑工程资料可分为工程准备阶段文件、监理文件、施工文件、竣工图和工程竣工验收文件5类，参见《建设工程文件归档规范》(GB/T 50328—2014)。

(1)工程准备阶段文件可分为立项文件、建设用地拆迁文件、勘察设计文件、招投标文件、开工审批文件、工程造价文件、工程建设基本信息7类。

(2)监理文件可分为监理管理文件、进度控制文件、质量控制文件、造价控制文件、工期管理文件、监理验收文件6类。

(3)施工文件可分为施工管理文件、施工技术文件、进度造价文件、施工物资出厂质量证明及进场检测文件、施工记录文件、施工试验记录及检测文件、施工质量验收文件、施工验收文件8类。

(4)工程竣工验收文件可分为竣工验收与备案文件、竣工决算文件、工程声像资料、其他工程文件4类。

2. 归档范围

(1)对记载与工程建设有关的重要活动、记载工程建设主要过程和现状、具有保存价值的各种载体的文件，均应收集齐全，整理立卷后归档。

(2)工程文件的具体归档范围应符合《建设工程文件归档规范》(GB/T 50328—2014)附录A和附录B的要求(当地另有规定的除外)。

(3)声像资料的归档范围和质量要求应符合现行行业标准《城建档案业务管理规范》（CJJ/T 158—2011）的要求。

(4)不属于归档范围、没有保存价值的工程文件，文件形成单位可自行组织销毁。

三、建筑工程资料的特征

1. 复杂性

由于建筑工程建设的周期长，建设过程中阶段性和季节性较强，并且建筑材料种类繁多，生产工艺又比较复杂，因此，影响建筑工程的因素多种多样。这就必然导致建筑工程文件和档案资料具有一定的复杂性。

2. 随机性

由于建筑工程文件和档案资料产生于工程建设的整个过程之中，无论是在工程的立项审批、勘察设计，还是开工准备、施工、监理或竣工验收等各个阶段和环节，都会产生各种文件和档案资料。尤其是在影响建筑工程的因素发生变化时，还会随机产生一些由具体事件所引发的特定文件和档案资料，因此，工程文件和档案资料还具有一定的随机性。

3. 时效性

工程文件和档案资料有时一经生成，就必须及时传达给有关单位或部门；否则，如果有关单位或部门不予认可，将会产生严重的后果。因此，建筑工程文件和档案资料具有很强的时效性。另外，随着施工工艺水平、新材料以及管理水平的不断提高，文件和档案资料的价值也会随着时间的推移而衰减，但文件和档案资料仍可以被借鉴、继承，以便于积累经验。

4. 真实性

建设工程文件和档案资料只有真实、全面地反映项目的各类信息，包括发生的事故和存在的隐患，才具有实用价值；否则，一旦引用会起到误导作用，造成难以想象的后果。因此，建设工程文件和档案资料必须真实、全面地反映工程的实际情况，不得片面和虚假。

5. 综合性

建设工程项目常常是综合、系统的工程，涉及多个专业、多个工种的协同工作，比如环境评价、安全评价、建筑、市政、园林、公用、消防、智能、电力、电信、环境工程、声学和美学等多种学科，并同时综合了组织协调、合同、造价、进度、质量和安全等诸多方面的工作内容。可见，建设工程文件和档案资料是多个专业和单位的文件档案资料集成的，具有很强的综合性。

四、建筑工程资料的作用

(1)体现了工程实体质量状况，以及项目过程管理与全面控制情况，工程资料对工程质量具有否决权。

(2)体现了项目对建设工程法律、法规、标准、规范，特别是强制性标准的执行情况。

(3)充分体现了建筑企业自身的综合管理水平。

(4)规范管理人员、操作人员的工作意识与行为。

(5)为建设管理者作决策提供准确、直接的工程信息。

(6)为明确建设工程质量责任提供真实、有效的法律凭证。

(7)为城市基础设施建设以及现有工程新建、扩建、改建、维修、管理提供翔实的依据。

(8)通过资料或数据的统计、计算、分析等，及时发现、处理并解决问题。

(9)建筑工程资料是申报科技示范工程、优质工程必不可少的材料。

(10)建筑工程资料是开展工程决算、审计工作的重要根据之一。

任务二　熟悉建筑工程资料管理基本知识

》》任务目标

知识目标	能力目标	素养目标
1. 领会建筑工程资料管理的意义； 2. 了解建筑工程资料管理的现状与发展趋势； 3. 深刻掌握建筑工程资料管理职责； 4. 理解建筑工程资料管理原则； 5. 理解建筑工程资料管理基本规定； 6. 熟悉建筑工程资料管理相关标准规范	1. 能够认清本职工作的岗位职责； 2. 能够严格按照建筑工程资料管理基本规定办事	1. 养成实事求是、不弄虚作假的工作习惯； 2. 养成细心周到、按时完成任务的工作作风； 3. 善于沟通、协作

一、建筑工程资料管理的意义

(1)做好建筑工程资料管理工作，是认真贯彻《建设工程文件归档规范》(GB/T 50328—2014)，切实加强建设工程资料的规范化管理，提高工程管理水平，确保工程质量的具体体现。

(2)建筑工程资料是城建档案的重要组成部分，是工程竣工验收，评定工程质量优劣、结构及安全可靠程度，认定工程质量等级的必要条件。因此，必须对建筑工程资料加强管理，使其能够全面客观地反映工程的实际状况。

(3)建筑工程资料是保证工程质量，处理安全事故，以及对工程进行检查、维修、管理、使用、改建、扩建、工程结算、决算和审计的重要技术依据。

(4)加强建筑工程资料管理，可以督促每个单位和个人按照标准、规范和规程进行工作。

(5)建筑工程资料不符合有关规定和要求的，不得进行工程竣工验收；施工过程中建筑工程资料的验收，必须与工程质量验收同步进行。

(6)施工过程中工程资料的保存管理应按相关程序和约定执行，工程竣工后，参建各方应对工程资料进行归档保存，为未来的建设提供参考、积累经验，其是指导未来工程建设的重要信息。

因此，凡在中华人民共和国行政区域内参与新建、改建或扩建的建设、勘察、设计、监理和施工的单位，均应做好工程资料的管理工作。凡是记录与工程建设相关的重要活动，能够记载工程建设主要过程和现状，具有保存价值的各种载体文件和资料，都应收集齐全并整理组卷后，向相应部门归档。

二、建筑工程资料管理的现状与发展趋势

1. 现状

当前，社会普遍重视建筑工程资料管理工作；行业标准齐备，配套制度健全；全国绝大多数地区的工程文件都已实现了软件化编制，使文件编制效率和质量有了质的飞跃。特级施工企业普遍研发了工程资料管理系统，实现了项目部现场编制工程文件、文件在线同步上传、企业实时检查纠偏等管理功能，提高了企业工程文件的编制管理水平，增强了对工程风险的管控能力。

但是，建筑工程资料管理仍然存在以下问题：

(1)历史欠账多，很多已竣工使用的工程项目的工程文件严重缺失，甚至还有不少是不建档、无档案可查的工程。当遇上工程加固、维护、修缮时，许多原始工程文件无处可查，即使四处奔波，也连一份文件都找不到了。

(2)纸质档案增量过大、无处存放，人员配备不足，著录、管理、查询、利用效率低下，必须采用信息化技术和现代化管理方法，才能适应当前实际工作的需要，这些问题才能得到解决。

(3)数据造假比较普遍，施工文件编制严重滞后于工程进度，"工程文件现场形成"的意识淡薄，工程现场的文件管理职责缺位，导致归档时工程文件编制时间倒置，东拼西凑，伪造签名，文件内容"张冠李戴"，竣工图不真实，缺乏严肃性、准确性、可用性。

(4)电子签章技术已经成熟，但由于电子签章的法律效力和技术壁垒的问题，以及城建档案管理机构信息化建设不足的问题，电子工程文件和数字档案还不能普遍实现在线归集归档。

2. 发展趋势

近年来，随着互联网和大数据研究的迅猛发展，数字档案馆应运而生。建设工程数字档案是智慧城市重要的信息来源，建设工程文件数字化是大势所趋，是发展方向。数字化能轻而易举地解决纸质档案量大、无处存放、异地备份难等问题。如果应用移动终端技术进行数据采集，便可解决当前工程验收文件数据造假的问题；如果和云平台结合，人们就都能够方便快捷地查询、利用这些宝贵的建设工程数据资源。

三、建筑工程资料管理职责

(一)参建各方的管理职责

1. 通用职责

(1)工程的参建各方应该把工程资料的形成和积累纳入工程管理的各个环节和相关人员的职责范围。

(2)工程档案资料应该实行分级管理，由建设、勘察、设计、监理、施工等单位的主管

（技术）负责人组织各自单位的工程资料管理的全过程工作。在工程建设过程中，工程资料的收集、整理和审核工作应由熟悉业务的专业技术人员负责。

（3）工程资料应该随着工程进度同步收集、整理和立卷，并按照有关规定进行移交。

（4）工程各参建单位应该确保各自资料真实、准确、有效、完整、齐全、字迹清楚、无未了事项。所用表格应按相关规定统一格式，若有特殊要求需要增加表格，应按有关规定统一归类。

（5）工程参建各方所提供的文件和资料，必须符合国家或地方的法律法规、《建筑工程施工质量验收统一标准》（GB 50300—2013）、《建设工程文件归档规范》（GB/T 50328—2014）及工程合同等的相关要求与规定。

（6）对工程的文件、资料进行涂改、伪造、随意抽撤或损毁、丢失的，应按有关规定给予处罚。情节严重的，还应依法追究法律责任。

2. 建设单位的职责

（1）应建立健全质量责任制，设专人负责监督工程施工质量，参与见证取样和工程验收工作。负责监督和检查各参建单位工程资料的形成、积累和组卷工作。

（2）在工程招标及与勘察、设计、施工、监理等单位签订协议、合同时，应明确竣工图的编制单位、工程档案的编制套数、编制费用及承担单位、工程档案的质量要求和移交时间等内容。

（3）应向参与工程建设的勘察、设计、施工、监理等单位提供与建设工程有关的原始资料。监督专业分包单位应及时将施工资料完整、全面、准确地移交给总承包单位。

（4）在工程开工前，与城建档案馆签订《建设工程竣工档案责任书》。

（5）收集和整理工程准备阶段形成的文件，并进行立卷归档。

（6）由建设单位采购的建筑材料、构配件和设备，建设单位应保证其符合设计文件、规范标准及合同要求，并保证其质量证明文件完整、真实和有效，相关资料应经监理单位认可后及时移交给施工单位整理归档。

（7）当专业验收规范对工程中的验收项目未作出相应规定时，应由建设单位组织监理、设计、施工等相关单位制定专项验收要求。涉及安全、节能、环境保护等项目的专项验收要求应由建设单位组织专家论证。

（8）对需建设单位签认的施工资料应及时签署意见；未实行监理的建筑工程，建设单位还应对需监理单位签认的施工资料及时签署意见。

（9）组织、监督和检查勘察、设计、施工、监理等单位的工程文件的形成、积累和立卷归档工作。

（10）在组织工程竣工验收前，提请当地的城建档案管理机构对工程档案进行预验收；对未取得工程档案验收认可的文件，不得组织工程竣工验收。

（11）制定竣工验收方案，组织竣工验收，形成竣工验收文件，并收集和整理竣工验收文件，进行立卷归档。

（12）负责组织竣工图的编制工作，也可委托设计、监理或施工等单位进行。

（13）收集和汇总勘察、设计、施工、监理等单位立卷、归档、移交的工程档案。

（14）在工程竣工验收后 3 个月内，将 1 套符合规范、标准规定的工程档案原件及 1 套电子档案一并移交给城建档案馆，并与城建档案馆办理好移交手续。

3. 勘察、设计单位的职责

(1) 应按国家有关法律、法规、规范和合同要求提供勘察、设计文件。

(2) 对需勘察、设计单位参加验收和签认的施工资料，勘察、设计单位应参加验收并签署意见。

(3) 应参加图纸会审、设计交底、工程洽商，并签字认可和加盖资质印章。

(4) 应及时出具设计变更，并加盖单位资质和专业执业资格印章，对重大设计变更应重新进行图纸审查。

(5) 工程竣工验收前，应及时向建设单位出具工程质量检查报告。

(6) 协助建设单位对竣工图进行审查。

4. 监理单位的职责

(1) 应建立健全质量责任制，编制监理规划和实施细则，履行旁站、巡视、平行检验制度。

(2) 应设熟悉业务的专业技术人员负责监理资料的收集、整理和归档等方面的管理工作。

(3) 按合同约定进行勘察、设计文件的有效性检查，签认设计交底、图纸会审纪要。

(4) 在施工阶段，对施工资料的形成、积累、组卷和归档进行监督、检查，负责对施工单位报送的施工资料进行审查、签字，确保施工资料完整、准确、符合有关规定。

(5) 完成审查施工组织设计、专项方案、签认工程材料进场报验、工程测量放线、隐蔽工程验收检查等工作，组织检验批、分项、分部（子分部）工程质量验收和单位（子单位）工程竣工预验收等工作。

(6) 参加工程见证取样工作，对见证取样试验样品的真实性负责，审查检测项目并制作见证记录。

(7) 负责竣工图的核查工作。

(8) 工程竣工验收后，应及时向建设单位提供完整且符合要求的监理资料，并出具工程质量评估报告。

5. 施工单位的职责

(1) 应负责施工资料的主要管理工作，实行技术负责人负责制，逐级建立健全施工技术、质量、材料、施工资料、检（试）验等管理岗位责任制。

(2) 负责见证取样的取样、封样、送检工作，并对样品的真实性、完整性负责。

(3) 建设工程项目实行总承包管理的，总包单位应负责收集、审查并汇总各分包单位编制的施工资料。分包单位应负责其分包范围内施工资料的收集和整理，及时将其移交总包单位，并对施工资料的真实性、完整性和有效性负责。

(4) 在工程竣工验收前，总承包单位应将工程的施工资料整理、汇总、组卷，并按合同约定的套数移交建设单位，自行保存至少一套。

(5) 建设工程项目由几个单位承包的，各承包单位应负责收集、整理立卷其承包范围内的施工资料，并及时向建设单位移交。

6. 检测（试验）单位的职责

(1) 建立健全质量保证体系，实行技术负责人负责制，严格遵守国家有关规定进行工程质量检测（试验）工作。

（2）负责出具真实、完整的检测（试验）报告，并负责保留相关原始记录，建立检（试）验报告存档记录，并由专人负责管理。

（3）参与配合有关部门处理工程质量事故的调查工作。

7. 城建档案馆的职责

（1）负责对建设工程档案的接收、收集、保管和利用等日常性管理工作。

（2）负责对建设工程档案的编制、整理和归档工作，进行监督、检查和指导。

（3）组织精通业务的专业技术人员，对国家和省、市重点工程项目建设过程中工程档案的编制、整理和归档等工作进行业务指导。

（4）在工程开工前，与建设单位签订《建设工程竣工档案责任书》。

（5）在工程竣工验收前，对工程档案进行预验收，并出具《建设工程竣工档案预验收意见》。

（6）在工程竣工后的 3 个月内，对工程档案进行正式验收。工程档案经验收合格后，将其接收入城建档案馆，并发放《工程项目竣工档案合格证》。

(二)监理单位项目监理部各岗位在资料管理方面的岗位职责

项目监理部的监理人员一般由总监理工程师、专业监理工程师、监理员组成。

1. 总监理工程师的岗位职责

（1）组织编制监理规划，审批监理实施细则。

（2）组织审核分包单位资格。

（3）组织审查施工组织设计、（专项）施工方案。

（4）审查开复工报审表，签发工程开工令、暂停令和复工令。

（5）组织审核施工单位的付款申请，签发工程款支付证书，组织审核竣工结算。

（6）组织审查和处理工程变更。

（7）调解建设单位与施工单位的合同争议，处理工程索赔。

（8）组织验收分部工程，组织审查单位工程质量检验资料。

（9）审查施工单位的竣工申请，组织工程竣工预验收，组织编写工程质量评估报告，参与工程竣工验收。

（10）组织编写监理月报、监理工作总结，组织整理监理文件资料。

2. 专业监理工程师的岗位职责

（1）参与编制监理规划，负责编制监理实施细则。

（2）审查施工单位提交的涉及本专业的报审文件，并向总监理工程师报告。

（3）参与审核分包单位资格。

（4）检查进场的工程材料、构配件、设备的质量。

（5）验收检验批、隐蔽工程、分项工程，参与验收分部工程。

（6）处置发现的质量问题和安全事故隐患。

（7）进行工程计量。

（8）参与工程变更的审查和处理。

（9）组织编写监理日志，参与编写监理月报。

（10）收集、汇总、参与整理监理文件资料。

（11）参与工程竣工预验收和竣工验收。

3. 监理员的岗位职责

（1）进行见证取样。

（2）复核工程计量有关数据。

（3）检查工序施工结果。

(三)施工单位项目部各岗位在资料管理方面的岗位职责

1. 项目经理的岗位职责

负责做好各项施工技术资料和工程技术档案的归档工作。

2. 项目技术负责人的岗位职责

具体负责组织按编制竣工资料的要求收集整理各项施工技术资料。

3. 项目施工员的岗位职责

（1）负责按相关规定认真填写施工日记。

（2）负责组织工程试验的资料准备工作，提出材料检测试验委托单，包括材料取样、配合比报告、试件检测、构配件负荷试验等工作。

（3）负责施工项目的技术鉴定和技术复核，包括对工程测量的控制轴线、标高、坐标位置，基础尺寸，工程材料、质量的鉴定等。

（4）负责组织工程技术档案的全部原始资料。

4. 项目质检员的岗位职责

（1）负责原材料、成品、半成品的进场质量审核、检验。

（2）负责检验批、分项、分部(子分部)、单位工程的质量评定；组织作业人员进行三检；填写质量评定、隐蔽验收、技术复核记录及有关报表资料。

（3）负责督促检查配合比过磅、试块留置及试压工作。

（4）积累提供技术档案原始资料。

5. 项目材料员的岗位职责

（1）负责入库材料的质量验收并填写进场验收记录。

（2）做好材料资料建档工作，及时向资料员提供材料质量证明、技术资料等。

6. 项目试验(取样)员的岗位职责

（1）负责材料及试件的见证取样工作，应对各种原材料、试件的取样负责，认真制作混凝土及砂浆试件。

（2）发现复检的材料、试件达不到设计和规范要求时，必须立即向项目经理及项目技术负责人汇报，不得拖延。

7. 项目资料员的岗位职责

（1）参与制定施工资料管理计划。

（2）参与建立施工资料管理规章制度。

（3）负责建立施工资料台账，进行施工资料交底。

（4）负责施工资料的收集、审查及整理。

（5）负责施工资料的往来传递、追溯及借阅管理。

（6）负责提供管理数据、信息资料。

（7）负责施工资料的立卷、归档。

建筑与市政工程施工
现场专业人员职业标准

(8)负责施工资料的封存和安全保密工作。

(9)负责施工资料的验收与移交。

(10)参与建立施工资料管理系统。

(11)负责施工资料管理系统的运用、服务和管理。

(四)施工单位资料员的主要工作内容

1. 收集工程资料

收集工程资料的原则如下：

(1)及时参与原则。施工单位文件资料的收集、管理工作必须纳入整个工程项目管理的全过程，资料员应该参加有关工程的技术、质量、安全和协调等各方面的会议，并经常深入施工工程现场，了解施工动态，及时准确地掌握工程施工管理方面的全面信息，便于施工资料的及时收集、整理和核对。

(2)保持同步原则。资料的收集工作与工程施工的每一道工序密切相关，必须与工程的施工同步进行，以保证文件资料的准确性和时效性。

(3)认真把关原则。与项目经理、施工技术负责人密切配合，严把文件资料的质量关。无论是对企业内部，还是对相关单位之间往来的文件资料都应认真核查、校对，若发现问题，应及时纠正。

2. 文件资料的管理工作

(1)整理分类。对施工资料必须及时整理、分类，其分类的方法有很多。

1)按资料的来源分类。如分为属于建设单位的、勘察单位的、设计单位的、监理单位的、材料设备供应单位的、施工总包单位的、分包单位的和有关部门的等。

2)按资料归档的对象分类。如属于建设单位的、施工单位的、城建档案馆的等。

3)按资料的专业性质分类。如属于建筑结构工程的、建筑装饰装修工程的、建筑给水排水及采暖工程的、通风与空调工程的、建筑电气工程的、建筑智能工程的和电梯工程的等。

4)按资料的内容分类。如属于施工管理资料的、施工技术资料的、施工物质资料的、施工测量记录的、施工记录的、隐蔽工程检查验收记录的、施工检测资料的、施工质量验收记录的和工程竣工验收资料的等。

5)按资料形成的先后顺序分类。对同一类型的资料应按其形成时间的先后顺序进行排序。

(2)存放保管。施工单位及项目经理部应配置适当的房间、器具(如文件筐、文件夹、文件盒、文件柜)等来存放文件资料，并加强管理和增强防范意识，做好"防火、防盗、防露、防虫、防光、防尘"等工作。

(3)严格履行借阅手续。应建立健全完善的关于文件及资料的收集、分类、整理、保存、传阅、借阅、查阅等的制度，严格按照规定的程序办理，避免文件资料的丢失和损坏。在工作过程中，收文应记录文件名、文件摘要、发放部门、文件编号、收文日期，收文人员应签字；借阅或传阅时应注明借阅或传阅的日期、借阅人名、传阅责任人、传阅范围及期限，借阅或传阅人应签字认可，到期应及时归还；借阅或传阅文件借(传)出后，应在文件夹的内附目录中做标记。

(4)及时组卷、移交、归档。对收集、整理后的文件资料应及时组卷，按照合同和有关规定，及时把需要建设单位、施工单位和城建档案馆保存收藏的竣工资料，分别进行移交，完好归档。

3. 处理好各种公共关系

(1)处理好与项目经理之间的责任承包关系。

(2)处理好与技术负责人之间的业务直接领导与被领导的关系。

(3)处理好与技术员、施工员、材料员、质检员、安全员、造价员等之间的协同工作关系。

(4)处理好与工程项目经理部及公司主管部门之间的局部与整体的关系。

(5)处理好与勘察单位、设计单位之间的业务往来关系。

(6)处理好与监理单位之间的监理与被监理的关系。

(7)处理好与城建档案管理部门之间的监督、指导与被监督、被指导的关系。

四、建筑工程资料管理原则

建筑工程资料的积累、收集、整理、立卷、归档移交等一系列工作管理应遵循同步性、真实性、规范性、有效性和安全性等原则。

1. 同步性原则

同步性是指建筑工程资料应随工程建设进度同步形成，不得事后补编，同时建筑工程资料的积累和收集工作与工程建设程序同步进行。这也是文件真实性要求的前置条件。建筑工程资料管理是工程管理的重要内容，应将建筑工程资料的收集工作纳入建设工程管理程序，在制定建设工作计划、工程管理制度和检查验收环节中予以具体的落实。

2. 真实性原则

真实性是指建筑工程资料应真实反映建设工程的建设情况和实体质量，严禁伪造或故意撤换。建筑工程资料是工程质量和工作质量的重要表现形式；施工文件和竣工图等是日后工程维修、扩建、改造、更新的重要基础资料，也是合理使用、保证结构安全的重要依据。建筑工程资料应该是对工程建设活动过程的真实记录。

3. 规范性原则

规范性是指建筑工程资料从形式到内容深度应符合现行工程建设相关规范、标准的规定，并满足合同和设计要求。另一方面建筑工程资料的规范性还包括建设工程文件的完整性和成套性。完整、成套是建筑工程资料的特点，也是现行工程建设相关规范、标准规定的要求，只有完整、成套的建筑工程资料才能全面、真实地记录和反映建筑工程。

4. 有效性原则

有效性是指建筑工程资料，项目齐全不缺项，文件内容含义清晰不模糊，签章手续完备，无损毁缺失。另一方面，在电子文件时代，建筑工程资料的有效性是指电子文件的载体和文件本身的有效性，即可读、可用。

5. 安全性原则

安全性是指建筑工程资料在文件形成、收集积累、整理归档等活动中处于安全无损的状况。对于电子文件还包括其存储、迁移的安全，以及电子文件载体的安全。电子文件应经过检测，确保无病毒、无数据读写故障，并确保接收方能通过适当设备读出数据。

五、建筑工程资料管理基本规定

1. 建筑工程资料与档案的载体形式

工程资料可采用纸质载体和光盘载体两种形式。工程档案可采用纸质载体、光盘载体和微缩品载体三种形式。

(1)纸质载体。纸质载体是指以纸张为基础的载体形式，这是最常用的载体。纸质载体的工程资料应在施工过程中形成、收集和整理。

(2)光盘载体。光盘载体是指以光盘为基础，利用计算机技术对工程资料进行存储的形式。光盘载体的工程资料应在施工过程中形成、收集和整理(包括工程音像资料)。

纸质载体的工程档案经城建档案馆和有关部门验收合格后，进行电子工程档案的核查，核查无误后，进行电子工程档案的光盘刻制。

电子工程档案的封套、格式必须按城建档案馆的要求进行标注。

(3)微缩品载体。微缩品载体是指以胶片为基础，利用缩微技术对工程资料进行保存的载体形式。在纸质载体的工程档案经城建档案馆和有关部门验收合格后，应持城建档案馆发给的准可微缩证明书进行微缩，证明书包括案卷目录、验收签章、城建档案馆的档号、胶片代数、质量要求等，并将证书缩拍在胶片"片头"上。

报送微缩制品载体工程竣工档案时，一般要求报送三代片：

1)第一代(母片)卷片一套，作长期保存使用。

2)第二代(拷贝片)卷片一套，作复制工作用。

3)第三代(拷贝片)卷片或者开窗卡片、开窗卡片封套片、平片一套，作提供日常利用(阅读或复原)使用。

向城建档案馆移交的微缩卷片、封套片、平片必须按城建档案馆的要求进行标注。

2. 建筑工程资料的质量要求

(1)工程资料应与建筑工程建设过程同步形成，并应真实反映建筑工程的建设情况和实体质量。工程资料形成单位应对资料内容的真实性、完整性、有效性负责；由多方形成的资料，应各负其责。

(2)工程资料应为原件，当为复印件时，提供单位应在复印件上加盖单位印章，注明原件存放处，并应有经办人签字及日期。提供单位应对资料的真实性负责。

(3)工程文件的纸张应采用能够长期保存的韧力大、耐久性强的纸张，其幅面尺寸规格宜为A4幅面。图纸一般采用国家标准图幅的蓝晒图。计算机出图必须清晰，不得使用计算机出图的复印件。

(4)工程资料应保证字迹清晰，图样清晰，图表整洁，签字、盖章手续齐全，签字、书写应采用碳素墨水、蓝黑墨水等耐久性强的书写材料，不得使用易褪色的书写材料，如红色墨水、纯蓝墨水、圆珠笔、复写纸、铅笔等。计算机形成的工程资料应采用内容打印、手工签名的方式。

(5)计算机输出文字和图件应使用激光打印机，不应使用色带式打印机、水性墨打印机和热敏打印机。

(6)工程资料的填写、编制、审核、审批、签认应及时进行，其内容应符合相关规定。工程资料不得随意修改，当需要修改时，应实行划改，并由划改人签署。

(7)工程档案的填写和编制应符合档案微缩管理和计算机输入的要求。工程档案的微缩制品，必须按国家微缩标准进行制作，主要技术指标应符合国家标准的规定，保证质量，以适应长期安全保管。

(8)工程资料的照片(含底片)及声像档案应图像清晰、声音清楚、文字说明或内容准确。

(9)归档的建设工程电子文件应采用表 1-2 所列开放式文件格式或通用格式进行存储。专用软件产生的非通用格式的电子文件应转换成通用格式。

表 1-2　工程电子文件存储格式表

文件类别	格式
文本(表格)文件	PDF、XML、TXT
图像文件	JPEG、TIFF
图形文件	DWG、PDF、SVG
影像文件	MPEG2、MPEG4、AVI
声音文件	MP3、WAV

(10)归档的建设工程电子文件应包含元数据，保证文件的完整性和有效性。元数据应符合现行行业标准《建设电子档案元数据标准》(CJJ/T 187—2012)的规定。

(11)归档的建设工程电子文件应采用电子签名等手段，所载内容应真实和可靠。

(12)归档的建设工程电子文件的内容必须与其纸质档案一致。

(13)离线归档的建设工程电子档案载体，应采用一次性写入光盘，光盘不应有磨损、划伤。

(14)存储移交电子档案的载体应经过检测，应无病毒、无数据读写故障，并应确保接收方能通过适当设备读出数据。

六、建筑工程资料管理相关标准规范

1. 国家标准

(1)《建设工程文件归档规范》(GB/T 50328—2014)；

(2)《电子文件归档与电子档案管理规范》(GB/T 18894—2016)；

(3)《建筑工程施工质量验收统一标准》(GB 50300—2013)；

(4)《建筑地基基础工程施工质量验收规范》(GB 50202—2018)；

(5)《砌体结构工程施工质量验收规范》(GB 50203—2011)；

(6)《混凝土结构工程施工质量验收规范》(GB 50204—2015)；

(7)《钢结构工程施工质量验收规范》(GB 50205—2020)；

(8)《屋面工程质量验收规范》(GB 50207—2012)；

(9)《地下防水工程质量验收规范》(GB 50208—2011)；

(10)《建筑地面工程施工质量验收规范》(GB 50209—2010)；

(11)《建筑装饰装修工程质量验收规范》(GB 50210—2018)；

(12)《建筑节能工程施工质量验收规范》(GB 50411—2019)；

(13)《建设工程监理规范》(GB/T 50319—2013)。

2. 行业标准

(1)《建筑工程资料管理规程》(JGJ/T 185—2009);

(2)《城建档案业务管理规范》(CJJ/T 158—2011);

(3)《建设电子文件与电子档案管理规范》(CJJ/T 117—2017);

(4)《住宅室内装饰装修工程质量验收规范》(JGJ/T 304—2013);

(5)《外墙饰面砖工程施工及验收规程》(JGJ 126—2015);

(6)《建筑涂饰工程施工及验收规程》(JGJ/T 29—2015);

(7)《建筑与市政工程施工现场专业人员职业标准》(JGJ/T 250—2011)。

3. 地方标准

(1)《建设工程监理文件资料管理规程》(DB37/T 5009—2014);

(2)《建筑工程(建筑与结构工程)施工资料管理规程》(DB37/T 5072—2016);

(3)《建筑工程(建筑设备、安装与节能工程)施工资料管理规程》(DB37/T 5073—2016);

(4)《建设工程监理工作规程》(DB37/T 5028—2015);

(5)《建设工程监理规程》(DB11/T 382—2017);

(6)《建筑工程资料管理规程》(DB11/T 695—2017);

(7)《福建省建筑工程施工文件管理规程》(DBJ/T 13—56—2017)。

任务三　熟悉建筑工程施工质量验收统一标准

》》 任务目标

知识目标	能力目标	素养目标
1. 熟练掌握检验批质量验收规定; 2. 熟练掌握分项工程质量验收规定; 3. 熟练掌握分部工程质量验收规定; 4. 熟练掌握单位工程质量验收规定; 5. 熟悉建筑工程施工质量验收不符合要求的处理规定	1. 能够熟练运用《建筑工程施工质量验收统一标准》(GB 50300—2013); 2. 能够对建筑工程施工质量验收不符合要求的检验批进行处理	1. 养成实事求是、不弄虚作假的工作习惯; 2. 养成细心周到、按时完成任务的工作作风; 3. 善于沟通、协作

　　为了更加科学地评价工程施工质量以有利于对其进行验收,根据工程特点,按结构分解的原则,将单位或子单位工程划分为若干个分部或子分部工程。每个分部或子分部工程又可划分为若干个分项工程。每个分项工程中又可划分为若干个检验批。检验批是工程施工质量验收的最小单位。

施工前，应由施工单位制定分项工程和检验批的划分方案，并由项目监理机构审核。对于《建筑工程施工质量验收统一标准》(GB 50300—2013)及相关专业验收规范未涵盖的分项工程和检验批，可由建设单位组织监理、施工等单位协商确定。

一、检验批质量验收

1. 检验批质量验收程序

检验批质量验收应由专业监理工程师组织施工单位项目专业质量检查员、专业工长等进行。

验收前，施工单位应先对施工完成的检验批进行自检，合格后由项目专业质量检查员填写检验批质量验收记录及检验批报审、报验表，并报送项目监理机构申请验收；专业监理工程师对施工单位所报资料进行审查，并组织相关人员到验收现场进行主控项目和一般项目的实体检查、验收。对验收不合格的检验批，专业监理工程师应要求施工单位进行整改，并自检合格后予以复验；对验收合格的检验批，专业监理工程师应签认检验批报审、报验表及质量验收记录，准许进行下道工序的施工。

2. 检验批质量验收合格的规定

(1)主控项目的质量经抽样检验均应合格。

(2)一般项目的质量经抽样检验合格。当采用计数抽样时，合格点率应符合有关专业验收规范的规定，且不得存在严重缺陷。

(3)具有完整的施工操作依据、质量验收记录。

二、分项工程质量验收

1. 分项工程质量验收程序

分项工程质量验收应由专业监理工程师组织施工单位项目技术负责人等进行。

验收前，施工单位应先对施工完成的分项工程进行自检，合格后填写分项工程质量验收记录及分项工程报审、报验表，并报送项目监理机构申请验收。专业监理工程师应对施工单位所报资料逐项进行审查，符合要求后签认分项工程报审、报验表及质量验收记录。

2. 分项工程质量验收合格的规定

(1)分项工程所含检验批的质量均应验收合格。

(2)分项工程所含检验批的质量验收记录应完整。

三、分部工程质量验收

1. 分部工程质量验收程序

分部工程应由总监理工程师组织施工单位项目负责人和项目技术负责人等进行验收。勘察、设计单位项目负责人和施工单位技术、质量部门负责人应参加地基与基础分部工程的验收。设计单位项目负责人和施工单位技术、质量部门负责人应参加主体结构、节能分部工程的验收。

验收前，施工单位应先对施工完成的分部工程进行自检，合格后填写分部工程质量验收记录及分部工程报验表，并报送项目监理机构申请验收。总监理工程师应组织相关人员进行检查、验收，对验收不合格的分部工程，应要求施工单位进行整改，自检合格后予以复查。对验收合格的分部工程，应签认分部工程报验表及验收记录。

2. 分部工程质量验收合格的规定

(1)所含分项工程的质量均应验收合格。

(2)质量控制资料应完整。

(3)有关安全、节能、环境保护和主要使用功能的抽样检验结果应符合相应规定。

(4)观感质量应符合要求。

四、单位工程质量验收

1. 单位工程质量验收应具备的条件

单位工程质量验收又称为工程竣工验收。工程竣工验收是全面检查合同执行情况，检验工程施工质量的重要环节。建设工程项目竣工后由建设单位会同勘察、设计、施工、监理单位及工程质量监督部门，对该项目是否符合规划设计要求以及工程项目质量和技术资料进行全面审查验收，取得竣工合格资料、数据和凭证。如果工程项目已达到竣工验收标准，就可以进行竣工验收交接。

依照《房屋建筑和市政基础设施工程竣工验收规定》(建质〔2013〕171号)的要求，工程应具备下列条件方可进行竣工验收：

(1)完成工程设计和合同约定的各项内容。

(2)施工单位应在工程完工后对工程质量进行检查，确认工程质量符合有关法律、法规和工程建设强制性标准，符合设计文件及合同要求，并提出工程竣工报告。工程竣工报告应经项目经理和施工单位有关负责人审核签字。

房屋建筑和市政基础
设施工程竣工验收规定

(3)对于委托监理的工程项目，监理单位应对工程进行质量评估，具有完整的监理资料，并提出工程质量评估报告。工程质量评估报告应经总监理工程师和监理单位有关负责人审核签字。

(4)勘察、设计单位应对勘察、设计文件及施工过程中由设计单位签署的设计变更通知书进行检查，并提出质量检查报告。质量检查报告应经该项目勘察、设计负责人和勘察、设计单位有关负责人审核签字。

(5)有完整的技术档案和施工管理资料。

(6)有工程使用的主要建筑材料、建筑构配件和设备的进场试验报告，以及工程质量检测和功能性试验资料。

(7)建设单位已按合同约定支付工程款。

(8)有施工单位签署的工程质量保修书。

(9)对住宅工程进行分户验收并验收合格，建设单位应按户出具《住宅工程质量分户验收表》。

(10)建设主管部门及工程质量监督机构责令整改的问题全部整改完毕。

(11)法律、法规规定的其他条件。

2. 单位工程质量验收程序

单位工程质量验收一般分为预验收和竣工验收两个阶段进行。

(1)预验收。单位(子单位)工程按设计文件和施工合同施工完后，施工单位应自行组织有关人员进行自检(分包单位应对所承包的工程项目进行自检)，合格后填写《工程竣工报告》和《单位工程竣工预验收报验表》并附相应的资料报项目监理部，申请工程竣工预验收。

总监理工程师组织各专业监理工程师对上述施工单位所报送的预验收资料进行审查，符合要求后，与设计、施工、建设单位对工程质量进行竣工预验收(分包工程验收时，总包单位应派人参加，并将所分包工程的质量控制资料整理完整，移交给总包单位)。

工程预验收通过后，总监理工程师签署《单位工程竣工预验收报验表》，编写《工程质量评估报告》，勘察、设计单位编写《工程质量检查报告》，建设单位制定竣工验收方案、验收组成员组成。存在施工质量问题时，应由施工单位整改。整改完毕后，由施工单位向建设单位提交工程竣工报告，申请工程竣工验收。

(2)竣工验收。建设单位收到工程竣工报告后，在工程竣工验收7个工作日前，持竣工验收方案、验收组人员名单和工程竣工报告、工程质量评估报告、工程质量检查报告等资料报建设工程质量监督站，申请组织竣工验收。

监督站审查同意后，在监督站的监督下，由建设单位项目负责人组织监理、施工、设计、勘察等单位项目负责人进行单位工程验收。对于住宅工程，建设单位应组织分户验收，分户验收合格后再进行竣工验收。

建设单位应按下列要求组织竣工验收：

1)建设、勘察、设计、施工、监理单位应分别汇报工程合同履约的情况和在工程建设各个环节执行法律、法规和工程建设强制性标准的情况；

2)审阅建设、勘察、设计、施工、监理单位的工程档案资料；

3)实地查验工程质量；

4)对工程勘察、设计、施工、设备安装质量和各管理环节等方面作出全面评价，形成经验收组人员签署的工程竣工验收意见。

竣工验收合格后，建设单位编写《工程竣工验收报告》，并在15个工作日内持"工程竣工验收报告"等有关资料到备案机关办理竣工工程备案手续。

3. 单位工程质量验收合格的规定

(1)所含分部(子分部)工程的质量均应验收合格。

(2)质量控制资料应完整。

(3)所含分部工程中有关安全、节能、环境保护和主要使用功能等的检验资料应完整。

(4)主要使用功能的抽查结果应符合相关专业质量验收规范的规定。

(5)观感质量应符合要求。

五、建筑工程施工质量验收不符合要求的处理

一般情况下，对不合格现象在检验批验收时就应发现并及时处理，但实际工程中不能完全避免不合格情况的出现，因此，对工程施工质量验收不符合要求的应按下列要求进行处理：

(1)经返工或返修的检验批，应重新进行验收。

(2)经有资质的检测单位检测鉴定能够达到设计要求的检验批，应予以验收。

（3）经有资质的检测单位检测鉴定达不到设计要求，但经原设计单位核算认可能够满足安全和使用功能要求时，该检验批可予以验收。

（4）经返修或加固处理的分项、分部工程满足安全及使用功能要求时，可按技术处理方案和协商文件的要求予以验收。

（5）经返修或加固处理仍不能满足安全或重要使用要求的分部工程及单位或子单位工程，严禁验收。

（6）工程质量控制资料应齐全完整，当部分资料缺失时，应委托有资质的检测单位按有关标准进行相应的实体检测或抽样试验，并出具检测（试验）报告单。

技 能 训 练

一、判断题

1. 工程资料也称为工程档案。 （   ）

2. 立卷也称为组卷。 （   ）

3. 工程资料不得使用复印件。 （   ）

4. 工程资料不得随意修改。 （   ）

5. 计算机形成的工程资料应全部采用打印的。 （   ）

6. 施工单位资料员应编制一套施工资料，自行保存。 （   ）

二、单项选择题

1. （   ）是指从事工程资料的收集、整理、保管、归档、移交等工作的专业人员。

    A. 施工员   B. 资料员

    C. 质检员   D. 材料员

2. 按照一定的原则和方法，将有保存价值的文件分门别类地整理成案卷，称为（   ）。

    A. 资料整理   B. 验收   C. 立卷   D. 归档

3. （   ）是在工程建设活动中直接形成的具有保存价值的文字、图表、声像等各种形式的历史记录。

    A. 工程档案   B. 工程文件

    C. 竣工资料   D. 交工资料

4. 施工前，应由施工单位制定分项工程和检验批的划分方案，并由（   ）审核。

    A. 监理单位   B. 施工单位

    C. 建设单位   D. 设计单位

5. 检验批应由（   ）组织施工单位项目专业质量检查员、专业工长等进行验收。

    A. 专业监理工程师   B. 总监控工程师

    C. 建设单位项目负责人   D. 监理员

6. 分项工程应由（   ）组织施工单位项目专业技术负责人等进行验收。

    A. 专业监理工程师   B. 总监控工程师

    C. 建设单位技术负责人   D. 监理员

7. 分部工程应由( )组织施工单位项目负责人和项目技术、质量负责人等进行验收。

　　A. 专业监理工程师　　　　　　　　B. 总监理工程师

　　C. 建设单位项目负责人　　　　　　D. 监理员

三、多项选择题

1. 监理文件是指监理单位在工程设计、施工等监理过程中形成的文件，主要包括( )等。

　　A. 监理管理文件　　　　　　　　　B. 进度控制文件

　　C. 质量控制文件　　　　　　　　　D. 造价控制文件

2. 施工文件是指施工单位在施工过程中形成的文件，主要包括( )等。

　　A. 施工管理文件　　　　　　　　　B. 进度造价文件

　　C. 施工质量验收文件　　　　　　　D. 施工验收文件

3. 建筑工程施工质量验收应划分为( )、分部工程、分项工程和检验批。

　　A. 单项工程　　　　　　　　　　　B. 单位工程

　　C. 基础工程　　　　　　　　　　　D. 单体工程

4. 检验批质量验收合格应符合的规定包括( )。

　　A. 主控项目的质量经抽样检验均应合格

　　B. 一般项目的质量经抽样检验合格

　　C. 观感质量应符合要求

　　D. 具有完整的施工操作依据、质量验收记录

5. 分项工程质量验收合格应符合的规定包括( )。

　　A. 所含检验批的质量均应验收合格

　　B. 所含检验批的质量验收记录应完整

　　C. 观感质量应符合要求

　　D. 主要使用功能的抽样检验结果应符合相应规定

四、名词解释

1. 建筑工程资料管理

2. 组卷

3. 归档

五、简答题

1. 工程资料可分为哪几类？

2. 工程资料有哪些特征？

3. 工程资料的作用是什么？

4. 工程档案有哪些载体形式？

5. 施工单位资料管理的职责有哪些？

6. 施工单位资料员应处理好哪些公共关系？

项目二　工程准备阶段文件管理

》》项目导航

　　工程准备阶段文件是指建设单位资料员管理的文件。建设单位应在立项后建立资料室，配备资料员，添置档案架、档案盒等档案设施，增设计算机、办公桌、台账等办公设施。资料员应制定工程准备阶段文件收集计划，由建设单位项目负责人审定、交底。

　　建设单位资料员收集资料时，应严格审查资料的来源、保存份数、保存单位，审查资料的签字、盖章，并在计算机和收集台账上做好登记。

　　党的二十大报告指出："问题是时代的声音，回答并指导解决问题是理论的根本任务。"工程准备阶段文件包括哪几种类型？如何形成？质量要求什么？由哪些单位保存？回答这些问题是理论解决的根本任务。

任务一　熟悉工程准备阶段文件的形成和管理要求

》》任务目标

知识目标	能力目标	素养目标
1. 熟练掌握工程准备阶段文件的类型及形成时间； 2. 熟练掌握工程准备阶段文件的基本管理要求	1. 能够编制工程准备阶段文件管理计划； 2. 能够建立工程准备阶段文件收集台账； 3. 能够进行工程准备阶段文件管理交底	1. 养成实事求是、不弄虚作假的工作习惯； 2. 养成细心周到、按时完成任务的工作作风

一、工程准备阶段文件的形成

工程准备阶段文件的形成宜符合图 2-1 所示的步骤。

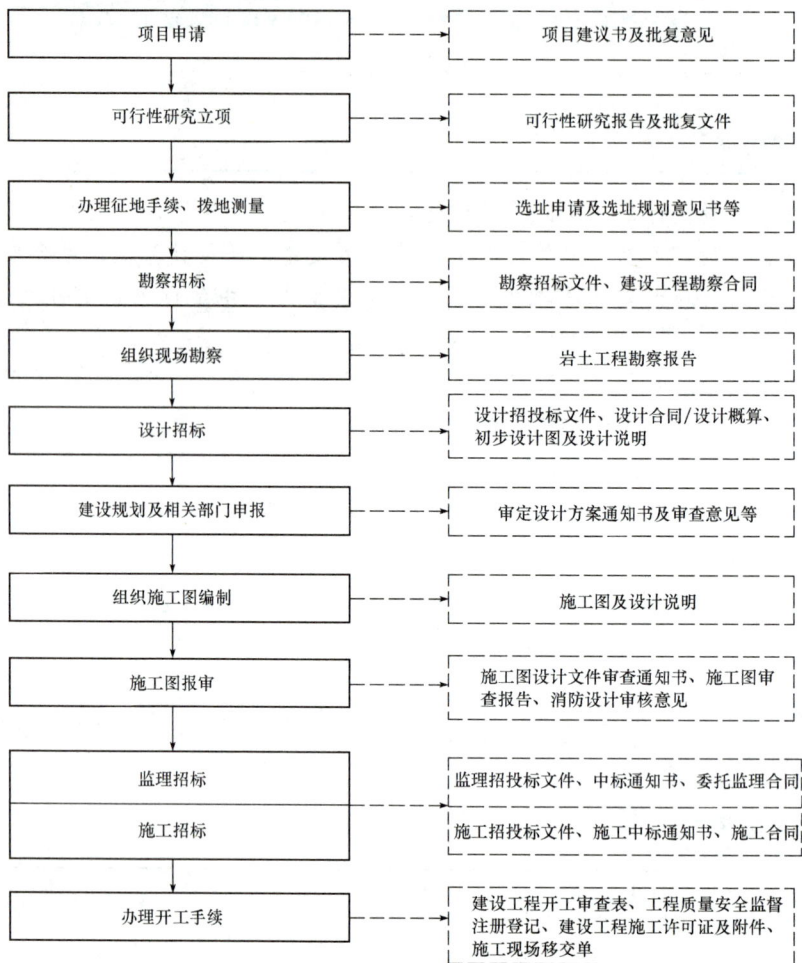

```
项目申请          ┈┈→  项目建议书及批复意见

可行性研究立项     ┈┈→  可行性研究报告及批复文件

办理征地手续、拨地测量 ┈┈→ 选址申请及选址规划意见书等

勘察招标          ┈┈→  勘察招标文件、建设工程勘察合同

组织现场勘察       ┈┈→  岩土工程勘察报告

设计招标          ┈┈→  设计招投标文件、设计合同/设计概算、
                       初步设计图及设计说明

建设规划及相关部门申报 ┈┈→ 审定设计方案通知书及审查意见等

组织施工图编制      ┈┈→  施工图及设计说明

施工图报审         ┈┈→  施工图设计文件审查通知书、施工图审
                       查报告、消防设计审核意见

监理招标          ┈┈→  监理招投标文件、中标通知书、委托监理合同

施工招标          ┈┈→  施工招投标文件、施工中标通知书、施工合同

办理开工手续       ┈┈→  建设工程开工审查表、工程质量安全监督
                       注册登记、建设工程施工许可证及附件、
                       施工现场移交单
```

图 2-1　工程准备阶段文件的形成

二、工程准备阶段文件的管理要求

（1）工程决策立项文件，建设用地、征地、拆迁文件，工程开工文件，工程竣工验收及备案文件应由建设单位按规定程序及时办理，文件内容应完整，手续应齐全。

（2）勘察、测绘、设计文件应由建设单位按相关规定要求委托有资质的勘察、测绘、设计单位编制形成。

（3）工程招标及合同文件应由建设单位负责形成。

（4）工程商务文件由建设单位委托有资质的专业单位编制，应真实反映工程建设造价情况。

任务二　编制、收集与审查工程准备阶段文件

>> 任务目标

知识目标	能力目标	素养目标
1. 准确掌握工程准备阶段文件的具体内容； 2. 熟练掌握工程准备阶段文件的来源、保存单位、保存份数	1. 能够审查工程准备阶段文件的具体内容； 2. 能够确立工程准备阶段文件的来源、保存单位、保存份数	1. 养成实事求是、不弄虚作假的工作习惯； 2. 养成细心周到、按时完成任务的工作作风

一、立项文件

立项文件的类别、来源及保存宜符合表 2-1 所示的规定。

表 2-1　立项文件的类别、来源及保存

工程资料类别	工程资料名称	工程资料来源	工程资料保存	
			建设单位	城建档案馆
A1 类	项目建议书	建设单位	▲	▲
	项目建议书批复文件	建设行政管理部门	▲	▲
	可行性研究报告	建设单位	▲	▲
	可行性研究报告批复文件	建设行政管理部门	▲	▲
	专家论证意见、项目评估文件	建设单位	▲	▲
	关于立项的会议纪要、领导批示	建设单位	▲	▲

注：表中符号"▲"表示必须归档保存；"△"表示选择性归档保存。

1. 项目建议书

项目建议书（又称为项目申请报告），是建设单位根据国民经济的发展、国家和地方中长期规划、产业政策、生产力布局、国内外市场、所在地的内外部条件，提出的某一具体项目的建议文件，是对拟建项目提出的框架性的总体设想，是建设单位就新建、扩建事项向发改委项目管理部门申报的书面申请文件。项目建议书的呈报可以供项目审批机关作出初步决策，可以减少项目选择的盲目性，为下一步可行性研究打下基础。

在一个总体设计范围内，由一个或几个单位工程组成，在行政上实行统一管理，在经济上实行统一核算的主体工程、配套工程及附属设施，编制统一的项目建议书；在一个总

体设计范围内，经济上独立核算的各个工程项目或者属于分期建设的工程项目，分别编制项目建议书。

项目建议书主要由文字组成，通常由建设单位自行编制并申报，但有时由其主管部门或者委托有相应资质的咨询、设计单位编制。

项目建议书的主要内容包括：建设项目提出的主要依据；产品方案、拟建规模和建设地点的初步设想；资源情况、建设条件、协作关系和引进国别、厂房的初步分析；投资估算和资金筹措计划；项目的实施进度计划；经济效果和社会效益的测算；环境影响的初步评价、结论、附件。

项目建议书应有的主要附件如下：

(1)项目初步可行性研究报告。

(2)项目选择初步方案报告。

(3)资金筹措方案初步意向性文件。

(4)有关部门对选址或征用土地的初步意义。

(5)建设项目可行性研究工作计划。

2. 项目建议书批复文件

项目建议书批复文件是指由上级部门或国家有关主管部门，对项目建议书的批准文件。

项目建议书要按现行的管理体制、隶属关系，分级审批。原则上按隶属关系，经主管部门提出意见，再由主管部门上报，或与综合部门联合上报，或分别上报。

项目建议书的审批权限如下：

(1)大中型基本建设项目、限额以上更新改造项目，委托有资格的工程咨询、设计单位初评后，经省级主管部门初审后，报国家发改委审批；其中特大型项目(总投资在 4 亿元以上的交通、能源、原材料项目、在 2 亿元以上的其他项目)，由国家发改委报国务院审批。

(2)小型基本建设项目、限额以下更新改造项目由国务院主管部门或地方发改委审批。

审批部门如同意应下达批复文件。项目建议书批复文件的内容主要包括：建设项目名称、建设规模及主要建设内容、总投资及资金来源、建设年限、批复意见说明、批复单位及时间。

批复文件自印发之日起有效期一般为 2 年。在批复文件有效期内未开工建设的项目单位应在批复文件有效期届满前 30 个工作日之前向发改委申请延期。项目在批复文件有效期内未开工建设也未按规定申请延期的，或虽提出延期申请但未获批准的，批复文件自动失效。

3. 可行性研究报告

可行性研究报告是依据项目建议书及其批复文件对项目从技术和经济角度进行全面的可行性研究，做出的最佳实施方案。可行性研究报告分为政府审批核准用可行性研究报告和融资用可行性研究报告。可行性研究报告一般由建设单位通过招投标或委托等方式确定的设计或咨询单位编制。

可行性研究报告的内容主要包括：基本情况；产品生产安排及其依据；物料供应安排及其依据；项目地址选择及其依据；技术装备和工艺过程的选择及其依据；生产组织安排及其依据；环境污染治理和劳动安全保护、卫生设施及其依据；建设方式、建设进度安排及其依据；资金筹措及其依据；外汇收支安排及其依据；综合分析；附件。

可行性研究报告应有的主要附件如下：

(1)单位法人证书；

(2)建设单位对建设地点的土地使用权证明或协议、房产证；

(3)项目建设规划总平面图、建设方案平面布置图；

(4)项目建设内容投资一览表；

(5)项目选址和建设条件表；

(6)项目招标投标事项申请。

4. 可行性研究报告批复文件

建设工程项目可行性研究报告编制完成及项目评估后，建设单位按审批权限向有审批权的管理部门申报或备案。大、中型项目由国家发展和改革委员会或由国家发展和改革委员会委托的有关单位审批，小型项目分别由行业或国家有关主管部门审批；建设资金自筹的企业大、中型项目由市发展和改革委员会审批，报国家及有关部门备案；地方投资的文教、卫生事业的大、中型项目由市发展和改革委员会审批。

建设项目审批、核准、备案事项受理暂行规定

审查后如原则同意，审批部门应发布可行性研究报告批复文件，对建设工程项目的规模、方案、建设用地、建设工期、投资与效益等提出具体要求，对可行性研究报告提出的指标和内容予以认定，对其特殊情况提出意见，要求建设单位认真执行规定。

可行性研究报告批复文件就是建设工程项目正式立项的文件，具有法律效力，应按审批意见组织建设，任何部门、单位或个人均不得随意修改和调整变更。如因条件、环境等因素变化，确实需要改变已经批准的可行性研究报告中的内容及指标，要经过原批准或备案部门同意，并正式办理变更手续，才能合法有效。

建设项目可行性研究报告的批复

5. 专家论证意见

专家论证意见是指在立项过程中，由建设单位或有关部门组织专家会议后所形成的有关建议性方面的文件。

6. 项目评估文件

项目评估文件是由建设单位或主管部门(一般是发展和改革部门)对项目的可行性研究报告进行评估论证之后所形成的文件。项目评估文件主要包括：投资必要性评估、建设条件评估、技术评估、项目经济数据评估、投资项目财务评价、国民经济效益评价。

7. 关于立项的会议纪要、领导批示

关于立项的会议纪要是指在立项过程中，由建设单位或其上级主管部门召开研究会议后形成的用于记载、传达会议情况和议定事项的法定公文。关于立项的领导批示是指在立项过程中，上级有关领导对项目所作的批示。

二、建设用地拆迁文件

建设用地拆迁文件的类别、来源及保存宜符合表 2-2 所示的规定。

表 2-2　建设用地拆迁文件的类别、来源及保存

工程资料类别	工程资料名称	工程资料来源	工程资料保存	
			建设单位	城建档案馆
A2 类	选址申请及选址规划意见通知书	建设单位规划部门	▲	▲
	建设用地批准书	土地行政管理部门	▲	▲
	拆迁安置意见、协议、方案等	建设单位	▲	▲
	建设用地规划许可证及其附件	规划行政管理部门	▲	▲
	土地使用证明文件及其附件	土地行政管理部门	▲	▲
	建设用地钉桩通知单	规划行政管理部门	▲	▲

注：表中符号"▲"表示必须归档保存；"△"表示选择性归档保存。

1. 选址申请及选址规划意见通知书

(1)选址申请。《选址规划意见通知书》是城市规划行政主管部门依法核发的有关建设项目的选址和布局的法律凭证。按照规定需要有关部门批准或者核准的建设项目，以划拨方式提供国有土地使用权的，建设单位在报送有关部门批准或者核准前，应当向城市规划行政管理部门申请核发《选址规划意见通知书》。

申请核发《选址规划意见通知书》的建设单位，应向城市规划行政管理部门报送下列文件：

1)《选址意见书申请表》(式样如图 2-2 所示，应明确建设意向和需求)；

2)1：500 现状地形图(其中市政管线工程需加载现状地下管线资料，用地规模超过 20 公顷的建设项目申请办理选址意见书的可提供 1：2 000 现状地形图)；

3)根据建设项目的特殊性需提供的其他相关材料；

4)法律、法规、规章规定的其他材料。

××市规划局
选址意见书申请表

用地单位			
项目名称			
用地位置			
联系人		联系电话	

报送材料目录：

☐1：500 或 1：1 000 现状地形图(标明拟用地位置和范围，市政管线工程需加载现状地下管线资料)；

☐法律、法规、规章规定的其他材料。

建设意向和需求

建设单位承诺：

本单位对所提交的所有材料的真实性负责，如有任何虚假，本单位将承担由此引起的相关法律责任。

申报单位：(签章)

法人代表(委托代理人)签字：

年 月 日

图 2-2 《选址意见书申请表》式样

（2）《选址规划意见通知书》。城市规划主管部门收到建设单位的报送文件后，经过检查、审核，符合城市规划要求的发给《选址规划意见通知书》，同时提出规划限定要求；城市规划行政管理部门进行现场调查后对部分不符合规划要求的，提出调整意见或调整选址要求，经重新调整后符合规划要求的发给《选址规划意见通知书》，并提出规划设计要求；对不符合规划要求的设计项目，由城市规划行政管理部门书面通知建设单位，并告知选址不当的主要因素。

2. 建设用地批准书

《建设用地批准书》是建设项目建设期内使用土地和核发《国有土地使用证》的法律凭证，工程报建必须以取得《建设用地批准书》为前提。

对于以出让方式取得国有土地使用权的建设项目，在签订出让合同之后，由国土局向建设单位核发《建设用地批准书》；对于涉及征收集体土地的建设项目，需办理完征地补偿结案手续，并取得相关税费的缴纳票据后方可申请办理《建设用地批准书》。

《建设用地批准书》的使用期限视工程项目的大小及建设期的长短而定，一般为 2 年。建设项目逾期施工的，应提前向发证机关申请延期。

3. 拆迁安置意见、协议、方案等

在取得《建设用地批准书》之后，建设单位可以到国土局申请办理《房屋拆迁许可证》，然后拟定拆迁安置意见，将方案报市、县人民政府并予以公布，征求公众意见。建设单位作为拆迁人与被拆迁人就补偿方式、补偿金额和支付期限、用于产权调换房屋的地点和面积、搬迁费、临时安置或者周转用房、停产停业损失、搬迁期限、过渡方式和过渡期限等事项，订立拆迁安置协议。

拆迁安置协议是拆迁人与被拆迁人双方的法律行为，必须是双方真实意思的表示。协议条款应符合《中华人民共和国民法通则》《中华人民共和国合同法》《中华人民共和国城市房地产管理法》《城市房屋拆迁管理条例》等法律规定。

4. 建设用地规划许可证及其附件

《建设用地规划许可证》是由规划局核发的确认建设项目位置和范围符合城市规划的法定凭证，载明了建设用地的位置、性质、规模、容积率以及建筑面积等内容，其附件包括建设用地红线图和规划条件。

（1）《建设用地规划许可证》申请材料和条件。通过划拨方式取得国有土地使用权的建设项目，应提供表 2-3 所示材料。

表 2-3　划拨方式申请材料

序号	材料名称	份数	形式（核对原件）	备注	
1	建设用地规划许可证申请表	1	纸质原件及电子扫描件	应明确建设意向和要求	
2	建设项目批准、核准或者备案文件	1	纸质复印件及电子扫描件	应在有效期内	建设单位在第一或上一审批环节中已提交并审核通过的材料，无须重复提供

序号	材料名称	份数	形式(核对原件)	备注	
3	1∶500 或 1∶1 000 现状地形图	1	纸质原件及电子版	(1)标明拟用地位置和范围，市政管线工程需加载现状地下管线资料；(2)地形图及测绘图纸上需加盖测绘主管单位管理印章；(3)地形图为 2000 国家大地坐标系	建设单位在第一或上一审批环节中已提交并审核通过的材料，无须重复提供
4	环评报告及环评审批意见	1	纸质复印件及电子扫描件	交通、市政类项目提供	

以出让方式取得国有土地使用权的建设项目，应提供表 2-4 所示材料。

表 2-4　出让方式申请材料

序号	材料名称	份数	形式(核对原件)	备注	
1	建设用地规划许可证申请表	1	纸质原件及电子扫描件	应明确建设意向和要求	
2	建设项目批准、核准或者备案文件	1	纸质复印件及电子扫描件	应在有效期内	
3	1∶500 或 1∶1 000 现状地形图	1	纸质原件及电子版	(1)标明拟用地位置和范围，市政管线工程需加载现状地下管线资料；(2)地形图及测绘图纸上需加盖测绘主管单位管理印章；(3)地形图为 2000 国家大地坐标系	建设单位在第一或上一审批环节中已提交并审核通过的材料，不需重复提供
4	土地勘测定界图	1	纸质原件及电子版		
	土地使用权出让(转让)合同及补充协议	1	纸质复印件及电子扫描件	—	
5	环评报告及环评审批意见	1	纸质复印件及电子扫描件	交通、市政类项目提供	

《建设用地规划许可证申请表》式样如图 2-3 所示。

(2)《建设用地规划许可证》的办理程序。办理程序一般为：窗口受理→勘察现场和审查办理→批前公示→审核签批→窗口发件。

城市规划行政管理部门根据建设单位提交的申请材料，依据城市总体规划、分区规划、详细规划，核定建设工程项目的用地性质、位置、界线是否符合规划，核定无误后颁发建设用地规划许可证。

××市规划局
建设用地规划许可证申请表

用地单位				
项目名称				
用地位置				
联系人		联系电话		
土地出让(转让)合同编号		合同约定容积率	地上：	地下：
出让(转让)用地面积		合同约定用途		

报送材料目录：

□建设项目批准、核准或者备案文件(复印件)；

□1∶500 或 1∶1 000 现状地形图(标明拟用地位置和范围，市政管线工程需加载现状地下管线资料)；

□以出让方式取得国有土地使用权的，应提供土地使用权出让(转让)合同(复印件)；

□土地勘测定界图；

□法律、法规、规章规定的其他材料。

_____

_____

_____

项 目 说 明	

建设单位承诺：

　本单位对所提交的所有材料的真实性负责，如有任何虚假，本单位将承担由此引起的相关法律责任。

申报单位：(签章)

法人代表(委托代理人)签字：

年　　月　　日

备注	

此件存档

图 2-3　《建设用地规划许可证申请表》式样

　　建设用地规划许可证是城市规划行政管理部门对建设工程项目允许使用国有土地的规划文件，具有法律效力。其规定的用地性质、建设内容和界限等，未经原审批部门同意，任何单位和个人不得擅自调整变更，违者必究。

5. 土地使用证明文件及其附件

　　土地使用证明文件也称《国有土地使用证》，是证明土地使用者使用国有土地的法律凭证，其附件为宗地图。

以划拨方式取得国有建设用地使用权的，建设单位应当持县级以上人民政府的批准用地文件和国有土地划拨决定书等相关证明材料，向县级以上人民政府土地管理部门（国土资源局）提出申请。

以出让方式取得国有建设用地使用权的，建设单位应当在付清全部国有土地出让价款后，持国有建设用地使用权出让合同和土地出让价款缴纳凭证等相关证明材料，向县级以上人民政府土地管理部门（国土资源局）提出申请。国土资源局经过地籍调查、土地权属审核，确认无误后颁发《国有土地使用证》。

6. 建设用地钉桩通知单

规划行政主管部门在核发建设用地规划许可证时，应当向建设单位一并发放《建设用地钉桩通知单（书）》。建设单位在施工前应当向规划行政主管部门提交填写完整的《建设用地钉桩通知单（书）》作为验线申请，规划行政主管部门应当在收到上报的验线申请后 3 个工作日内组织验线。经验线合格后方可施工。建设用地钉桩通知单示例如图 2-4 所示。

建设用地钉桩通知单

规（201×）第 13 号

201×年 9 月 1 日

项目代码

项目名称	××××工程		图幅号	1：2 000 IV-4-2[16]
建设单位	×××房地产开发有限公司			
建设单位地点	××区××街			
委托代理人	×××	电话 ××××××××		
用地位置	××区××街		用地面积 （平方米）	总用地约 168 517 平方米 建设用地约 10 183 平方米 公共绿地面积 2 879 平方米 代征道路面积 7 896 平方米
用地性质	住宅混合公建用地、商业金融用地、托幼用地、医疗卫生用地等			

请依据市规划局批复的《×××等地块控制性详细规划》（市规函〔201×〕512 号），同时结合规划已拨用地、道路定线成果资料以及×××块土地一级开发项目用地范围界限，确定建设用地、代征道路用地、绿化用地等各类用地边界及面积，并实地钉各桩点。

示意图： 详见《×××地块控制性详细规划》示意图	拟定人	王××
	核对人	丁××
	审核意见	同意

拟定工作方法：
　　根据 GPS 控制点做附合导线，依据所做导线实钉用地界各拐点坐标，并采用双极坐标法进行实地钉桩

测量人	方××	审核人	田××	签发人	白××
计算人	李××				

图 2-4 《建设用地钉桩通知单》示例

三、勘察设计文件

勘察设计文件的类别、来源及保存宜符合表 2-5 所示的规定。

表 2-5　勘察设计文件的类别、来源及保存

工程资料类别	工程资料名称	工程资料来源	工程资料保存		
			设计单位	建设单位	城建档案馆
A3类	工程地质勘察报告	勘察单位	▲	▲	▲
	水文地质勘察报告	勘察单位	▲	▲	▲
	初步设计文件(说明书)	设计单位	▲	▲	▲
	设计方案审查意见	规划行政管理部门	▲	▲	▲
	人防、环保、消防等有关主管部门(对设计方案)审查意见	有关主管部门	▲	▲	▲
	设计计算书	设计单位	▲	▲	△
	施工图设计文件审查意见	施工图审查机构	▲	▲	▲
	节能设计备案文件	建设行政管理部门		▲	▲

注：表中符号"▲"表示必须归档保存；"△"表示选择性归档保存。

1. 工程地质勘察报告

《工程地质勘察报告》的内容分为文字和图表两部分。

(1)文字部分包括：概述、场地描述及地下水、地层分布、工程地质条件评述。

(2)图表部分包括：钻孔平面布置图、地质柱状图、地质柱状及静探曲线图、地质岩性剖面图、土壤压缩曲线图、土壤试验结果汇总表及土壤剪力试验成果。

城市规划区内的建设工程，由于建筑范围有限，一般只进行工程地质勘察工作，就可以满足设计需要。需注意的是，《工程地质勘察报告》要由建设单位委托的勘察设计单位勘察形成。

2. 水文地质勘察报告

水文地质勘察是指为查明一个地区的水文地质条件而进行的水文地质调查工作。调查结果由勘察部门编制《水文地质勘察报告》，其内容包括水文地质勘探、水文地质测绘、水文地质试验，以及地下水动态的长期观测、水文地质参数计算、地下水资源保护和地下水资源评价。

3. 初步设计文件(说明书)、设计计算书

建筑工程一般应分为方案设计、初步设计和施工图设计三个阶段。初步设计文件是指建设单位委托设计单位编写的初步设计阶段的技术文件资料。初步设计文件包括：设计说明书、有关专业的设计图纸、主要设备或材料表、工程概算书、有关专业计算书。

对于技术要求相对简单的民用建筑工程，当有关主管部门在初步设计阶段没有审查要求，且合同中没有作初步设计的约定时，可在方案设计审批后直接进入施工图设计。而对于法律规定的需要进行初步设计的项目，在初步设计文件编制完成后，需要报规划局和消防局、人防办、气象局、园林局、市政局、环保局、卫生局、交通局等政府部门审查。

4. 设计方案审查意见

建设工程方案设计是指由建设单位委托的设计单位根据设计要求和设计任务书的内容进行的方案设计文件(设计方案)的编制。方案设计文件包括：设计说明书，总平面图以及相关建筑设计图纸，设计委托或设计合同中规定的透视图、鸟瞰图、模型等。

在设计单位完成方案设计并经内部审查通过后，建设单位需要将方案设计报规划局审查，并根据具体项目的实际情况和当地政府主管部门的要求，报消防局、人防办、园林局、气象局、市政局、电力局、水利局、交通局、地震局和文物保护局等政府部门审查。

建设单位需要提交的申报材料一般包括：《建设工程设计方案申报表》1份、申报项目的《技术指标及功能情况表》1份、《建设用地规划许可证》复印件1份、规划用地红线图1份、《国有土地使用证》或国土局批复文件复印件1份、建筑设计方案图纸（包括总平面图）2套（配电子文件）、透视图1套。

设计方案审查意见的办理程序一般为：受理（审查申请材料的完整性、准确性，作出受理决定）→审核（审查申请材料的合理性，提出是否准予许可的意见）→审批（决定是否准予许可）→制证、发证（登记许可结果，并根据结果制作审批证，送达申请人）。

5. 人防、环保、消防等有关主管部门（对设计方案）审查意见

建设工程设计方案除了报规划局审查之外，还应根据项目的实际情况进行各专项审查，主要包括人防审查、环保审查、消防审查等。

人防审查意见的办理对象为修建防空地下室的建设单位或个人。办理人防审查意见时，建设单位需要提交的申报材料一般包括：人民防空办公室业务申请表原件1份、防空地下室建筑设计方案一套原件1份、项目应建防空地下室面积统计表及项目分层面积统计表原件各1份、申请人相关身份证明文件复印件1份（交验正本）。

办理消防审查意见时，建设单位需要提交的申报材料一般包括：建筑工程消防设计申报表（原件1份，需加盖申请单位印章）；设计方案（原件2份，附电子文档）和单独的建设工程总平面布置图（原件1份，加盖注册建筑师执业章、设计单位行政章）；设计单位消防自审小组自审意见书（原件1份）。

办理环保审查意见时，建设单位需要提交的申报材料一般包括：建设项目环境影响评价文件审批申请表（原件2份）、有资质的单位编制的环境影响报告书或环境影响报告表（原件2份，附电子文档）、评估机构关于环境影响报告书或环境影响报告表的技术评估报告（原件1份）。

6. 施工图设计文件审查意见

施工图设计文件是设计单位按批准的设计方案、设计要求和审批意见，将初步设计文件进一步具体化，编制出施工对象的全部尺寸、用料、结构、构造以及施工要求的图样。一套完整的施工图包括建筑施工图、结构施工图、给水排水施工图、采暖通风施工图、电气施工图等。

设计单位完成施工图设计之后，建设单位将施工图设计文件送往由建设行政管理部门认定的施工图审查机构进行审查。施工图设计文件审查合格后，审查人员要在审查同意的文件、图纸上签字，审查机构要在施工图上加盖审查章，并出具审查意见。不得使用未经审查批准的施工图设计文件。

7. 节能设计备案文件

施工图设计文件经过施工图审查机构审查合格后，建设单位即可到住房城乡建设主管部门办理节能设计备案手续。

建设单位一般应提交下列资料：

（1）建筑节能设计审查备案表（表2-6）；

表 2-6 ××市居住建筑节能设计审查备案表

备案编号：201×－2153

建设单位名称(公章)		设计单位名称(公章)	
建设项目名称	××××居住项目	建筑面积	24 587 平方米
建设地点	×××市××区××路	结构形式	剪力墙
规划许可证编号	201×规建字001	地上/地下楼层	18/3
联系人	梁××	联系电话	××××××××

	执行建筑节能设计标准代号				DB 11－602－2006				
施工图设计执行节能标准的情况	窗墙比	东	0.76	南	0.4	西	0.25	北	0.34
	围护结构的传热系数	屋顶			0.6				
		外墙			0.6				
		外窗/阳台门上部			2.8				
		阳台门下部门芯板			1.7				
		接触室外空气地板			0.5				
		不采暖地下室上部地板			0.55				
		不采暖楼梯间内墙			1.5				
		不采暖楼梯间户门			2				
	参照建筑的 $\sum \varepsilon_i K_i F_i$			调整后的设计建筑 $\sum \varepsilon_i K_i F_i$					
	承重墙体主要材料名称及数量	钢筋混凝土　2 156.76 m³							
	非承重墙体主要材料名称及数量	陶粒混凝土砌块　973.35 m³							
	墙体保温材料名称、做法、数量	70 厚挤塑聚苯板保温　1 528 m³							
	预拌砂浆种类、数量	√ 砌筑砂浆数量 1 124.21 t　　√ 抹灰砂浆数量 2 843.56 t							
		√ 地面砂浆数量 2 579.03 t　　√ 特种砂浆数量 66.13 t							
	屋面保温材料名称、做法、数量	100 厚C20加气碎砖混凝土＋80厚膨胀聚苯板　1 006.2 m²							
	外窗种类及数量	中空塑钢玻璃窗(5 mm＋9 mm＋5 mm)　3 791.2 m²							
	热源方式	□城市热网　√区域锅炉房　□个体锅炉房　□热泵机组　□其他							
	燃料种类	□燃煤　□燃油　√ 燃气　□直接电　□间接电　□其他							
	室内系统	√散热器　□地面辐射　　□顶板辐射　　□其他							
	散热器布管	□按户分环户内单管式　√按户分环户内双管式　□垂直双管　□垂直单管							
	室温控制方式	√恒温阀　　□手动阀　　　□其他							
	热计量方式	√建筑物热力入口处安装热表　　　　√分户计量							
太阳能利用面积	□热水　□采暖　□制冷　□发电			浅层地暖利用面积		□土壤热源泵　□水热源泵			
新型墙体材料专项基金应缴金额				散装水泥专项资金应缴金额					

审查意见：
1. 施工图设计是否符合建筑节能设计标准(是，否)；
2. 设计选用的材料、产品、技术是否符合国家和××市的相关规定(是，否)；
3. 是否交纳新型墙体材料专项基金(是，否)；
4. 是否交纳散装水泥专项基金(是，否)。

(建筑节能管理机构备案章)
审查人：
　　年　　月　　日

（2）总平面图、节能相关施工图纸及其电子版；

（3）节能计算书及其电子版；

（4）建筑节能设计专项审查意见书；

（5）法律、法规、规章、规范性文件规定的其他有关资料。

住房城乡建设主管部门收到资料后，在 5 个工作日内作出是否予以办理备案手续的决定。对同意办理备案手续的，在《建筑节能设计审查备案表》上签署备案意见，加盖建筑节能审查专用章；对不予办理备案手续的，给予书面通知并说明理由。

四、工程招投标文件

工程有关各方在工程招投标过程中所形成的文件资料，应符合下列要求：

（1）对于应招标的工程，勘察、设计、监理、施工等单位必须按有关规定进行招投标。在专家委员会评审后，中标单位由招标人发出中标通知书，并到住房城乡建设主管部门获准备案。

（2）可不招标的工程，应有住房城乡建设主管部门的批准文件。

（3）勘察、设计、监理、施工等单位必须与建设单位签订规范文本的合同，质量、工期、造价等必须约定。

招投标文件的类别、来源及保存宜符合表 2-7 所示的规定。

表 2-7　招投标文件的类别、来源及保存

工程资料类别	工程资料名称	工程资料来源	工程资料保存			
			施工单位	监理单位	建设单位	城建档案馆
A4 类	勘察招投标文件	建设单位 勘察单位			▲	
	勘察合同	建设单位 勘察单位			▲	▲
	设计招投标文件	建设单位 设计单位			▲	
	设计合同	建设单位 设计单位			▲	▲
	施工招投标文件	建设单位 施工单位	▲	△	▲	
	施工合同	建设单位 施工单位	▲	△	▲	▲
	监理招投标文件	建设单位 监理单位		▲	▲	
	委托监理合同	建设单位 监理单位		▲	▲	▲

注：表中符号"▲"表示必须归档保存；"△"表示选择性归档保存。

(1)勘察招投标文件。勘察招投标文件是指建设单位选择工程项目勘察单位的过程中所进行的招标、投标、中标活动的文件资料。

(2)勘察合同。勘察合同是指建设单位同中标或委托的勘察单位签订的合同。

(3)设计招投标文件。设计招投标文件是指建设单位选择工程项目设计单位的过程中所进行的招标、投标、中标活动的文件资料。

(4)设计合同。设计合同是指建设单位同中标或委托的设计单位签订的合同。

(5)施工招投标文件。施工招投标文件是指建设单位选择工程项目施工单位的过程中所进行的招标、投标、中标活动的文件资料。

(6)施工合同。施工合同是指建设单位同中标或委托的施工总承包单位签订的合同。建设工程项目施工合同签订后，建设单位应将施工合同报建设局备案，同意备案后施工合同生效。

(7)监理招投标文件。监理招投标文件是指建设单位选择工程项目监理单位的过程中所进行的招标、投标、中标活动的文件资料。

(8)委托监理合同。委托监理合同是指建设单位同中标或委托的监理单位签订的合同。监理合同应按国家印制的示范文本及要求填写签订，并由建设单位报建设局备案，同意备案后监理合同生效。

五、开工审批文件

开工审批文件的类别、来源及保存宜符合表 2-8 所示的规定。

表 2-8　开工审批文件的类别、来源及保存

工程资料类别	工程资料名称	工程资料来源	工程资料保存			
			施工单位	监理单位	建设单位	城建档案馆
A5 类	建设工程规划许可证及其附件	规划部门	△	△	▲	▲
	建设工程施工许可证	建设行政管理部门	▲	▲	▲	▲

注：表中符号"▲"表示必须归档保存；"△"表示选择性归档保存。

1. 建设工程规划许可证及其附件

《建设工程规划许可证》是由城市规划行政主管部门核发的，确认有关建设工程符合城市规划要求的法律凭证，载明了项目建筑的性质、栋数、层数、结构类型、计算容积率面积、各分类面积和附件(包括总平面图、各层建筑平面图、各向立面图、剖面图及核准建设工程明细表)等内容。

在规划区内进行工程建设的单位，在完成建设工程设计方案审查、初步设计审查等工作之后，应当向规划主管部门申请办理《建设工程规划许可证》。没有此证的建设单位，其建筑即违章建筑，不能领取房地产权属证件。

申请核发建设工程规划许可证的建设单位，应向城市规划行政管理部门报送表 2-9。

表 2-9 申请核发《建设工程规划许可证》所需文件

序号	材料名称	份数	形式（核对原件）	备注：建设单位在第一或上一审批环节中已提交并审核通过的材料，无须重复提供
1	建设工程规划许可证申请表	1	纸质原件及电子扫描件	说明项目基本情况
2	建设项目批准、核准或备案文件	1	纸质复印件及电子扫描件	
3	国有土地使用权证	1	纸质复印件及电子扫描件	交通、市政类项目如无土地证，可提供使用土地的证明文件
	土地使用权证出让（转让）合同及补充协议	1	纸质复印件及电子扫描件	出让土地项目提供
	划拨决定书	1	纸质复印件及电子扫描件	划拨土地项目提供
	土地勘测定界图	1	纸质原件及电子版	(1)标明拟用地位置和范围，市政管线工程需加载现状地下管线资料；(2)地形图及测绘图纸上需加盖测绘主管单位管理印章；(3)地形图为2000国家大地坐标系
4	符合国家标准和制图规范的建设工程设计方案成果	2	纸质原件及符合电子报建要求的电子版	(1)除工业、仓储、物流、基础设施类建设项目外，可规划建设用地面积在5公顷以上的建设项目一并提供修建性详细规划成果；(2)申报设计图纸上应有设计人员签名并加盖设计单位资质印章
5	环评报告及环保部门批复意见	1	纸质复印件及电子扫描件	
6	日照分析报告	1	纸质原件及电子扫描件、图纸电子版	(1)需进行日照分析的项目提供；(2)由具备相应资格的单位编制，需签字盖章
7	专家评审会议纪要	1	纸质复印件及电子扫描件	经专家评审论证的建设项目提供

《建设工程规划许可证申请表》式样如图 2-5 所示。

××市规划局
建设工程规划许可证申请表

建设单位		联系人	
项目名称		联系电话	
项目位置		土地证编号	
合同或划拨决定书定容积率	地上： 地下：	土地证载用途	
		证载用地面积	

报送材料目录：

□建设项目批准、核准或者备案文件（复印件）；

□国有土地使用权证，出让土地需提供国有土地使用权出让（转让）合同，划拨土地需提供划拨决定书（道路、管线工程可提供土地使用证明文件、复印件）；

□土地勘测定界图；

□符合国家标准和制图规范的建设工程设计方案成果2套以及符合电子报建要求的电子文档（除工业、仓储、物流、基础设施类建设项目外，规划建设用地面积在5公顷以上的建设项目一并提供修建性详细规划成果）；

□环境影响评价文件及环保部门出具的审批意见；

□需进行日照分析的项目，提供日照分析报告；

□经专家评审论证的修建性详细规划和建设工程设计方案，应提供专家评审会议纪要；

□法律、法规、规章规定的其他材料。_____

设计方案相关指标	指标	方案一	方案二	方案三
	总建筑面积			
	地上建筑面积			
	地下建筑面积			
	建筑密度			
	绿地率			
	停车位			
	地上容积率			
	地下容积率			
推荐方案				

建设单位承诺：	设计单位承诺：	日照分析单位承诺：
本单位（人）对所提交的所有材料的真实性负责，如有任何虚假，本单位（人）将承担由此引起的相关法律责任。 　申报单位（人）：（签章） 　法人代表（委托代理人）签字： 　　　　年　月　日	本单位对该项目设计成果及有关技术指标的准确性负责，因设计成果不符合有关法律、法规和规范以及指标核算不准确引发的相关法律责任及后果由我单位承担。 　设计单位：（签资质章） 　　　　年　月　日	本单位对该项目日照分析报告成果的准确性负责，因成果不符合有关法规、规范和规定以及由于分析不准确引发的相关法律责任及后果由我单位承担。 　日照分析单位：（签资质章） 　　　　年　月　日

图2-5 《建设工程规划许可证申请表》式样

建设工程规划许可证的办理程序一般为：窗口受理→勘察现场和审查办理→批前公示→审核签批→窗口发件。

建设单位在取得建设工程规划许可证后，应在有效期（一般为 6 个月）内开工，逾期未开工又未提出延期申请的，建设工程规划许可证自行失效。

2. 建设工程施工许可证

《建设工程施工许可证》是指建筑施工单位符合各种施工条件、允许开工的批准文件。其既是建设单位进行工程施工的法律凭证，也是房屋权属登记的主要依据之一。

建设单位在办理施工许可证前，应当向工程质量监督机构申请办理工程质量监督手续。建设单位向工程质量监督机构申请办理工程质量监督手续时，应当提交下列材料：

(1)工程质量监督申报表；

(2)施工图设计文件审查合格书；

(3)施工、监理合同，依法通过招标方式发包项目的中标通知书；

(4)工程质量责任主体法定代表人明确项目负责人的授权书；

(5)工程质量责任主体项目负责人签署的工程质量终身责任承诺书；

(6)法律、法规、规章规定需要提交的其他材料。

山东省房屋建筑和市政
工程质量监督管理办法

对符合要求的，工程质量监督机构应当在 3 日内核发工程质量监督通知书，并建立工程质量监督信息档案；对不符合要求的，应当书面说明理由。

工程投资额在 30 万元以上或者建筑面积在 300 m² 以上的工程，以及法律、法规、规章规定的其他工程，建设单位应当依法在开工前向县级以上人民政府住房城乡建设主管部门申领施工许可证。

建设单位申请领取施工许可证，应当具备下列条件，并提交相应的证明文件：

(1)依法应当办理用地批准手续的，已经办理该建筑工程用地批准手续。

(2)在城市、镇规划区的建筑工程，已经取得建设工程规划许可证。

山东省建筑工程
施工许可管理办法

(3)施工场地已经基本具备施工条件，需要征收房屋的，其进度符合施工要求。建设单位应提供施工企业主要技术负责人或项目负责人签署的已经具备施工条件的证明。

(4)已经确定施工企业。按照规定应当招标的工程没有招标，应当公开招标的工程没有公开招标，或者肢解发包工程，以及将工程发包给不具备相应资质条件的企业的，所确定的施工企业无效。依法应当招标的工程，建设单位应提供中标通知书和经备案的施工合同；直接发包的工程，建设单位应提供直接发包批准手续和经备案的施工合同。

(5)有满足施工需要的技术资料，施工图设计文件已按规定审查合格。

(6)有保证工程质量和安全的具体措施。工程项目建设、勘察、设计、施工、监理企业的法定代表人已经签订项目质量责任授权书，项目负责人已签订工程质量安全责任承诺书；施工企业编制的施工组织设计中有根据建筑工程特点制定的相应质量、安全技术措施，专业性较强的工程项目编制了专项质量、安全施工组织设计，施工企业按照规定办理了工程质量、安全监督手续。

（7）按照规定应当委托监理的工程已委托监理。建设单位应提供经备案的建设工程监理合同。

（8）建设资金已经落实。建设工期不足一年的，到位资金原则上不得少于工程合同价的50％，建设工期超过一年的，到位资金原则上不得少于工程合同价的30％。建设单位应当提供本单位截至申请之日无拖欠工程款情形的承诺书或者能够表明其无拖欠工程款情形的其他材料，以及银行出具的资金到位证明，有条件的可以实行银行付款保函或者其他第三方担保。

（9）法律、行政法规规定的其他条件。

申请办理施工许可证，应当按照下列程序进行：

（1）建设单位向发证机关领取《建设工程施工许可证申请表》（申请表内页式样如图 2-6 所示）。

工程简要说明

建设单位名称		所有制性质	
建设单位地址		电　话	
法定代表人		建设单位项目负责人	
工程名称			
建设地点			
合同价格	万元；其中外币(币种　　) 万元		
建设规模			
合同工期			
施工总包单位			
监理单位			
施工单位项目负责人		总监理工程师	
勘察单位			
设计单位			
勘察单位项目负责人		设计单位项目负责人	
申请单位： 法定代表人(签章)　　　　　单位(盖章) 　　　　　　　　　　　　　　　　年　月　日			

图 2-6　《建设工程施工许可证申请表》内页式样

建设单位提供的文件或证明材料情况

用地批准手续	
建设用地规划许可证	
建设工程规划许可证	
施工现场是否具备施工条件	
中标通知书及施工合同	
施工图设计文件审查合格证明	
监理合同或建设单位工程技术人员情况	
质量、安全监督手续	
资金保证函或证明	
无拖欠工程款情形的承诺书	
其他资料	

审查意见：

（发证机关盖章）

经办人：　　　　审查人：　　　　年　月　日

注：此栏中应填写文件或证明材料的编号。没有编号的，应由经办人审查原件资料是否完备。

图 2-6　《建设工程施工许可证申请表》内页式样（续）

（2）建设单位持加盖单位及法定代表人印鉴的建筑工程施工许可证申请表，并附证明文件，向发证机关提出申请。

（3）发证机关在收到建设单位报送的建筑工程施工许可证申请表和所附证明文件后，对于符合条件的，应当自收到申请之日起 15 日内颁发施工许可证；对于证明文件不齐全或者失效的，应当场或者 5 日内一次性告知建设单位需要补正的全部内容，审批时间可以自证明文件补正齐全后作相应顺延；对于不符合条件的，应当自收到申请之日起 15 日内书面通知建设单位，并说明理由。

在颁发施工许可证前，发证机关或委托有关单位，应当到工程现场进行踏勘，形成施工许可现场踏勘记录。

在建设过程中，建设单位或者施工单位发生变更的，应当重新申请领取施工许可证，原证书须交回发证机关存档。施工许可证的其他内容发生变化的，应当办理施工许可证变更手续。

建设单位应当自领取施工许可证之日起 3 个月内开工。因故不能按期开工的，应当在期满前向发证机关申请延期，并说明理由；延期以两次为限，每次不超过 3 个月。既不开工又不申请延期或者超过延期次数、时限的，施工许可证自行废止。

六、工程造价文件

工程造价文件的类别、来源及保存宜符合表 2-10 所示的规定。

表 2-10　工程造价文件的类别、来源及保存

工程资料类别	工程资料名称	工程资料来源	工程资料保存		
			施工单位	建设单位	城建档案馆
A6 类	工程投资估算材料	建设单位		▲	
	工程设计概算材料	设计单位		▲	
	招标控制价格文件	建设单位		▲	
	合同价格文件	建设单位、施工单位	▲	▲	△

注：表中符号"▲"表示必须归档保存；"△"表示选择性归档保存。

1. 工程投资估算材料

工程投资估算是指在对项目的建设规模、产品方案等进行研究并基本确定的基础上，估算项目所需资金总额（包括建设投资和流动资金）并测算建设期分年资金使用计划。投资估算是拟建项目编制项目建议书、可行性研究报告的重要组成部分，是项目决策、工程设计概算编制的重要依据。

工程投资估算材料一般由建设单位编制，也可委托设计单位或工程造价咨询单位编制。工程投资估算材料一般由封面、签署页、编制说明、投资估算分析、总投资估算表、单项工程估算表、主要技术经济指标等内容构成。

2. 工程设计概算材料

工程设计概算是指根据建设工程项目初步设计图纸及有关资料编制的工程造价文件，是初步设计文件的重要组成部分。工程设计概算包括：单位工程概算、单项工程综合概算、其他工程的费用概算，建设项目总概算以及编制说明等。

工程设计概算由工程设计单位编制，也可委托工程造价咨询单位编制。工程设计概算的审查由建设管理部门或建设单位牵头，邀请设计、监理等单位项目负责人和有关专家参加，对工程设计概算的合理性、真实性进行会审。对于政府投资的项目，建设单位在完成初步设计文件的编制之后，需将初步设计概算报发改委审批。

3. 招标控制价格文件

招标控制价是招标人根据国家或省级、行业建设主管部门颁发的有关计价依据和办法，以及拟定的招标文件和招标工程量清单，结合工程具体情况编制招标工程的最高投标限价。国有资金投资的工程建设项目应实行工程量清单招标，并应编制招标控制价格文件。

招标控制价格文件应由具有编制能力的招标人编制，当招标人不具有编制招标控制价格文件的能力时，可委托具有相应资质的工程造价咨询人编制。工程造价咨询人不得同时接受招标人和投标人对同一工程的招标控制价编制和投标报价编制的委托。

4. 合同价格文件

合同价格是指在工程招投标阶段，承、发包双方根据合同条款及有关规定，并通过签订工程承包合同所计算和确定的拟建工程造价总额，是建设单位与施工单位在施工合同中约定的价款或者价款计算方法。这只是根据合同双方在订立合同时预想的状况所达成的意思表示。合同价格文件由建设单位与施工单位共同编制。

七、工程建设基本信息

工程建设基本信息的类别、来源及保存宜符合表 2-11 所示的规定。

表 2-11　工程建设基本信息的类别、来源及保存

工程资料类别	工程资料名称	工程资料来源	工程资料保存			
			施工单位	监理单位	建设单位	城建档案馆
A7 类	工程概况信息表	建设单位	△		▲	▲
	建设单位工程项目负责人及现场管理人员名册	建设单位			▲	▲
	监理单位工程项目总监及监理人员名册	监理单位		▲	▲	▲
	施工单位工程项目经理及质量管理人员名册	施工单位	▲		▲	▲

注：表中符号"▲"表示必须归档保存；"△"表示选择性归档保存。

1. 工程概况信息表

《工程概况信息表》是对工程基本情况及有关单位情况的简要描述。《工程概况信息表》的填写范例见表 2-12。

表 2-12　工程概况信息表

建设工程概况（建筑工程类）表 A8—1		档号（由档案馆填写）	
建筑工程名称	××××居住项目	工程曾用名	
建筑工程地址	××市××区××路××号		
规划用地许可证号	20××规地字 0119 号	规划许可证号	2011 规×建字 0042 号
施工许可证号	〔201×〕施建字 0406 号	工程设计号	ZH－10022－S
工程档案登记号	××	工程决算	××××万元

开工日期	201×年3月1日		竣工日期	201×年3月31日	
建设单位	单位名称	×××房地产开发有限公司	单位代码	77639380－9	
	单位地址	××市××区××园	邮政编码	250014	
	联系人	××	电话	××××××××	
	建设单位上级主管				
	与本工程有关单位	单位名称		单位代码	
	产权单位	×××房地产开发有限公司		××××	
	立项批准单位	规划委员会			
	勘察单位	×××勘察设计公司		××××	
	监理单位	××监理公司		××××	
	竣工测量单位	××××测绘有限公司		××××	
	施工单位	××建设集团公司		××××	
	管理单位				
	使用单位				
总建筑面积/m²	29 145.3	总占地面积/m²	11 492.65	栋数	2

2. 建设单位工程项目负责人及现场管理人员名册

建设单位工程项目管理机构也称为工程项目经理部，是建设单位（业主）具体负责工程项目建设工作的管理机构。其组成人员包括工程项目项目负责人以及工程技术负责人、土建专业负责人、暖通专业负责人、电气专业负责人等现场管理人员。《建设单位工程项目负责人及现场管理人员名册》应填写：工程名称，单位名称以及工程项目经理部组成人员的姓名、职务、职称、工作职责，本项工作起止时间等。

3. 监理单位工程项目总监及监理人员名册

工程项目监理机构一般称为工程项目监理部，是工程监理单位派驻工程项目现场负责履行委托监理合同的监理机构。其组成人员包括总监理工程师（即项目总监）以及专业监理工程师、监理员等监理人员。《监理单位工程项目总监及监理人员名册》应填写：工程名称，单位名称，项目总监及专业监理工程师的姓名、职务、职称、工作职责、资格证书编号，本项工作起止时间等。

4. 施工单位工程项目经理及质量管理人员名册

工程项目施工管理机构也称为工程项目施工经理部（简称项目部），是承担工程项目施工现场管理的机构。其组成人员主要包括项目经理以及项目技术负责人（总工）、生产经理、质量员、安全员等质量管理人员。《施工单位工程项目经理及质量管理人员名册》应填写：工程名称，单位名称，项目经理及质量管理人员的姓名、职位、执业证号等。

《施工单位工程项目经理及质量管理人员名册》的填写范例见表2-13。

表 2-13　施工单位工程项目经理及质量管理人员名册　　　鲁 JJ－003－001

工程名称	××科技产业园综合楼		单位	××建筑工程有限公司
职位	姓名	身份证号		执业证号
项目负责人 (项目经理)	×××	37010119690725××××		鲁 1370507004××
技术部门负责人	×××	37032119781026××××		鲁 2370910014××
质量部门负责人	×××	37010319811205××××		鲁 2371012015××
项目技术负责人 (项目总工)	×××	370213197207203××××		鲁 2371012024××
项目施工负责人	×××	37028119690306××××		鲁 2371012039××
技术员	×××	37028519820812××××		项 21212020××
专职质检员	×××	37030319860628××××		项 41212053××
取样员	×××	37080219821124××××		项 51215014××
资料员	×××	37068619901026××××		项 81215016××

上述人员是我单位为　　××科技产业园综合楼　　工程配备的项目施工管理人员，请建设(监理)单位审核。

企业技术负责人：×××　　　　　　　　　　　　　　　　　　　(公章)
企业法人代表：×××　　　　　　　　　　　　　　　　　　　20××年1月6日

审核意见：
　　经审核，执业证书真实有效。

　　建设单位项目负责人(总监理工程师)：×××　　　　　　　　(公章)
　　　　　　　　　　　　　　　　　　　　　　　　　　　　　20××年1月6日

技 能 训 练

一、判断题

1. 可行性研究报告及附件是由建设单位自行编制或委托具有相应资质的工程咨询、设计单位编制的。可研究报告由编制单位提供。　　　　　　　　　　　　　(　　)

2. 可行性报告的批复文件是由建设单位对该项目的可行性研究报告做出的批复文件。　　　　　　　　　　　　　　　　　　　　　　　　　　　　　　　　(　　)

3. 工程投资额在 30 万元以下或者建筑面积在 300 m² 以下的建筑工程，可以不申请办理施工许可证。　　　　　　　　　　　　　　　　　　　　　　　　(　　)

二、单项选择题

1. 负责基建文件的管理工作，并设专人对基建文件进行收集、整理和归档是属于（　　）的职责。

    A. 监理单位　　　　B. 设计单位　　　　C. 施工单位　　　　D. 建设单位

2. 项目建议书是由（　　）自行编制或委托其他有相应资质的咨询或设计单位编制并申报的文件。

    A. 监理单位　　　　B. 设计单位　　　　C. 施工单位　　　　D. 建设单位

3. 立项会议纪要是由（　　）就该项目召开立项研究会议所形成的纪要文件，由组织会议的单位负责提供。

    A. 监理单位　　　　B. 设计单位　　　　C. 施工单位　　　　D. 建设单位

4. 建设用地批准书由（　　）到国土资源部门办理，由国土资源部门负责提供。

    A. 监理单位　　　　B. 设计单位　　　　C. 施工单位　　　　D. 建设单位

三、多项选择题

1. 立项文件包括（　　）。

    A. 发改部门批准的立项文件　　　　　　B. 项目建议书

    C. 立项会议纪要　　　　　　　　　　　D. 可行性研究报告

2. 需要归档保存《建设工程施工许可证》的单位是（　　）。

    A. 监理单位　　　　　　　　　　　　　B. 建设单位

    C. 设计单位　　　　　　　　　　　　　D. 施工单位

3. 工程招投标文件包括（　　）等。

    A. 工程监理招投标文件　　　　　　　　B. 勘察合同

    C. 造价咨询合同　　　　　　　　　　　D. 设计合同

4. 开工审批文件包括（　　）。

    A. 建设工程开工意见书　　　　　　　　B. 建设工程规划许可证及其附件

    C. 建设工程施工许可证　　　　　　　　D. 建设工程开工审批表

四、案例分析

某高校拟建一幢教学楼，经公开招标确定了施工单位 A 和监理单位 B，由施工单位 A 向工程所在地住房城乡建设主管部门申请领取《建设工程施工许可证》。试问：

1. 上述做法有何不妥之处？为什么？

2. 申请领取《建设工程施工许可证》应具备什么条件？

3. 自领取施工许可证之日起 3 个月内，因故不能按期开工，该如何处理？

五、简答题

1. 工程准备阶段文件的管理要求有哪些？

2. 建设用地拆迁文件包括哪些？

3. 勘察设计文件包括哪些？

4. 工程造价文件包括哪些？

项目三　监理资料管理

▶▶项目导航

　　监理资料是指监理单位项目监理部管理的文件。项目监理部专业监理工程师负责收集、汇总监理资料，总监理工程师负责组织整理监理资料，专业监理工程师参与整理监理资料。监理单位应在与建设单位签订监理合同后，建立资料室，配备资料员（专业监理工程师），添置档案架、档案盒等档案设施，增设计算机、办公桌、台账等办公设施。资料员应制定监理资料收集计划，由项目监理部总监理工程师审定、交底。

　　监理单位资料员收集资料时，应严格审查资料的来源、保存份数、保存单位，审查资料的签字、盖章，并在计算机和收集台账上做好登记。

　　党的二十大报告指出："问题是时代的声音，回答并指导解决问题是理论的根本任务。"监理资料包括哪几种类型？如何形成？质量要求什么？由哪些单位保存？回答这些问题是理论解决的根本任务。

任务一　熟悉监理资料的形成和管理要求

▶▶任务目标

知识目标	能力目标	素养目标
1.熟练掌握监理资料的类型及形成时间； 2.熟练掌握监理资料的基本管理要求	1.能够编制监理资料管理计划； 2.能够建立监理资料； 3.能够进行监理资料管理交底	1.养成实事求是、不弄虚作假的工作习惯； 2.养成细心周到、按时完成任务的工作作风

一、监理资料的形成

　　（1）监理资料的形成应符合下列规定：

　　1）监理单位应对监理资料内容的真实性、完整性、有效性负责。

　　2）监理资料的填写、编制、审核、审批、签认应及时进行。

　　3）监理资料不得随意修改，当需要修改时，应实行划改，并由划改人签署。严禁伪造或故意撤换监理资料。

　　4）监理资料的文字、图表、印章应清晰。

（2）监理资料的形成宜符合图 3-1 所示的步骤。

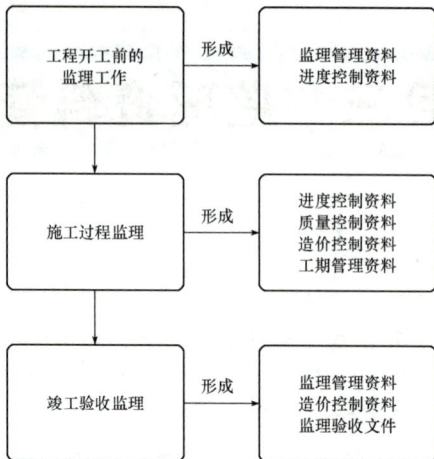

图 3-1　监理资料的形成

二、监理资料的管理要求

（1）监理资料应由专业监理工程师负责收集、汇总，由总监理工程师负责组织整理。

（2）总监理工程师作为项目监理部监理资料的总负责人，宜指定专职或兼职资料员具体管理监理资料。

（3）项目监理机构应根据工程实际情况及有关规定建立监理资料目录，完善监理资料管理制度。

（4）各专业监理工程师应随着工程项目的进展负责收集、整理本专业的监理资料，并进行认真检查，保证监理资料的完整性和准确性；每月 25 日前应将整理好的资料交资料员存放保管。

（5）资料员应检查监理资料的编写情况，发现问题时，应及时报告总监理工程师，由总监理工程师责令其改正。

（6）项目监理资料的编制，应及时、准确、真实、有效。

（7）监理工程师或其他人员在编制监理资料时，应使用规范词语和通用符号，如采用其他单位符号，应在括号内转换成通用单位或注明。整个文件所采用的单位应统一，不得混用。

（8）监理资料各类表格的格式应统一且符合相关规定，手工填写部分应使用黑色墨水或黑色签字笔填写。

（9）监理资料应为原件。当为复印件时，提供单位应在复印件上加盖单位印章，并应有经办人签字及日期。提供单位应对文件资料的真实性负责。

（10）监理资料各类表在实际使用中，应分类建立统一编码体系，各类表式的编号应连续，不得重号、跳号。

（11）监理资料各类表中施工项目经理部用章的样章应在项目监理机构和建设单位备案，项目监理机构用章的样章应在建设单位和施工单位备案。

（12）应由总监理工程师签字并加盖执业印章的表式有：《工程开工令》《工程暂停令》《工程复工令》《工程款支付证书》《施工组织设计或(专项)施工方案报审表》《工程开工报审表》《单位工程竣工验收报审表》《工程款支付报审表》《费用索赔报审表》《工程临时或最终延期报审表》。

（13）监理资料应内容完整，结论明确，字迹清晰，签字、盖章手续齐全。

(14)监理资料的审核、审批、签认不应代审、代签及越级签认，不应随意修改、伪造或故意撤换。

(15)监理资料宜采用计算机信息化技术进行辅助管理。

(16)资料管理员应按时验收各专业的监理资料，分类别、分专业建立案卷盒，按规定编目、整理，做到分类有序、存放整齐。

(17)对于已归资料员保管的监理资料，如本项目监理部人员需要借用，应办理借用手续，用后及时归还；其他人员借用，须经总监理工程师同意，办理借用手续，资料员负责收回。

山东省建设工程监理
文件资料管理规程

任务二　编制、收集与审查监理管理资料

▶▶任务目标

知识目标	能力目标	素养目标
1.熟悉监理管理资料的类别、来源及保存单位； 2.熟练掌握监理管理资料的填写要求	1.能够收齐监理管理资料； 2.能够编制、签发、记录、审批、验收监理管理资料	1.养成实事求是、不弄虚作假的工作习惯； 2.养成细心周到、按时完成任务的工作作风

一、监理管理资料的类别

监理管理资料的类别、来源及保存宜符合表 3-1 所示的规定。

表 3-1　监理管理资料的类别、来源及保存

工程资料类别	工程资料名称	工程资料来源	工程资料保存			
			施工单位	监理单位	建设单位	城建档案馆
B1 类	监理规划	监理单位		▲	▲	▲
	监理实施细则	监理单位	△	▲	▲	▲
	监理月报	监理单位		▲	△	
	监理会议纪要	监理单位	△	▲	▲	
	监理日志	监理单位		▲		
	监理工作总结	监理单位		▲		▲
	工作联系单	监理单位、施工单位	△	△	▲	
	监理工程师通知	监理单位	△	△	▲	△
	监理工程师通知回复单	施工单位	△	△	▲	△
	工程暂停令	监理单位	△	△	▲	▲
	工程复工报审表	施工单位	▲	▲	▲	▲

注：表中符号"▲"表示必须归档保存；"△"表示选择性归档保存。

二、监理规划

监理规划是项目监理机构全面开展建设工程监理工作的指导性文件，是在项目监理机构详细调查和充分研究建设工程的目标、技术、管理、环境以及工程参建各方等的情况后制定的指导建设工程监理工作的实施方案。监理规划应具有可操作性，应起到指导项目监理机构实施建设工程监理工作的作用。监理规划既是编制监理实施细则的重要依据，也是建设监理主管机构对监理单位监督管理和业主确认监理单位履行合同的主要依据。

1. 监理规划的编制、审批、报送、调整程序

（1）监理规划可在签订建设工程监理合同及收到工程设计文件后，由总监理工程师组织专业监理工程师编制。

（2）监理工程师签字后，由工程监理单位技术负责人审批。

（3）完成工程监理单位内部审核后，在第一次工地会议召开之前，报送建设单位。

（4）在实施建设工程监理的过程中，当实际情况或条件发生变化而需要调整监理规划时，应由总监理工程师组织专业监理工程师修改，并应经工程监理单位技术负责人批准后报建设单位。

2. 监理规划编制的依据

（1）建设工程的相关法律、法规及项目审批文件。

（2）与建设工程项目有关的标准、设计文件、技术资料。

（3）监理大纲、建设工程监理合同及与建设工程项目相关的施工合同文件。

3. 监理规划编制的主要内容

（1）工程概况。

（2）监理工作的范围、内容、目标。

（3）监理工作依据。

（4）监理组织形式、人员配备及进退场计划、监理人员岗位职责。

（5）监理工作制度。

（6）工程质量控制。

（7）工程造价控制。

（8）工程进度控制。

（9）安全生产管理的监理工作。

（10）合同与信息管理。

（11）组织协调。

（12）监理工作设施。

4. 监理规划编制的要求

（1）一个监理项目应编制一个监理规划。

（2）监理规划应结合施工组织设计、施工图审查意见等文件资料进行编制。

（3）监理规划应结合工程实际情况，明确项目监理机构的工作目标，确定具体的监理工作的制度、内容、程序、方法和措施。

(4)编制内容应做到监理目标明确、职责分工清楚、操作程序合理、工作制度健全、方法措施有效。对技术复杂、专业性较强、危险性较大的分部分项工程，还应在监理规划中制订监理实施细则编制计划。

(5)监理规划格式主要包括封面、监理规划审批页、目录、正文、封底。

(6)监理规划应由总监理工程师、监理单位技术负责人签字，并在审批页加盖监理单位公章。

(7)监理规划一般一式四份(监理单位、项目监理机构、建设单位、城建档案馆各一份)，用 A4 纸打印并装订成册。

三、监理实施细则

监理实施细则是根据有关规定和实际需要编制的针对工程项目中某一专业或某一方面建设工程监理工作的操作性文件，如深基坑工程监理实施细则等。对专业性较强、危险性较大的分部分项工程，项目监理机构应编制监理实施细则；对工程规模较小、技术较简单且有成熟管理经验和措施的，可不必编制监理实施细则。

1. 监理实施细则编制的依据

(1)监理规划。

(2)工程建设标准、工程设计文件。

(3)施工组织设计、(专项)施工方案。

2. 监理实施细则编制的主要内容

(1)专业工程的特点。

(2)监理工作的流程。

(3)监理工作的要点。

(4)监理工作的方法及措施。

3. 监理实施细则编制的要求

(1)监理实施细则应在相应工程施工开始前由专业监理工程师结合工程特点、施工环境、施工工艺等编制，并应报总监理工程师审批。

(2)监理实施细则的内容应符合监理规划的要求，并应结合专业工程的特点，使其具有针对性和可操作性，做到目标明确、措施有效。

(3)监理实施细则主要包括封面、目录、正文、封底。

(4)监理实施细则应由专业监理工程师和总监理工程师签字，并在封面中项目监理机构名称部位加盖项目监理机构印章。

(5)监理实施细则一般一式五份(监理单位、项目监理机构、建设单位、城建档案馆、施工单位各一份)，用 A4 纸打印并装订成册。

(6)在实施建设工程监理的过程中，监理实施细则可根据实际情况进行补充、修改，并应经总监理工程师批准后实施。

四、监理月报

监理月报是项目监理机构每月向建设单位提交的建设工程监理工作及建设工程实施情况等的分析总结报告。

1. 监理月报的主要内容

（1）本月工程实施情况。

1）工程进展情况，实际进度与计划进度的比较，施工单位人、机、料进场及使用情况，本期在施部位的工程照片。

2）工程质量情况，分项分部工程验收情况，工程材料、设备、构配件进场检验情况，主要施工试验情况，本月工程质量分析。

3）施工单位安全生产管理工作评述。

4）已完工程量与已付工程款的统计及说明。

（2）本月监理工作情况。

1）工程进度控制方面的工作情况。

2）工程质量控制方面的工作情况。

3）安全生产管理方面的工作情况。

4）工程计量与工程款支付方面的工作情况。

5）合同其他事项的管理工作情况。

6）监理工作统计及工作照片。

（3）本月施工中存在的问题及处理情况。

1）工程进度控制方面的主要问题分析及处理情况。

2）工程质量控制方面的主要问题分析及处理情况。

3）施工单位安全生产管理方面的主要问题分析及处理情况。

4）工程计量与工程款支付方面的主要问题分析及处理情况。

5）合同其他事项管理方面的主要问题分析及处理情况。

（4）下月监理工作重点。

1）在工程管理方面的监理工作重点。

2）在项目监理机构内部管理方面的工作重点。

2. 监理月报编制的要求

（1）原则上项目监理机构每月均应编制监理月报。监理月报所含内容的统计周期一般为上月 26 日至本月 25 日，在下月 5 日前报建设单位。

（2）监理月报应由总监理工程师组织编写并签字后报建设单位和监理单位。

（3）监理月报的内容应全面真实地反映工程现状和监理工作情况，做到数据准确、重点突出、语言简练，并附必要的图表和照片，确保监理工作可追溯。

（4）监理月报主要包括封面、目录、正文、封底。

（5）监理月报应由总监理工程师签字，并在封面中项目监理机构名称部位加盖项目监理机构印章。

（6）监理月报一般一式三份（建设单位、监理单位、项目监理机构各一份），用 A4 纸打印并装订成册。

五、监理会议纪要

会议纪要是根据会议记录摘要整理的、需要贯彻执行的书面文件。监理会议纪要一般由项目监理部根据会议记录整理，经总监理工程师审阅，并经与会各方代表会签。会议纪要一般包括会议情况简述和内容纪要两个方面。监理会议纪要的主要内容包括：会议时间及地点，会议主持人，出席者的单位、姓名、职务，会议讨论的主要问题及决议的事项，各项工作落实的负责单位、负责人和时限要求，其他需要记载的事项。监理会议纪要种类有第一次工地会议纪要、监理例会纪要和专题会议纪要等。

1. 第一次工地会议纪要

工程开工前由建设单位主持召开的第一次工地会议，是建设单位、工程监理单位和施工单位对各自人员及分工、开工准备等情况进行沟通和协调的会议。

第一次工地会议应包括以下主要内容：

(1)建设单位、施工单位和工程监理单位分别介绍各自驻现场的组织机构、人员及其分工。

(2)建设单位介绍工程开工准备情况。

(3)施工单位介绍施工准备情况。

(4)建设单位代表和总监理工程师对施工准备情况提出意见和要求。

(5)总监理工程师介绍监理规划的主要内容。

(6)研究确定各方在施工过程中参加监理例会的主要人员，召开监理例会的周期、地点及主要议题。

(7)其他有关事项。

2. 监理会议纪要

项目监理机构应定期主持召开监理例会，组织施工单位、建设单位等有关单位，研究解决与监理相关的问题。

监理会议纪要应包括以下主要内容：

(1)检查上次例会议定事项的落实情况，分析未完事项原因。

(2)检查分析工程项目进度计划完成情况，提出下一阶段的进度目标及其落实措施。

监理会议纪要

(3)检查分析工程项目质量、施工安全管理状况，针对存在的问题提出改进措施。

(4)检查工程量核定及工程款支付情况。

(5)解决需要协调的有关事项。

(6)其他有关事宜。

3. 专题会议纪要

为解决监理工作范围内的工程专项问题(如工程中出现的质量、安全以及其他需要召开专题会议解决的问题)，项目监理机构可根据需要主持召开专题会议，并可邀请建设单位、设计单位、施工单位、设备供应厂商等相关单位参加。此外，项目监理机构可根据需要，参加由建设单位、设计单位或施工单位等相关单位召集的专题会议。

专题会议应针对工程施工中的某一专门问题展开讨论及研究，并最终形成处理意见，经总监理工程师审核签认。

项目监理机构应负责整理由项目监理机构主持召开的专题会议纪要，并经与会各方代表会签。

六、监理日志

监理日志是项目监理机构每日对建设工程监理工作及施工进展情况所做的记录。监理日志有别于监理人员记录的监理日记。监理日记是每个监理人员的工作日记。

监理日志是监理资料中的重要组成部分，是监理服务工作量和价值的体现，是工程实施过程中最真实的工作证据，也是监理人员专业素质和技术水平的体现。

1. 监理日志的编制要求

（1）监理日志应以单位工程为记录对象，从工程的开工之日开始至工程竣工之日为止，由总监理工程师指定专业监理工程师负责、监理员参与逐日记载，记载内容应保持其连续性和完整性。

（2）监理日志应使用统一格式的"监理日志"，每册封面应标明工程名称，册号，记录时间段及建设、设计、施工、监理单位名称，并由总监理工程师签字。

（3）监理日志必须及时记录、整理，做到记录内容齐全、准确、详细，真实反映当天的工程具体情况。

（4）监理日志不得补记，不得隔页或扯页，应保持原始记录。

2. 监理日志的主要内容

（1）天气和施工环境情况。

（2）当日施工进展情况。

（3）当日监理工作情况，包括旁站、巡视、见证取样、平行检验等情况。

（4）当日存在的问题及协调解决情况。

（5）其他有关事项。

3. 监理日志的填写范例

监理日志的填写范例见表 3-2。

表 3-2　监理日志

编号：×××

日　期		星期	四	天气	晴	气温	14～27(℃)	风力	1～2(级)
××××年××月××日									
工程名称		××住宅楼工程				监理人员		7人	
施工情况	在施部位	1. 四层 5 段柱模板安装 2. 四层 1 段柱钢筋绑扎 3. 三层 2 段顶板混凝土养护 4. 三层 3 段顶板钢筋绑扎							
	施工其他情况	1. 楼西侧暖沟砌砖 2. 楼南侧肥槽回填土							

日　　期	星期	四	天气	晴	气温	14～27(℃)	风力	1～2(级)
××××年××月××日								

监理工作记实	中间验收情况	1. 下午3：20四层5段柱模板安装验收合格 2. 下午4：00三层4段顶板模板安装验收合格 3. 下午4：20四层2段柱放线验收合格
	旁站及见证	1. 四层5段柱混凝土浇灌18：30开始，22：00结束 2. 现场见证取样试块1组，编号：128
	其他工作	上午9：00召开监理例会，10：30结束，主要解决施工的进度和质量的问题。落实了下周的进度和质量目标，确定了安装专业的插入时间
建设单位、其他外部环境情况		建设单位的有关领导来施工现场检查工作，对工程进度、工程质量比较满意，特别对现场文明施工十分满意

记录人：×××

七、监理工作总结

监理工作总结是指监理单位对履行监理合同情况和监理工作的综合性总结。

1. 监理工作总结的编制要求

(1)监理工作总结应在工程竣工验收合格、监理工作结束后，由总监理工程师组织项目监理机构有关人员编制。

监理工作总结

(2)监理工作总结能客观、公正、真实地反映工程监理的全过程，能对监理效果进行综合描述和正确评价。

(3)监理工作总结主要包括封面、目录、正文、封底。

(4)监理工作总结一般一式两份(建设单位、监理单位各一份)，用A4纸打印并装订成册。

(5)监理工作总结应经过总监理工程师审核签字并加盖工程监理单位公章后，报送建设单位。

2. 监理工作总结的主要内容

(1)工程概况。

(2)项目监理机构。

(3)建设工程监理合同履行情况。

(4)监理工作成效。

(5)监理工作中发现的问题及其处理情况。

(6)说明和建议。

八、工作联系单

项目监理机构与工程建设相关方之间的工作联系（包括告知、督促、建议等事项），除另有规定外宜采用工作联系单的形式进行。项目监理机构协调工程建设相关方的关系，主要是指项目监理机构与建设单位、施工单位、政府监管机构等之间的关系，监理单位与设计单位之间的关系主要通过建设单位进行协调。

工作联系单的填写内容包括：

（1）事由。事由是指需联系事项的主题。

（2）内容。内容是指需联系事项的详细说明。其要求内容完整、齐全，技术用语规范，文字简练明了。

（3）单位。单位是指提出工作联系事项的单位。填写本工程现场管理机构的名称，并加盖公章。

（4）负责人。负责人是指提出工作联系事项单位在本工程中的负责人，如总监、项目经理等。

工作联系单的填写范例见表 3-3。

表 3-3　工作联系单

工程名称：××商住楼工程　　　　　　　　　　　　　　　　　　编号：××××

致：××集团开发有限公司 事由： 　　关于支付监理酬金事宜。   内容： 　　根据监理合同第 26 条的规定，贵方应在结构施工部位达到 ±0.000 m 时，支付 15％ 的总合同额，即 22.5 万元的监理酬金，目前施工部位已超出上述范围，请贵方按监理合同支付监理酬金为盼。 　　请予以审查和批准使用。   　　　　　　　　　　　　　　　　发文单位（盖章）：××监理有限公司 　　　　　　　　　　　　　　　　负责人（签字）：××× 　　　　　　　　　　　　　　　　××××年××月××日

九、监理工程师通知

《监理工程师通知》是针对施工单位出现的质量、安全、进度等问题而签发的要求施工单位整改的指令性文件。

1.《监理工程师通知》签发要求

(1)项目监理机构发现施工存在质量问题的，或施工单位采用不适当的施工工艺，或施工不当造成工程质量不合格的，应及时签发《监理通知单》，要求施工单位整改。工序不合格，不得进入下道工序的施工。

(2)项目监理机构应检查施工进度计划的实施情况，发现实际进度严重滞后于计划进度且影响合同工期时，应签发《监理通知单》，要求施工单位采取调整措施加快施工进度。总监理工程师应及时向建设单位报告工期延误风险。

(3)项目监理机构应巡视检查危险性较大的分部分项工程专项施工方案的实施情况。发现未按专项施工方案实施时，应立即签发《监理通知单》责令整改，要求施工单位按照经批准的专项施工方案实施。施工单位拒不整改的，项目监理机构应及时向建设单位报告。

(4)项目监理机构在实施监理的过程中，发现工程存在安全事故隐患时，应签发《监理工程师通知》，要求施工单位整改。当施工单位拒不整改时，项目监理机构应及时向有关主管部门报送监理报告。

(5)施工单位在施工过程中出现不符合设计要求、工程建设标准、合同约定以及使用不合格的工程材料、构配件和设备等情况时，项目监理机构应及时发出《监理通知单》。

(6)监理单位签发《监理通知单》时，应避免出现两个极端，即过滥或不发，并要维护《监理通知单》的权威性。

(7)经总监理工程师同意后，《监理工程师通知》可以由专业监理工程师签发，重要的《监理工程师通知》应由总监理工程师签发。《监理通知单》应加盖项目监理机构章。

2.《监理工程师通知》的填写要求

(1)事由是指通知事项的主题，一般应简要写明具体事件原因。

(2)内容是指通知事项的详细说明和对承包单位的工作要求，一般应写明该事件发生的时间、部位、问题及后果，整改要求和回复期限。

(3)必要时应附工程问题隐患部位的照片或其他影像资料。

(4)描述用词尽量避免使用"基本""一些""少数"等模糊用词。

(5)签字应真实、清楚，不得涂改、代签。

3.《监理工程师通知》修改

承包单位对监理工程师签发的监理通知中的要求有异议时，应在收到通知后24 h内向项目监理机构提出修改申请，要求总监理工程师予以确认，但在未得到总监理工程师的修改意见以前，承包单位应按照专业监理工程师下发的《监理通知单》执行相应的任务。

4.《监理工程师通知》范例

《监理工程师通知》宜采用表3-4所示的格式编制并填写。

表 3-4　监理工程师通知

工程名称：济南×××环保园 M 地块　　　　　　　　　　　　　资料编号：××××

致：济南×××建筑工程有限公司(施工项目经理部)

事由：关于1号楼2层卫生间墙体砖粘贴质量问题事宜。

内容：

　　××××年××月××日上午监理人员巡视发现：1号楼2层卫生间未按照经各方同意的样板间的要求(横向粘贴方式)施工。现通知你项目部暂停该部位施工，按照各方同意的样板间的要求进行整改，并按规定报监理验收，合格后方可进行下道工序的施工。

　　附件：问题隐患部位(工序)的照片或其他影像资料

　　　　　　　　　　　　　　　　　　　　　　　项目监理机构(盖章)：

　　　　　　　　　　　　　　　　　　　　　　　专业/总监理工程师(签字)：

　　　　　　　　　　　　　　　　　　　　　　　　　　　　××××年××月××日

十、监理工程师通知回复单

1.《监理工程师通知回复单》的填写要求

(1)施工单位按照《监理工程师通知》要求的工作时限和标准进行整改完毕后，应向项目监理机构报送《监理工程师通知回复单》。

(2)《监理工程师通知回复单》中"我方收到编号为_____"，填写所回复的《监理通知单》的编号；"完成了_____工作"，按《监理工程师通知》要求完成的工作填写；此外，还应提出问题的整改处理方法(方案)，简要说明处理结果、达到的标准，必要时附有关证明资料。

(3)收到施工单位的《监理工程师通知回复单》后，项目监理机构应及时对整改情况和附件资料进行复查，提出复查意见。

(4)总监理工程师经过复查，如整改情况符合要求，通常填写类似"已按《监理工程师通知》整改完毕，经检查符合要求"的意见；如不符合要求，应具体指明不符合要求的项目或部位，签署"不符合要求，要求承包单位继续整改"的意见。

2.《监理工程师通知回复单》范例

《监理工程师通知回复单》宜采用表 3-5 所示的格式编制并填写。

表 3-5　监理工程师通知回复单

工程名称：济南×××环保园 M 地块　　　　　　　　　　　　资料编号：××××

致：济南××监理公司(项目监理机构)

　　我方接到编号为××××监理通知单后，已按要求完成了按照样板间要求的粘贴方式整改完毕相关工作，特此回复，请予以复查。

　　附件：整改过程和整改后照片

施工项目经理部(盖章)：

施工单位项目负责人(签字)：

××××年××月××日

复查意见：

　　1. 经检查，已按照样板间要求整改完毕。

　　2. 质量隐患消除，符合要求。

项目监理机构(盖章)：

专业/总监理工程师(签字)：

××××年××月××日

十一、工程暂停令

《工程暂停令》是用于要求工程全部或局部暂停施工的指令。

1.《工程暂停令》签发要求

(1)总监理工程师在签发《工程暂停令》时，可根据停工原因的影响范围和影响程度，确定停工范围，并应按施工合同和建设工程监理合同的约定签发《工程暂停令》。

(2)项目监理机构发现下列情况之一时，总监理工程师应及时(一般在事件发生的 24 h 之内)签发工程暂停令：

1)建设单位要求暂停施工且工程需要暂停施工的；

2)施工单位未经批准擅自施工或拒绝项目监理机构管理的；

3)施工单位未按审查通过的工程设计文件施工的；

4)施工单位未按批准的施工组织设计、(专项)施工方案施工或违反工程建设强制性标准的；

5)施工存在重大质量、安全事故隐患或发生质量、安全事故的。

(3)总监理工程师签发《工程暂停令》，应事先征得建设单位同意。在紧急情况下，未能事先征得建设单位同意的，应在事后及时向建设单位提交书面报告。施工单位未按要求停工或复工的，项目监理机构应及时报告建设单位。

2.《工程暂停令》填写要求

(1)填写的工程名称应与《建设工程施工许可证》上的工程名称一致；填写的施工单位名

称应为建设工程施工合同的签订单位的全称。

(2)《工程暂停令》应注明停工的原因、停工的起始日期、停工部位（工序）、停工范围以及整改要求、整改标准、整改时限和回复要求。

(3)必要时应附停工部位或事件的影像资料。

(4)《工程暂停令》应由总监理工程师签发，并加盖项目监理机构印章和总监理工程师执业印章。签名应真实、清楚，不得涂改、代签。

3.《工程暂停令》填写范例

《工程暂停令》宜采用表 3-6 所示的格式编制并填写。

表 3-6　工程暂停令

工程名称：济南×××环保园 M 地块　　　　　　　　　　　　　　　　　编号：××××

致：济南×××建筑工程有限公司(施工项目经理部) 事由：关于1号楼2层卫生间墙体砖粘贴质量问题事宜。 　　由于1号楼基坑南侧桩锚支护预应力锚杆未张拉锁定即进行土方施工(超挖)，未按照已批准施工方案实施，存在重大安全隐患问题，现通知你方必须于××××年××月××日××时起，暂停本工程的1号楼基坑南侧土方部位(工序)施工，并按下述要求做好后续工作。 　　要求：1. 立即停止土方作业，评估隐患的影响。 　　　　　2. 报送整改措施，经批准后方可实施。 　　　　　3. 隐患消除后，经监理查验合格后，方可申请复工。 　　　　　4. 加强支护与土方施工协调和技术交底。 　　　　　5. 完成上述内容后填报《工程复工报审表》报项目监理机构。   　　　　　　　　　　　　　　　　　　项目监理机构(盖章)： 　　　　　　　　　　　　　　　　　　总监理工程师(签字、加盖执业印章)： 　　　　　　　　　　　　　　　　　　　　　　　××××年××月××日

十二、工程复工报审表

1. 工程复工报审程序

(1)按《工程暂停令》的要求，承包单位经自查发现暂停施工原因消失，具备复工条件时，向项目监理机构报送《工程复工报审表》及其附件(即有关证明材料)申请复工。

(2)《工程复工报审表》及有关证明材料经过项目监理机构审查符合要求后，总监理工程师应及时签署审核意见，并在报建设单位批准后签发《工程复工令》(格式见表 3-7)；如果经项目监理机构审查不符合要求，不同意复工，项目监理机构应对未消除的原因作出描述，以便施工单位继续整改。

(3)当暂停施工原因消失，具备复工条件，但施工单位未提出复工申请时，总监理工程师应根据工程实际情况指令施工单位恢复施工。

2.《工程复工报审表》填写要求

(1)申报部分。填写时,应载明对应的《工程暂停令》的编号及相应的暂停部位(工序),并明确填写申请复工的日期。

对于"附件:证明文件资料",工程暂停原因是由非承包单位的原因引起时,承包单位仅提供工程暂停原因消失证明;工程暂停原因是由承包单位的原因引起时,建议施工单位编制复工报告,针对对应的《工程暂停令》中所描述的引起工程暂停的原因,对经过整改、处理后的现状进行描述,以证明原因已消失,具备复工条件。

表 3-7　工程复工令

工程名称:　　　　　　　　　　　　　　　　　　　　　　　　　　　　　编号:

致:_____(施工项目经理部) 　　我方发出的编号为_____的《工程暂停令》,要求暂停施工的_____部位(工序),经查已具备复工条件,经建设单位同意,现通知你方于____年____月____日____时起恢复施工。 　　附件:工程复工报审表   <div align="right">项目监理机构(盖章): 总监理工程师(签字、加盖执业印章): 　　　　　年　　　月　　　日</div>

(2)审批部分。"审核意见":符合复工条件的,应签署类似"经审核,施工单位提交的证明文件资料可以证明引起工程暂停的原因已消除,具备复工条件。同意复工。"的意见;不符合复工条件的,应签署类似"经审核,施工单位提交的证明文件资料无法证明引起工程暂停的原因已消除,尚不具备复工条件。不同意复工。"的意见。

"审批意见":建设单位在监理单位审核的基础上独立作出是否同意复工的判断,并签署"同意复工"或"不同意复工"。在不同意复工的情况下也应书面说明理由。

(3)签字、盖章要求。建设单位应加盖建设单位公章,建设单位代表应签字,注明审批日期;施工单位应加盖项目经理部印章,项目经理应签字;盖项目监理机构印章,总监理工程师应签字,注明审核日期。

3.《工程复工报审表》填写范例

《工程复工报审表》宜采用表 3-8 所示的格式编制并填写。

表 3-8　工程复工报审表

工程名称：济南×××环保园 M 地块　　　　　　　　　　　　　　编号：××××

致：济南××监理公司(项目监理机构) 　　编号为××××的《工程暂停令》所停工的 1 号楼基坑南侧土方施工 部位(工序)已满足复工条件，我方申请于×× ××年××月××日复工，请予以审批。 　　附件：证明文件资料   　　　　　　　　　　　　　　　　　　　　　　　　施工项目经理部(盖章)： 　　　　　　　　　　　　　　　　　　　　　　　　施工单位项目负责人(签字)： 　　　　　　　　　　　　　　　　　　　　　　　　　　　　××××年××月××日
审核意见： 　　经审核，施工单位提交的证明文件资料可以证明引起工程暂停的原因已消除，具备复工条件。同意复工，报建设 单位审批。   　　　　　　　　　　　　　　　　　　　　　　　　项目监理机构(盖章)： 　　　　　　　　　　　　　　　　　　　　　　　　总监理工程师(签字)： 　　　　　　　　　　　　　　　　　　　　　　　　　　　　××××年××月××日
审批意见： 　　同意复工。   　　　　　　　　　　　　　　　　　　　　　　　　建设单位(盖章)： 　　　　　　　　　　　　　　　　　　　　　　　　建设单位代表(签字)： 　　　　　　　　　　　　　　　　　　　　　　　　　　　　××××年××月××日

任务三　　收集与审查进度控制资料

》》 任务目标

知识目标	能力目标	素养目标
1. 熟悉进度控制资料的类别、来源及保存单位； 2. 熟练掌握进度控制资料的填写要求	1. 能够收齐进度控制资料； 2. 能够审批进度控制资料	1. 养成实事求是、不弄虚作假的工作习惯； 2. 养成细心周到、按时完成任务的工作作风

一、进度控制资料的类别

进度控制资料的类别、来源及保存宜符合表3-9所示的规定。

表 3-9　进度控制资料的类别、来源及保存

工程资料类别	工程资料名称	工程资料来源	工程资料保存			
			施工单位	监理单位	建设单位	城建档案馆
B2 类	工程开工报审表	施工单位	▲	▲	▲	▲
	施工进度计划报审表	施工单位	△	△	▲	

注：表中符号"▲"表示必须归档保存；"△"表示选择性归档保存。

二、工程开工报审表

1. 工程开工报审的一般程序

（1）承包单位完成施工准备工作后，自查已具备以下《建设工程监理规范》（GB/T 50319—2013)所规定的开工条件时，应向项目监理机构报送《工程开工报审表》及相关资料。

1）设计交底和图纸会审已完成。

2）施工组织设计已由总监理工程师签认。

3）施工单位现场质量、安全生产管理体系已建立，管理及施工人员已到位，施工机械具备使用条件，主要工程材料已落实。

4）进场道路及水、电、通信等已满足开工要求。

（2）总监理工程师组织专业监理工程师审查承包单位报送的《工程开工报审表》及相关资料，核查项目施工现场情况，如果具备开工条件，应由总监理工程师签署审核意见，并报送建设单位审批；如果不具备开工条件，应对不满足要求的事项作出描述，以便施工单位继续完善。

(3)《工程开工报审表》得到建设单位批准后，总监理工程师应在开工日期前7天向施工单位签发《工程开工令》(格式见表3-10)。工期自总监理工程师发出的《工程开工令》中载明的开工日期计算。

表 3-10 工程开工令

工程名称：   编号：

致：＿＿＿＿＿＿＿＿＿＿＿＿＿＿＿＿(施工单位)

　　经审查，本工程已具备施工合同约定的开工条件，现同意你方开始施工，开工日期为：＿＿＿年＿＿＿月＿＿＿日。

　　附件：工程开工报审表

项目监理机构(盖章)：

总监理工程师(签字、加盖执业印章)：

年　　　月　　　日

2.《工程开工报审表》填写要求

(1)申报部分。"工程名称"应按本项目的《建设工程施工许可证》的名称填写，即"我方承担的＿＿＿＿＿"中下划线处的工程名称。开工日期应按《建设工程施工许可证》的开工日期填写。

"附件：证明文件资料"建议由施工单位编制开工报告，应包括监理规范中提及的相关证明设计交底记录、图纸会审记录、经总监理工程师签认的施工组织设计等，并说明施工单位现场质量、安全生产管理体系的现状，管理及施工人员配备情况，施工机械现状，主要工程材料落实情况以及进场道路及水、电、通信等的现状，供项目监理机构判断是否具备开工条件。

(2)审批部分。"审核意见"：符合开工条件的，应签署类似"经审核，施工单位提交的相关证明资料以及现场各项施工准备工作能满足开工需求，同意开工申请。"的意见；不符合开工条件的，应签署类似"经审核，施工单位提交的相关证明资料以及现场施工准备工作不足以满足开工需求，不同意开工申请。"的意见。

"审批意见"：建设单位在监理单位审核的基础上独立作出是否同意开工的判断，并签署"同意开工"或"不同意开工"。在不同意开工的情况下，也应书面说明理由。

(3)签字、盖章要求。建设单位加盖建设单位公章，建设单位代表签字；施工单位应加盖施工单位公章，并由项目经理签字；项目监理机构应加盖项目监理机构印章，总监理工程师签字并加盖执业印章。

3.《工程开工报审表》填写范例

《工程开工报审表》宜采用表 3-11 所示的格式编制并填写。

表 3-11　工程开工报审表

工程名称：××楼工程　　　　　　　　　　　　　　　　　　　　　编号：××××

致： ___××开发公司___ （建设单位） 　　___××监理公司___ （项目监理机构） 　我方承担的 ___××楼___ 工程，已完成相关准备工作，具备开工条件，申请于××年××月××日开工，请予以审批。 　附件：证明文件资料   　　　　　　　　　　　　　　　　　　　　　　　　　施工单位(盖章)： 　　　　　　　　　　　　　　　　　　　　　　　　　项目经理(签字)： 　　　　　　　　　　　　　　　　　　　　　　　　　　　　年　　月　　日
审核意见： 　经审核，施工单位提交的相关证明资料以及现场各项施工准备工作能够满足开工需求，同意于××年××月××日开工。   　　　　　　　　　　　　　　　　　　　　　　　　　项目监理机构(盖章)： 　　　　　　　　　　　　　　　　　　　　　　　　　总监理工程师(签字、加盖执业印章)： 　　　　　　　　　　　　　　　　　　　　　　　　　　　　年　　月　　日
审批意见： 　同意开工。   　　　　　　　　　　　　　　　　　　　　　　　　　建设单位(盖章)： 　　　　　　　　　　　　　　　　　　　　　　　　　建设单位代表(签字)： 　　　　　　　　　　　　　　　　　　　　　　　　　　　　年　　月　　日

三、施工进度计划报审表

1. 施工进度计划报审程序

(1)承包单位应根据建设工程施工合同的约定，按时编制施工总进度计划、阶段性进度计划(包括年进度计划、季进度计划、月进度计划)，并按时填写《施工进度计划报审表》，报项目监理机构审批。

(2)总监理工程师指定专业监理工程师对承包单位所报的施工进度计划报审表及有关资料进行审查，提出审查意见，并向总监理工程师报告。

施工进度计划审查应包括下列基本内容：

1)施工进度计划应符合施工合同中工期的约定。

2)施工进度计划中主要工程项目无遗漏，应满足分批投入试运、分批动用的需要，阶段性施工进度计划应满足总进度控制目标的要求。

3)施工顺序的安排应符合施工工艺要求。

4)施工人员、工程材料、施工机械等资源供应计划应满足施工进度计划的需要。

5)施工进度计划应符合建设单位提供的资金、施工图纸、施工场地、物资等施工条件。

(3)总监理工程师按施工合同要求的时间，对承包单位所报《施工进度计划报审表》及有关资料予以审核签认后报建设单位。施工进度计划经建设单位批准后方可实施。

(4)对于经项目监理机构审查判定为"修改后重新申报"的施工进度计划及《施工进度计划报审表》，施工项目经理部应根据项目监理机构的审批要求认真修订、完善，并及时履行重新申报手续。

(5)对于施工总进度计划，应在工程动工前完成申报、审核工作。对于阶段性进度计划，建议参建各方事先约定，一般在相应工程阶段开始前 7 天完成编制、申报、审核工作。

2.《施工进度计划报审表》填写要求

(1)申报部分：根据报审内容的不同，在"附件"栏分别勾选"施工总进度计划"或"阶段性进度计划"。

(2)专业监理工程师应对施工总进度计划、阶段性进度计划进行审查后在"审查意见"栏签署意见。根据不同情况，审查意见宜包括，但不限于：

1)施工进度计划符合建设工程施工合同中对工期的约定。

2)施工进度计划中主要工程项目无遗漏，满足分批投入试运、分批动用的需要，阶段性施工进度计划满足总进度计划目标的要求。

3)施工顺序的安排应符合施工工艺的要求。

4)施工人员和施工机械的配置、工程材料的供应计划应满足施工进度计划的需要。

(3)总监理工程师在专业监理工程师的"审查意见"的基础上给出"审核意见"。审核意见宜包括，但不限于：

1)同意专业监理工程师的审查意见，可按照本施工总进度计划、阶段性进度计划执行。

2)不同意监理工程师的审查意见，施工单位修改后重新申报。具体修改建议详见附件。

(4)签字、盖章要求：施工单位应加盖项目经理部印章，项目经理应签字，并注明报审时间；监理单位应加盖项目监理机构印章，专业监理工程师、总监理工程师应签字，并注明审查、审核时间。

3.《施工进度计划报审表》填写范例

《施工进度计划报审表》宜采用表 3-12 所示的格式编制并填写。

表 3-12　施工进度计划报审表

工程名称：××工程环保园 M 地块　　　　　　　　　　　　　编号：××××

致： 　×××监理公司××项目监理部　　(项目监理机构)
根据施工合同约定，我方已完成　××工程环保园 M 地块　工程施工进度计划的编制和批准，请予以审查。 附件：□施工总进度计划 　　　☑阶段性进度计划   　　　　　　　　　　　　　　　　　　施工项目经理部(盖章)：××建筑公司 　　　　　　　　　　　　　　　　　　项目经理(签字)：××× 　　　　　　　　　　　　　　　　　　　　　　　　××××年××月××日
审查意见： 　　经审查，本施工进度计划满足《××施工总进度计划》(××年××月××日版)的要求，请总监理工程师审核。   　　　　　　　　　　　　　　　　　　专业监理工程师(签字)：××× 　　　　　　　　　　　　　　　　　　　　　　　　××××年××月××日
审核意见： 　　同意申报。   　　　　　　　　　　　　　　　　　　项目监理机构(盖章)：××监理公司 　　　　　　　　　　　　　　　　　　总监理工程师(签字)：××× 　　　　　　　　　　　　　　　　　　　　　　　　××××年××月××日

任务四　编制、收集与审查质量控制资料

任务目标

知识目标	能力目标	素养目标
1. 熟悉质量控制资料的类别、来源及保存单位； 2. 熟练掌握质量控制资料的填写要求	1. 能够收齐质量控制资料； 2. 能够记录、审批质量控制资料	1. 养成实事求是、不弄虚作假的工作习惯； 2. 养成细心周到、按时完成任务的工作作风

一、质量控制资料的类别

质量控制资料的类别、来源及保存宜符合表 3-13 所示的规定。

表 3-13　质量控制资料的类别、来源及保存

工程资料类别	工程资料名称	工程资料来源	工程资料保存			
			施工单位	监理单位	建设单位	城建档案馆
B3 类	质量事故报告及处理资料	施工单位	▲	▲	▲	▲
	旁站监理记录	监理单位	△	▲	△	
	见证取样和送检人员备案表	监理单位或建设单位	▲	▲	▲	
	见证记录	监理单位	▲	▲	▲	

注：表中符号"▲"表示必须归档保存；"△"表示选择性归档保存。

二、质量事故报告及处理资料

《质量事故报告》及处理资料主要包括质量事故的上报、调查、统计、分析、处理等资料，如《质量事故报告》《事故处理方案》《事故处理方案实施过程记录》《事故处理结果验收记录》等。在工程建设过程中或工程竣工后，凡因测量错误、不按设计和施工规范要求施工而造成工程质量低劣、强度不够、结构尺寸或建筑安装位置偏离等不符合设计文件或达不到该工程所采用的国家、省市及行业质量标准，需作返工、加固补强或报废等处理的，均构成工程质量事故。

当发生工程质量事故时，事故现场有关人员应当立即向建设单位报告；同时，监理单位应以书面报告的形式，经监理单位技术负责人签署意见后，上报至建设单位；建设单位接到报告后，应当于 1 h 内报告住房城乡建设主管部门和其他有关部门。

1. 质量事故处理程序

(1)事故发生后，监理人员应及时向总监理工程师报告，总监理工程师应及时对事故发生的相关部位下达停工指令。

(2)总监理工程师应及时向建设单位和本监理单位提交有关质量事故的书面(第一时间

先口头报告)报告。

(3)对需要返工处理或加固补强的质量事故，项目监理机构应要求施工单位报送质量事故调查报告和经设计等相关单位认可的处理方案。

(4)监理单位应监督施工单位实施事故处理方案，并应对事故处理过程进行跟踪检查、做好记录，对处理结果进行验收、确认。验收合格后应批准施工单位复工。

(5)监理单位应将事故的处理结果向工程质量监督部门反馈。

(6)事故处理结束后，监理单位应将完整的质量事故处理记录整理归档。

2. 质量事故书面报告内容

项目监理机构向建设单位提交的质量事故书面报告应包括下列主要内容：

(1)工程及各参建单位名称。

(2)质量事故发生的时间、地点、工程部位。

(3)事故发生的简要经过、造成工程损伤状况、伤亡人数和直接经济损失的初步估计。

(4)事故发生原因的初步判断。

(5)事故发生后采取的措施及处理方案。

(6)事故处理的过程及结果。

三、旁站监理记录

旁站监理(简称"旁站")是项目监理机构对工程的关键部位或关键工序的施工质量进行的全过程现场跟踪监督活动，是项目监理机构实施监理的主要方式之一，是监理人员的工作职责。《旁站监理记录》是指监理人员进行旁站监理过程中所见证的有关情况的记录。

1. 旁站监理的相关规定与要求

(1)项目监理机构应根据工程特点、施工单位报送的施工组织设计及监理工作的需要，确定旁站的关键部位和关键工序，制定旁站方案，并将旁站的部位和工序告知施工单位。

(2)项目监理机构应将影响工程主体结构安全的、完工后无法检测其质量的或返工会造成较大损失的部位及其施工过程作为旁站的关键部位和关键工序。

对下列涉及结构安全和重要功能的关键部位和关键工序，一般应实施旁站：

1)地基处理中的回填、换填、碾压、夯实等工序的开始阶段。

2)每个楼层的第一个梁柱节点的钢筋隐蔽过程。

3)预应力张拉过程。

4)每个工作班的第一车预拌混凝土的卸料、入泵、稠度测试、浇筑。

5)装配式结构安装中竖向构件钢筋连接施工。

6)钢结构安装。

7)卷材防水层细部构造处理。

8)住宅工程的第一个厕浴间防水层施工、排水系统通球试验过程。

9)建筑节能工程中外墙外保温饰面砖粘结强度检测过程。

10)高度超过 100 m 的高层建筑的防雷接地电阻测试。

(3)承包单位根据项目监理机构制订的旁站监理方案，在需要实施的关键部位、关键工序进行施工前 24 h，书面通知项目监理机构。

(4)项目监理机构应按照监理规划中的旁站方案安排监理人员对需旁站的部位和工序实施旁站，旁站中发现问题时应要求施工单位及时整改，旁站人员应及时填写并签署《旁站监理记录》。项目监理机构的旁站不代替施工单位的质量控制，不减少施工单位对其施工质量的管理责任。

(5)对旁站时发现的问题，旁站监理人员可先口头通知承包单位改正，然后应及时签发监理通知单。问题严重时应及时向总监理工程师报告。

2.《旁站监理记录》填写要求

(1)《旁站监理记录》应按照"谁旁站谁记录"的原则记录。

(2)《旁站监理记录》中"旁站的关键部位、关键工序"的填写。填写内容包括所旁站的楼层、施工流水段、分项工程名称。

(3)《旁站监理记录》中"旁站的关键部位、关键工序施工情况"的填写：

1)施工单位质量员、施工员等管理人员到岗情况，特殊工种人员持证上岗情况，操作人员的各工种数量。

2)施工中使用原材料的规格、数量或预拌混凝土强度等级、数量、厂家名称及供应时间间隔等情况，现场取样情况。

3)施工机械设备的名称、型号、数量及完好情况。

4)施工设施的准备及使用情况。

5)施工采用什么方法，是否执行了施工方案以及是否符合工程建设强制性标准情况。

(4)旁站监理记录中"发现的问题及处理情况"的填写。对发现的问题及处理情况应进行详细记录，包括问题的描述、问题处理中采取了什么措施等。如旁站中未出现问题，在此栏中应做"/"标记。

(5)旁站记录的完成时间应在下道工序施工前完成，并由旁站监理人员签字。

(6)总监理工程师应抽查旁站记录。抽查中若发现问题，应及时与旁站监理人员进行沟通。

3.《旁站监理记录》填写范例

《旁站监理记录》宜采用表3-14所示的格式编制并填写。

表3-14　旁站监理记录

工程名称：×××人才交流中心公租房工程G区　　　　　　　　　　　编号：×××

旁站的关键部位、关键工序	十层梁、板混凝土浇筑	施工单位	×××集团有限公司
旁站开始时间	××××年10月15日11时30分	旁站结束时间	××××年10月15日17时05分

旁站的关键部位和关键工序施工情况：

施工采用商品混凝土，混凝土供应单位为×××混凝土有限公司。本次浇筑混凝土数量共计585 m³，混凝土强度等级为C30，混凝土坍落度设计值为180±20 mm。

拟浇筑混凝土部位的钢筋工程、模板工程、水电预留预埋已验收合格。

检查施工单位技术管理人员到岗情况：现场有施工员1名、质检员1名、试验员1名、班组长2名、施工作业人员20名。

检查施工机械设备及机具情况：混凝土振捣棒4根、混凝土布料机1台，均运转正常。

现场核查了进场混凝土浇灌申请、预拌混凝土运输单，资料齐全，符合设计施工图纸、规范和开盘鉴定的配合比要求。

现场共留置混凝土试块7组，其中6组标养试块、1组同条件试块，均已标记编号。

现场抽测混凝土坍落度：170 mm、170 mm、190 mm、190 mm、170 mm、190 mm，符合要求。

施工方法和浇筑顺序与经审批的施工方案一致，施工情况正常。

发现的问题及处理情况：

楼板浇筑混凝土期间，个别楼板负筋有踩踏变形，旁站监理人员已当即要求施工单位整改，合格后方可继续浇筑。

　　　　　　　　　　　　　　　　　　　　旁站监理人员（签字）：×××

　　　　　　　　　　　　　　　　　　　　××××年10月15日

四、见证取样和送检人员备案表

见证取样和送检是指项目监理机构对施工单位按规定进行的涉及结构安全的试块、试件及工程材料进行现场取样、封样、送检工作的监督活动。《见证取样和送检人员备案表》是项目监理机构明确见证人员,并告知工程质量监督机构、检测机构、建设单位和施工单位的书面文件。

1. 见证取样和送检见证人员备案的有关规定

(1)单位工程施工前,项目监理机构应根据施工单位报送的施工试验计划编写见证取样和送检计划,由总监理工程师指定1~2名具备见证取样送检资格的监理人员担任见证员,承担见证取样送检工作。

(2)见证人员确定后,监理单位应在见证取样和送检前,填写《见证取样和送检人员备案表》,书面告知该工程的质量监督机构和承担相应见证试验的检测机构。

(3)更换见证人员时,应在见证取样和送检前将更换后的见证人员信息告知检测机构和质量监督机构。

(4)更换检测机构时,应在见证取样和送检前重新填写《见证取样和送检人员备案表》。

2.《见证取样和送检见证人员备案表》填写范例

《见证取样和送检人员备案表》宜采用表3-15所示的格式编制并填写。

表3-15 见证取样和送检见证人员备案表

工程名称:×××大厦　　　　　　　　　　　　　　　　　　　　　编号:×××

致: ××市质量监督站 (质量监督站)
××建筑工程质量检测中心 (检测机构)

我单位决定,由×××、×××同志担任××大厦工程见证取样和送检见证人。有关的印章和签字如下,请查收备案。

见证取样和送检印章	见证人签字
××监理公司见证取样和送检印章	×××
	×××

建设单位(盖章):

项目负责人:×××　　　　　　　　　　×××× 年××月××日

项目监理机构(盖章):

总监理工程师:×××　　　　　　　　　×××× 年××月××日

施工项目经理部(盖章):

项目经理:×××　　　　　　　　　　　×××× 年××月××日

五、见证记录

见证可分为材料见证和实体检验见证两种。材料见证是指项目监理机构见证施工单位对用于工程的材料进行取样、封样,送检的活动。实体检验见证是指项目监理机构见证施工单位对已经完成施工作业的分项或分部工程,按照有关规定在工程实体上抽取试样,在现场进行检验或送至有见证检测资质的检测机构进行检验的活动。

1. 材料见证的有关规定

(1)项目监理机构应审查施工单位的检测试验计划，编制见证计划，并应于第一次见证工作开始前完成。

(2)下列涉及结构安全和重要使用功能的试块、试件和材料应100%实行见证取样和送检：

1)用于承重结构的混凝土试块；

2)用于承重墙体的砌筑砂浆试块；

3)用于承重结构的钢筋及连接接头试件；

4)用于承重墙的砖和混凝土小型砌块；

5)用于拌制混凝土和砌筑砂浆的水泥；

6)用于承重结构的混凝土中使用的掺合料和外加剂；

7)防水材料；

8)预应力钢绞线、锚夹具；

9)建筑外窗；

10)建筑节能工程用保温材料；

11)钢结构工程用钢材及焊接材料、高强度螺栓；

12)国家及地方标准、规范规定的其他见证检验项目。

(3)在施工过程中，项目监理机构应对见证计划所规定的工程材料进行见证取样、封样、送检，并做好《见证记录》。

(4)出现以下情况时，试块、试件和材料不得作为见证取样和送检样品。

1)见证员和送检员没有一起将试样送达的。

2)《见证记录》无见证人员、取样人员签字，或签字的见证人员、取样人员资格不符合要求的。

3)试样的数量、规格等不符合检测标准要求的。

4)封样标识和标志信息不全的。

5)封样标识和标志上无取样人员和见证人员签字的。

2. 实体检验见证的有关规定

(1)施工单位应制定实体检验专项方案，并经监理单位审核批准后实施。除结构位置与尺寸偏差外的结构实体检验项目，应由具有相应资质的检测机构完成。

(2)项目监理机构应根据施工单位制定的实体检验专项方案编制见证计划，并应于第一次见证工作开始前完成。

(3)下列有关建筑围护结构节能和涉及混凝土结构安全的结构实体的实体检验项目，应实行见证：

1)外墙节能构造；

2)外窗气密性；

3)混凝土强度；

4)钢筋保护层厚度；

5)结构位置与尺寸偏差；

6)合同约定的项目。

(4)在施工过程中，见证人员应按照见证计划，对施工现场的实体检验进行见证，并做好《实体检验见证记录》。

3.《见证记录》填写范例

(1)《材料见证记录》宜采用表3-16所示的格式编制并填写。

表 3-16　材料见证记录

工程名称：×××大厦　　　　　　　　　　　　　　　　　　　　　　编号：××××

试件名称	钢筋		生产厂家		××钢铁集团
试件品种	HRB400		材料出厂编号		GC11110021
试件规格型号	25 mm		材料进场时间		20××.12.1
材料进场数量	40 t		代表数量		40 t
试样编号	GJ002		取样组数		1
抽样时间	20××.12.2		取样地点		施工现场
使用部位(取样部位)	首层框架柱				
检测项目(设计要求)	拉伸试验(屈服强度、抗拉强度、断后伸长率)、弯曲试验、重量偏差				
检测结果判定依据	产品标准	《钢筋混凝土用钢筋 第2部分：热轧带肋钢筋》(GB 1499.2—2007)			
	验收规范	《混凝土结构工程施工质量验收规范》(GB 50204—2015)			
	设计要求	直径25 mm HRB400级钢筋			
抽样人	签字	×××	见证人	签字	×××
	日期	20××.12.2		日期	20××.12.2
见证取样送检印章	(加盖见证送检章)				
送检情况	检测单位	××建筑工程检测中心			
	送检时间	20××.12.9			

(填写质量证明书编号)/数字编号应顺序编号不许缺号。

(2)《实体检验见证记录》宜采用表 3-17 所示的格式编制并填写。

表 3-17　实体检验见证记录

工程名称：×××大厦　　　　　　　　　　　　　　　　　　　　　　编号：××××

施工单位	××××建筑公司				
检验单位	××建筑工程检测中心				
实体检验项目	混凝土强度	依据标准	《混凝土结构工程施工质量验收规范》(GB 50204—2015)《回弹法检测混凝土抗压强度技术规程》(JGJ/T 23—2011)		
实体检验方法	采用回弹仪进行现场回弹检测，选取最低3个测区取芯进行抗压强度试验				
检验部位	墙、柱		检验时间	20××年10月31日	
实体检验过程见证记录	1. 混凝土设计强度C40； 2. 混凝土表面平整干燥； 3. 构件总数量为264，抽样数量为26； 4. 由检测单位采用中回乐陵 ZC3-A 混凝土回弹仪现场回弹检测； 5. 选取最低3个测区各钻取一个芯样，直径为100 mm； 6. 送至检测机构进行抗压强度试验				
施工单位检验人员	签字	××× (质检员签字)	检测单位检验人员	签字	××× (检测人员签字)
	日期	20××年10月31日		日期	20××年10月31日
见证人	×××		见证印章	(加盖见证送检章)	

任务五　收集与审查造价控制资料

任务目标

知识目标	能力目标	素养目标
1. 熟悉造价控制资料的类别、来源及保存单位； 2. 熟练掌握造价控制资料的填写要求	1. 能够收齐造价控制资料； 2. 能够签发、审批造价控制资料	1. 养成实事求是、不弄虚作假的工作习惯； 2. 养成细心周到、按时完成任务的工作作风

一、造价控制资料的类别

造价控制资料的类别、来源及保存宜符合表 3-18 所示的规定。

表 3-18　造价控制资料的类别、来源及保存　　　　　　编号：×××

工程资料类别	工程资料名称	工程资料来源	工程资料保存		
			施工单位	监理单位	建设单位
B4 类	工程款支付报审表	施工单位	△	△	▲
	工程款支付证书	监理单位	△	△	▲
	工程变更费用报审表	施工单位	△	△	▲
	费用索赔申请表	施工单位	△	△	▲
	费用索赔审批表	施工单位	△	△	▲
注：表中符号"▲"表示必须归档保存；"△"表示选择性归档保存。					

二、工程款支付报审表

《工程款支付报审表》主要用于工程预付款、工程进度款、竣工结算款的支付报审。

1. 工程款支付报审的程序

(1)施工单位填写《工程款支付报审表》，报项目监理机构。

(2)专业监理工程师对施工单位在《工程款支付报审表》中提交的工程量和支付金额进行复核，提出到期应支付给施工单位的金额，并附上相应的支持性材料，提交总监理工程师审查。

(3)总监理工程师对专业监理工程师的审查意见提出自己的审核意见，同意签认后报建设单位审批。

(4)建设单位根据总监理工程师的审核意见及建议最终合理确定工程款的支付金额。

2.《工程款支付报审表》中"附件"的内容要求

《工程款支付报审表》中"附件"一般应包括以下内容：

(1)已完成工程量报表(可包括支付汇总表、财务月报、支付清单明细表、材料调差汇总表、材料调差明细表、计量报审表、计量汇总表、计量明细表等）；

(2)工程竣工结算证明材料(结算时附该附件)；

(3)工程验收合格证明；

(4)计量编制说明[包括本期主要形象进度、形象进度节点完成情况、计量投资与形象进度匹配关系(基本吻合、超前、滞后)、超前或滞后的原因(不同单位工程或专业系统可单独描述)、合同中的主要工程项目预计投资总额是否超出控制概算、其他需要说明的事项]；

(5)开工报告、预付款保函、履约保函、中标通知书、经备案的建设工程施工合同(仅首次支付时附)；

(6)农民工工伤险、施工人员意外伤害险等保险证明；

(7)变更、洽商、索赔费用批复资料；

(8)其他证明材料。

3.《工程款支付报审表》填写范例

《工程款支付报审表》宜采用表 3-19 所示的格式编制并填写。

表 3-19　工程款支付报审表

工程名称：××楼工程　　　　　　　　　　　　　　　　　　　编号：××××

致：　　××监理公司　　(项目监理机构)
根据施工合同约定，我方已完成地基基础分部工程的验收工作，建设单位应在××××年××月××日前支付工程款共(大写：壹仟玖佰玖拾叁万柒仟贰佰伍拾柒元整，小写：19 937 257.00 元)，请予以审核。 　　附件： 　　☑已完成工程量报表 　　□工程竣工结算证明材料 　　☑相应支持性证明文件 　　　　　　　　　　　　　　　　　　　施工项目经理部(盖章)：××建筑公司 　　　　　　　　　　　　　　　　　　　　　　　项目经理(签字)：××× 　　　　　　　　　　　　　　　　　　　　　　　××××年××月××日
审查意见： 　　1.施工单位应得款为：19 937 257.00 元； 　　2.本期应扣款为：0 元； 　　3.本期应付款为：19 937 257.00 元。 　　附件：相应支持性材料 　　　　　　　　　　　　　　　　　　　专业监理工程师(签字)：××× 　　　　　　　　　　　　　　　　　　　　　××××年××月××日
审核意见： 　　同意。报建设单位审批。 　　　　　　　　　　　　　　　　　　　项目监理机构(盖章)：××监理公司 　　　　　　　　　　　　　　　总监理工程师(签字、加盖执业印章)：××× 　　　　　　　　　　　　　　　　　　　　　××××年××月××日
审批意见： 　　同意。 　　　　　　　　　　　　　　　　　　　建设单位(盖章)：××开发公司 　　　　　　　　　　　　　　　　　　　建设单位代表(签字)：××× 　　　　　　　　　　　　　　　　　　　　　××××年××月××日

三、工程款支付证书

《工程款支付证书》是项目监理机构依据经建设单位批准同意的《工程款支付申请表》向施工单位签发的工程款支付证明文件。

1.《工程款支付证书》填写要求

(1)"施工单位申报款"是指施工单位所填报《工程款支付申请表》中申报的工程款额。

(2)"经审核施工单位应得款"是指经项目监理机构专业监理工程师对施工单位填报的《工程款支付申请表》审核后,核定的工程款额。

(3)"本期应扣款"是指建设工程施工合同约定应扣除的预付款及其他应扣除的工程款的总和。

(4)"本期应付款"是指经项目监理机构审核施工单位应得款额减除本期应扣款额的差额工程款,即最终应支付的工程款。

(5)表中说明可以填写支付依据、支付累计、本期应扣款内容和公式以及其他需说明事项。

(6)表中工程款数额应真实、清晰,不得涂改。

(7)《工程款支付证书》应由总监理工程师签发,并加盖项目监理机构印章和总监理工程师执业印章。签名应真实、清楚,不得涂改、代签。

2.《工程款支付证书》填写范例

《工程款支付证书》宜采用表 3-20 所示的格式编制并填写。

表 3-20 工程款支付证书

工程名称:××传媒中心工程　　　　　　　　　　　　　　　　　　　　编号:ZF—001(支)

致:××××建设工程有限责任公司(施工单位):

　　根据施工合同约定,经审核编号为 ZF—001(报)的工程款支付报审表,扣除有关款项后,同意支付该款项共计(大写)肆佰捌拾万元整(小写:4 800 000.00 元)。

　　其中:

　　1. 施工单位申报款为:5 000 000.00 元;

　　2. 经审核施工单位应得款为:4 850 000.00 元;

　　3. 本期应扣款为:50 000.00 元;

　　4. 本期应付款为:4 800 000.00 元。

　　附件:

　　1. 工程款支付报审表 ZF—001(报)及附件;

　　2. 项目监理机构审查记录。

　　　　　　　　　　　　　　　　项目监理机构(盖章):××监理公司

　　　　　　　　　　　　　　　　总监理工程师(签字、加盖执业印章):×××

　　　　　　　　　　　　　　　　　　　　　　　　　　　　20××年5月10日

四、工程变更费用报审表

工程变更费用报审是施工单位收到总监理工程师签认的《工程变更单》后,在施工合同约定的期限内就变更工程价款报项目监理机构审核确认。《工程变更费用报审表》是施工单位用于工程变更后费用发生变化时申报工程变更费用的用表。

1. 工程变更费用报审程序

（1）施工单位收到总监理工程师签认的《工程变更单》后，填写《工程变更费用报审表》，并报送项目监理机构。

（2）项目监理机构对工程变更费用作出评估。

（3）项目监理机构组织建设单位、施工单位共同协商确定工程变更费用，协商一致时，会签《工程变更费用报审表》。

（4）建设单位与施工单位未能就工程变更费用达成协议时，项目监理机构可提出一个暂定价格并经建设单位同意，作为临时支付工程款的依据。工程变更款项最终结算时，应以建设单位与施工单位达成的协议为依据。

2.《工程变更费用报审表》填写范例

《工程变更费用报审表》宜采用表 3-21 所示的格式编制并填写。

表 3-21　工程变更费用报审表

工程名称：××办公楼工程　　　　　　　　　　　　　　　　　　　　　　编号：××××

项目名称	变更前			变更后			工程款增（＋）减（一）
	工程量	单价	合价	工程量	单价	合价	
柱 C35	256 m³	305	78 080	305 m³	305	93 025	＋14 945

致：××监理公司（监理单位）

根据（005 号）工程变更单，申请费用如下表，请审核。

施工单位（盖章）：××建设集团公司　　　　　　　　项目经理（签字）：马××

　　　　　　　　　　　　　　　　　　　　　　　　　　　××××年××月××日

监理工程师审核意见：

1. 工程量符合实际情况。

2. 单价、合计计算准确。

　　　　　　　　　　　　　　　　　　　　　　监理工程师（签字）：张××

　　　　　　　　　　　　　　　　　　　　　　××××年××月××日

　　　　　　　　　　　　　　　　　　　　　　监理单位（盖章）：××监理公司

　　　　　　　　　　　　　　　　　　　　　　总监理工程师（签字）：孙××

　　　　　　　　　　　　　　　　　　　　　　××××年××月××日

审批意见：

　　同意。

　　　　　　　　　　　　　　　　　　　　　　建设单位（盖章）：××开发公司

　　　　　　　　　　　　　　　　　　　　　　建设单位代表（签字）：×××

　　　　　　　　　　　　　　　　　　　　　　××××年××月××日

五、费用索赔申请表

《费用索赔申请表》适用工程中发生可能引起索赔的事件后，受影响的单位依据法律法规和合同约定，向相关单位声明、告知拟进行相关索赔的意向。

1. 项目监理机构对施工单位提出费用索赔的处理程序

(1)受理施工单位在施工合同约定的期限内提交《费用索赔申请表》。

(2)收集与索赔有关的资料。

(3)受理施工单位在施工合同约定的期限内提交《费用索赔审批表》。

(4)审查《费用索赔审批表》。需要施工单位进一步提交详细资料时，应在施工合同约定的期限内发出通知。

(5)与建设单位和施工单位协商一致后，在施工合同约定的期限内签发《费用索赔报审表》，并报建设单位。

2. 索赔原因

承包单位向建设单位索赔的原因主要有以下几项：

(1)合同文件内容出错引起索赔；

(2)图纸延迟交出造成索赔；

(3)不利的实物障碍和不利的自然条件引起索赔；

(4)建设单位提供的水准点、基线等测量资料不准确造成失误与索赔；

(5)承包单位依据专业监理工程师的意见，进行额外钻孔及勘探工作引起索赔；

(6)补救和修复由建设单位造成的损害引起索赔；

(7)施工中承包单位开挖到文物、矿产等珍贵物品，要停工处理引起索赔；

(8)需要加强道路与桥梁结构，以承受特殊超重荷载引起索赔；

(9)建设单位雇用其他承包单位，并为其他承包单位提供服务提出索赔；

(10)额外样品与试验引起索赔；

(11)对隐蔽工程的揭露或开孔检查引起索赔；

(12)工程中断引起索赔；

(13)建设单位延迟移交土地引起索赔；

(14)由于非承包单位原因造成工程缺陷需要修复而引起索赔；

(15)要求承包单位调查和检查缺陷引起索赔；

(16)工程变更引起索赔；

(17)变更合同总价格超过有效合同价的15%引起索赔；

(18)由于特殊风险引起的工程被破坏和其他款项支出而提出索赔；

(19)特殊风险使合同终止引起索赔；

(20)解除合同引起索赔；

(21)因建设单位违约引起工程终止产生索赔；

(22)物价变动造成工程成本的增减引起索赔；

(23)后继法规变化引起索赔；

(24)货币及汇率变化引起索赔。

3.《费用索赔申请表》填写要求

(1)《索赔意向通知书》宜明确以下内容：

1)事件发生的时间和情况的简单描述；

2)合同依据的条款和理由；

3)有关后续资料的提供，包括及时记录和提供事件发展的动态；

4)对工程成本和工期产生的不利影响及其严重程度的初步评估；

5)声明/告知拟进行相关索赔的意向。

(2)《费用索赔申请表》中"根据施工合同＿＿＿＿＿＿＿（条款)约定"：填写提出费用索赔所依据的施工合同条目。

(3)《费用索赔申请表》中"由于＿＿＿＿＿＿事件"：填写导致费用索赔的事件。

(4)《费用索赔申请表》中"索赔事件资料"：包括合同文件、索赔事件的详细记录本或摄影摄像，检查和试验记录，其他有关资料。

4.《费用索赔申请表》填写范例

《费用索赔申请表》宜采用表 3-22 所示的格式编制并填写。

表 3-22   费用索赔申请表

工程名称：××传媒中心工程　　　　　　　　　　　　　　　　　编号：××××

致：××传媒中心、××监理公司传媒中心监理部 　　根据施工合同专用合同条款第 16.1.2 第(4)、(5)(条款)的约定，由于发生了甲供材料未及时进场，致使工程工期延误，且造成我公司现场施工人员窝工事件，且该事件的发生非我方原因所致。为此，我方向××传媒中心(单位)提出索赔要求。 　　附件：索赔事件资料   提出单位(盖章)：××建筑公司 负责人(签字)：××× 20××年 12 月 20 日

六、费用索赔报审表

《费用索赔报审表》为施工单位报请项目监理机构审核工程费用索赔事项的用表。依据合同规定，非施工单位原因造成费用增加时，施工单位可填报《费用索赔报审表》申请费用索赔。

1. 项目监理机构处理费用索赔的有关规定

(1)项目监理机构处理费用索赔的主要依据应包括下列内容：

1）法律法规。

2）勘察设计文件、施工合同文件。

3）工程建设标准。

4）索赔事件的证据。

（2）项目监理机构批准施工单位费用索赔应同时满足下列条件：

1）施工单位在施工合同约定的期限内提出费用索赔。

2）索赔事件是因非施工单位原因造成，且符合施工合同的约定。

3）索赔事件造成施工单位直接经济损失。

（3）项目监理机构应及时收集、整理有关工程费用的原始资料，为处理费用索赔提供证据。

（4）项目监理机构处理索赔时，应与建设单位和施工单位协商。

2.《费用索赔报审表》填写要求

（1）申报部分。

1）"根据施工合同_____条款"：填写提出费用索赔所依据的施工合同条目。

2）"由于_____的原因"：填写导致费用索赔的事件。

3）"索赔理由"填写造成承包单位直接经济损失是非承包单位责任的详细理由及事件经过。

4）"索赔金额计算"：指索赔金额计算书，索赔的费用内容一般包括人工费、设备费、材料费、管理费等。

5）"证明材料"应包括：索赔意向通知书、索赔事项的相关证明材料。

（2）审批部分。

1）"审核意见"：施工单位的索赔申请及相关证明材料，经过总监理工程师审核后，如发现不满足索赔条件，总监理工程师应在"不同意此项索赔"前的"□"内打"√"；如发现满足索赔条件，总监理工程师应分别与承包单位及建设单位进行协商，达成一致或总监理工程师公正地自主决定后，在"同意此项索赔"前的"□"内打"√"，并把确定金额写明。如承包人对总监理工程师的决定不同意，则可按合同中的仲裁条款提交仲裁机构仲裁。

"同意或不同意索赔的理由"：同意索赔的理由应简要列明；不同意索赔，或虽同意索赔，但索赔事项中有不合理部分，应简要说明。

总监理工程师在签发《费用索赔报审表》时，应附一份《索赔审查报告》。《索赔审查报告》的内容应包括受理索赔的日期、索赔要求、索赔过程、确认的索赔理由及合同依据、批准的索赔额及其计算方法等。

2）"审批意见"：建设单位在监理单位审核的基础上独立作出是否同意索赔的判断，并签署"同意监理意见"或"不同意监理意见"。在不同意监理意见的情况下也应书面说明理由。

（3）签字、盖章要求。施工单位应加盖项目经理部印章，由项目经理签字。监理单位应加盖项目监理机构印章，总监理工程师签字并加盖执业印章。建设单位加盖建设单位公章，由建设单位代表签字。

3.《费用索赔报审表》填写范例

《费用索赔报审表》宜采用表 3-23 所示的格式编制并填写。

表 3-23　费用索赔报审表

工程名称：××传媒中心工程　　　　　　　　　　　　　　　　　　　　编号：××××

致：××监理公司传媒中心监理部(项目监理机构)

　　根据施工合同专用合同条款第16.1.2第(4)、(5)条款，由于甲供材料未及时进场，致使工程工期延误，且造成我公司现场施工人员停工的原因，我方申请索赔金额(大写)叁万伍仟元人民币，请予批准。

　　索赔理由：因甲供进口大理石未按时到货，造成我公司现场工人窝工，及其他后续工序无法进行。

　　附件：☑索赔金额的计算

　　　　　☑证明材料

施工项目经理部(盖章)：××建筑公司

项目经理(签字)：×××

20××年2月10日

审核意见：

　　□不同意此项索赔。

　　☑同意此项索赔。

　　同意/不同意理由：由于停工10天中有3天为施工单位应承担的责任，另外有2天虽为开发商应承担的责任，但不影响机械使用及人员可另作安排的工种，此2天只需赔付人工降效费，只有5天需赔付机械租赁费及人员窝工费。

　　$5×(1\,000+15×100)+2×10×50=13\,500(元)$

　　注：根据协议解析租赁费每天按1 000元、人员窝工费每天按100元、人工降效费每天按50元计算。

　　附件：☑索赔审查报告

项目监理机构(盖章)：××监理公司

总监理工程师(签字、加盖执业印章)：×××

20××年2月12日

审批意见：

　　同意监理意见。

建设单位(盖章)：××传媒中心

建设单位代表(签字)：×××

20××年2月15日

任务六　编制、收集与审查工期管理文件

任务目标

知识目标	能力目标	素养目标
1. 熟悉工期管理文件的类别、来源及保存单位； 2. 熟练掌握工期管理文件的填写要求	1. 能够收齐工期管理文件； 2. 能够审批工期管理文件	1. 养成实事求是、不弄虚作假的工作习惯； 2. 养成细心周到、按时完成任务的工作作风

一、工期管理文件的类别

工期管理文件的类别、来源及保存宜符合表 3-24 所示的规定。

表 3-24　工期管理文件的类别、来源及保存

工程资料类别	工程资料名称	工程资料来源	工程资料保存			
			施工单位	监理单位	建设单位	城建档案馆
	工程延期申请表	施工单位	▲	▲	▲	▲
	工程延期审批表	监理单位		▲	▲	▲
注：表中符号"▲"表示必须归档保存；"△"表示选择性归档保存。						

二、工程延期申请表

工程延期申请是发生了施工合同约定由建设单位承担的延长工期事件后，承包单位提出的工期索赔，报项目监理机构审核确认。

1. 可能导致工程延期的原因

（1）监理工程师发出工程变更指令导致工程量增加。

（2）施工合同中规定的任何可能造成工程延期的原因，如延期交图、工程暂停及不利的外界条件等。

（3）异常恶劣的气候条件。

（4）由建设单位造成的任何延误、干扰或障碍等，如按施工合同未及时提供场地、未及时付款等。

（5）施工合同规定，承包单位自身外的其他任何原因。

2.《工程延期申请表》填写要求

（1）表中"根据合同条款_____条的规定"：填写提出工期索赔所依据的施工合同条目。

（2）"由于_____原因"：填写导致工期拖延的事件。

（3）工期延长的依据及工期计算：指索赔所依据的施工合同条款、导致工程延期事件的事实、工程拖延的计算方式及过程。

（4）合同竣工日期：指建设单位与承包单位签订的施工合同中确定的竣工日期或已最终批准的竣工日期。

（5）申请延长竣工日期：指合同竣工日期加上本次申请延长工期后的竣工日期。

（6）证明材料：指本期申请延长的工期所有能证明非承包单位原因导致工程延期的证明材料。

3.《工程延期申请表》填写范例

《工程延期申请表》宜采用表 3-25 所示的格式编制并填写。

表 3-25　工程延期申请表

工程名称：××科研实验楼工程　　　　　　　　　　　　　　　　编号：×××

致：　××建设监理有限公司　（监理单位）

　　根据合同条款××条的规定，由于设计单位提出的工程变更单（编号：××）的要求，对此项整改和施工，造成下道工序拖延施工 3 天的原因，申请工程延期，请批准。

　　工程延期的依据及工期计算：

　　1. 依据工程变更单（编号：××）和施工图纸（图纸号：××）。

　　2. 整改和增加的施工项目在关键线路上。

　　工期计算：（略）

　　合同竣工日期：××××年××月××日

　　申请延长竣工日期：××××年××月××日

　　附：证明材料（略）

施工单位（盖章）：××建设集团有限公司

项目经理（签字）：×××

××××年××月××日

三、工程延期审批表

《工程延期审批表》可分为《工程临时延期审批表》和《工程最终延期审批表》两种。

工程临时延期审批是在承包单位提出《工程临时延期申请表》后，经项目监理机构详细地研究评审，考虑对工程工期的影响后，批准承包单位有效延期时间。工程最终延期审批是在影响工期事件结束，承包单位提出最后一个《工程临时延期申请表》批准后，经项目监理机构详细地研究评审影响工期事件全过程对工程总工期的影响后，批准承包单位有效延期时间。

1. 工程延期审批的有关规定

（1）项目监理机构批准工程延期应同时满足下列条件：

1）施工单位在施工合同约定的期限内提出工程延期。

2）非施工单位原因造成施工进度滞后。

3）施工进度滞后影响到施工合同约定的工期。

（2）延期审批应注意的问题：

1）关键线路并不是固定的，随着工程进展，关键线路也在变化，而且是动态变化。随着工程进展的实际情况，有时在计划调整后，原来的非关键线路有可能变为关键线路，专业监理工程师要随时记录并注意。

2）关键线路的确定，必须是依据最新批准的工程进度计划。

3）项目监理机构在批准工程临时延期、工程最终延期前，均应与建设单位和施工单位协商。

2.《工程延期审批表》填写要求

（1）总监理工程师在签认工程延期前应与建设单位、承包单位协商，宜与费用索赔一并考虑处理。

（2）表中"根据施工合同条款_____条的规定，我方对你方提出的_____工程延期申请……"：分别填写处理本次延长工期所依据的施工合同条目和承包单位申请延长工期的原因。

（3）《工程最终延期审批表》中"（第×号）"：填写承包单位提出的最后一个《工程临时延期申请表》的编号。

（4）审批意见：在影响工期事件结束，承包单位提出最后一个《工程临时延期申请表》批准后，总监理工程师应指定专业监理工程师复查工程延期及临时延期审批的全部情况，详细地研究评审影响工期事件对工程总工期的影响程度。根据复查结果，提出同意工期延长的日历天数或不同意工期延长的意见，报总监理工程师最终审批，若不符合施工合同约定的工程延期条款或经计算不影响最终工期，项目监理机构总监理工程师在"不同意延长工期"前的"□"内画"√"，需延长工期时在"同意延长工期"前的"□"内画"√"。

（5）同意工期延长的日历天数为：影响工期事件原因使最终工期延长的总天数。

（6）原竣工日期：指施工合同签订的工程竣工日期或已批准的竣工日期。

（7）延迟到的竣工日期：原竣工日期加上同意工期延长的日历天数后的日期。

（8）说明：翔实说明本次影响工期事件和工期拖延的事实和程度、处理本次延长工期所依据的施工合同条款、工期延长计算所采用的方法及计算过程等。

3.《工程延期审批表》填写要求

《工程延期审批表》宜采用表3-26所示的格式编制并填写。

表3-26　工程延期审批表

工程名称：××科研实验楼工程　　　　　　　　　　　　　　　　编号：×××

致：__××建设发展有限公司__（施工单位）：
根据施工合同条款__××__条的规定，我方对你方提出的第（__××__）号关于__××商住楼工程__延期申请，要求延长工期__5__日历天，经过我方审核评估：
☑ 同意工期延长__5__日历天，竣工日期（包括已指令延长的工期）从原来的__××××__年__××__月__××__日延长到__××××__年__××__月__××__日。请你方执行。
□ 不同意延长工期，请按约定竣工日期组织施工。
说明：工程延期事件发生在被批准的网络进度计划的关键线路上，经甲乙方协商，同意延长工期。
   　　　　　　　　　　　　　　　　　　　　　监理单位（盖章）：××建设监理有限公司 　　　　　　　　　　　　　　　　　　　　　总监理工程师（签字）：××× 　　　　　　　　　　　　　　　　　　　　　　　　　××××年××月××日

任务七　编制、收集与审查监理验收文件

任务目标

知识目标	能力目标	素养目标
1. 熟悉监理验收文件的类别、来源及保存单位； 2. 熟练掌握监理验收文件的填写要求	1. 能够收齐监理验收文件； 2. 能够签发、记录监理验收文件	1. 养成实事求是、不弄虚作假的工作习惯； 2. 养成细心周到、按时完成任务的工作作风

一、监理验收文件的类别

监理验收文件的类别、来源及保存宜符合表 3-27 所示的规定。

表 3-27　监理验收文件的类别、来源及保存

工程资料类别	工程资料名称	工程资料来源	工程资料保存			
			施工单位	监理单位	建设单位	城建档案馆
B6 类	竣工移交证书	施工单位	▲	▲	▲	▲
	监理资料移交书	监理单位		▲	▲	
注：表中符号"▲"表示必须归档保存；"△"表示选择性归档保存。						

二、竣工移交证书

《竣工移交证书》是用于施工单位将工程移交建设单位管理，并进入保修期的证明文件。

1. 填写要求

工程竣工验收完成后，应由项目总监理工程师、总包单位项目经理及建设单位代表共同签署《竣工移交证书》，并加盖监理单位、施工总承包和建设单位公章。该证书交建设单位两份，总包单位和监理单位各存一份。

2. 填写范例

《竣工移交证书》宜采用表 3-28 所示的格式编制并填写。

表 3-28　竣工移交证书

工程名称：××科技大厦工程　　　　　　　　　　　　　　　　　　　　　　编号：×××

> 致：　××房地产开发有限公司　（建设单位）
> 　　兹证明施工单位　××建设工程有限公司　施工的　××科技大厦工程　，已按施工合同的要求完成，并工程竣工验收合格，即日起该工程移交建设单位管理，并进入保修期。
> 　　附件：1. 单位工程质量竣工验收记录
> 　　　　　2. 工程竣工验收记录

项目经理(签字)	施工单位(公章)
日期：××××年××月××日	日期：××××年××月××日
总监理工程师(签字)	监理单位(公章)
日期：××××年××月××日	日期：××××年××月××日
建设单位代表(签字)	建设单位(公章)
日期：××××年××月××日	日期：××××年××月××日

三、监理资料移交书

《监理资料移交书》是监理单位将监理资料移交建设单位管理的证明文件。

1. 监理资料移交的有关规定

(1)在工程竣工验收合格的两个月内，监理单位应将监理资料移交建设单位归档。

(2)归档的内容主要包括《建设工程文件归档规范》(GB/T 50328—2014)所规定的应移交建设单位和城建档案馆的监理资料。

(3)监理资料的移交应符合下列条件：

1)工程完工，并具备竣工验收条件。

2)除配合竣工结算审核、审计等以外，监理项目工作结束，无监理自身遗留问题。

3)移交资料内容完整、真实，整理规范，符合相关要求。

2.《监理资料移交书》填写范例

《监理资料移交书》宜采用表 3-29 所示的格式编制并填写。

表 3-29　监理资料移交书

工程名称：××科技大厦工程　　　　　　　　　　　　　　　　　　编号：×××

移交单位	××监理公司	
接收单位	××集团开发公司	
移交单位向接收单位移交工程监理资料共计40册。其中包括文字材料35册、图样资料2册、其他材料3册。 　附：移交明细表		
移交单位(公章)：××监理公司	接收单位(公章)：××集团开发公司	
项目负责人：×××	部门负责人：×××	
移交人(签字)：××× 联系电话：××××××××	接收人(签字)：××× 联系电话：××××××××	
移交时间：20××年××月××日	接收时间：20××年××月××日	

一、判断题

1. 对项目监理机构不同意复工的复工报审,承包单位按要求完成后仍用该表报审。
（　　）

2. 承包单位按施工合同要求的时间编制好施工进度计划,并填报《施工进度计划报验申请表》报监理机构。
（　　）

3. 影响使用功能和工程结构安全,造成永久性质量缺陷的属于一般质量事故。
（　　）

4.《旁站监理记录》是指监理人员在房屋建筑工程施工阶段监理中,对关键部位、关键工序的施工质量,实施全过程现场跟班的监督活动所见证的有关情况的记录。（　　）

5. 承包单位在施工合同规定的期限(索赔事件发生后28天)内,向项目监理机构提交对建设单位的《费用索赔申请表》。
（　　）

6. 未经总监理工程师确认,分包单位不得进场施工。
（　　）

7. 工程竣工验收完成后,只由项目总监理工程师共同签署《竣工移交证书》,并加盖监理单位、建设单位公章。
（　　）

8. 当监理工程师对工程巡视检查或对质量有怀疑进行抽检时,填写《工程物资进场报验表》。
（　　）

二、单项选择题

1. 监理资料应由(　　)负责组织整理。
　　A. 监理单位经理　　　　　　　　B. 总监理工程师
　　C. 专业监理工程师　　　　　　　D. 监理员

2.《监理规划》按规定由(　　)主持编制完成。
　　A. 监理单位经理　　　　　　　　B. 总监理工程师
　　C. 专业监理工程师　　　　　　　D. 监理员

3.《监理实施细则》应由(　　)负责编制。
　　A. 监理单位经理　　　　　　　　B. 总监理工程师
　　C. 专业监理工程师　　　　　　　D. 监理员

4. 监理日志由(　　)负责编写。
　　A. 总监理工程师　　　　　　　　B. 专业监理工程师
　　C. 监理员　　　　　　　　　　　D. 施工员

5. (　　)在实施旁站监理时填写《旁站监理记录》。
　　A. 建设单位工作人员　　　　　　B. 设计人员
　　C. 施工人员　　　　　　　　　　D. 监理人员

三、多项选择题

1. 施工阶段的监理资料可能包括的内容有( )。
    A. 监理实施细则　　　　　　　B. 工程变更资料
    C. 监理日记　　　　　　　　　D. 索赔文件资料
    E. 监理规划

2. 下列属于监理造价控制资料的是( )。
    A.《工程进度结算款报审表》　　B.《工程变更费用报审表》
    C.《费用索赔审批表》　　　　　D.《临时签证报审表》

四、简答题

1. 监理管理资料包括哪些内容?
2. 造价控制资料包括哪些内容?

项目四　施工资料管理

项目导航

施工资料是指施工单位项目部资料员管理的文件。施工单位应在与建设单位签订施工合同后，建立资料室，配备资料员，添置档案架、档案盒等档案设施，增设计算机、办公桌、台账等办公设施。资料员应制定施工资料收集计划，由施工单位项目部项目经理审定、交底。

施工单位资料员收集资料时，应严格审查资料的来源、保存份数、保存单位，审查资料的签字、盖章，并在计算机和收集台账上做好登记。

党的二十大报告指出："问题是时代的声音，回答并指导解决问题是理论的根本任务。"施工资料包括哪几种类型？如何形成？质量要求什么？由哪些单位保存？回答这些问题是理论解决的根本任务。

任务一　熟悉施工资料的形成、编号和管理要求

任务目标

知识目标	能力目标	素养目标
1. 熟练掌握施工资料的类型及形成时间； 2. 熟练掌握施工资料的基本管理要求	1. 能够编制施工资料管理计划； 2. 能够建立施工资料收集台账； 3. 能够进行施工资料管理交底	1. 养成实事求是、不弄虚作假的工作习惯； 2. 养成细心周到、按时完成任务的工作作风

一、施工资料的形成

施工资料的形成宜符合图 4-1 所示的步骤。

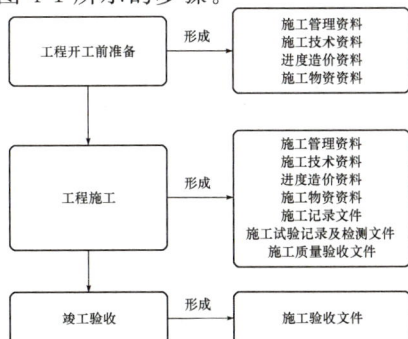

图 4-1　施工资料的形成

二、施工资料的分类与编号

(一)《建设工程文件归档规范》(GB/T 50328—2014):施工文件分类

施工文件的类型与代号见表4-1。

表4-1 施工文件的类型与代号

类型	代号	类型	代号
施工管理文件	C1	施工记录文件	C5
施工技术文件	C2	施工试验记录及检测文件	C6
进度造价文件	C3	施工质量验收文件	C7
施工物资出厂质量证明及进场检测文件	C4	施工验收文件	C8

(二)《建筑工程资料管理规程》(JGJ/T 185—2009):施工资料分类与编号

1. 施工资料分类

施工资料的类型与代号见表4-2。

表4-2 施工资料的类型与代号

类型	代号	类型	代号
施工管理资料	C1	施工记录	C5
施工技术资料	C2	施工试验记录及检测报告	C6
进度造价资料	C3	施工质量验收文件	C7
施工物资资料	C4	施工验收文件	C8

2. 施工资料编号

(1)施工资料编号可由分部工程代号(2位)、子分部工程代号(2位)、资料类别分类编号(2位)、顺序号(3位)共4组代号组成,组与组之间应用横线隔开,编号形式如下:

×× — ×× — ×× — ×××

① ② ③ ④

①为分部工程代号(共2位),应根据资料所属的分部工程,按表4-3规定的代号填写。

②为子分部工程代号(共2位),应根据资料所属的分部工程,按表4-3规定的代号填写。

表 4-3　建筑结构工程分部(子分部)工程代号索引表

分部工程代号	分部工程名称	子分部工程代号	子分部工程名称
01	地基与基础	01	无支护土方
		02	有支护土方
		03	地基与基础处理
		04	桩基
		05	地下防水
		06	混凝土基础
		07	砌体基础
		08	劲钢(管)混凝土
		09	钢结构
02	主体结构	01	混凝土结构
		02	劲钢(管)混凝土结构
		03	砌体结构
		04	钢结构
02	主体结构	05	木结构
		06	网架和索膜结构
03	建筑装饰装修	01	地面
		02	抹灰
		03	门窗
		04	吊顶
		05	轻质隔墙
		06	饰面板(砖)
		07	幕墙
		08	涂饰
		09	裱糊与软包
		10	细部
04	建筑屋面	01	卷材防水屋面
		02	涂膜防水屋面
		03	刚性防水屋面
		04	瓦屋面
		05	隔热屋面

③为施工资料的类别编号(共 2 位),应根据资料所属类别,按表 4-2 规定的类别填写。

④为顺序号(共 3 位),应根据相同表格、相同检查项目,按时间自然形成的先后顺序号填写,从 001 开始逐张编号。

(2)施工资料编号应填入表格右上角的编号栏。

(3)属于单位工程整体管理内容的资料,编号中的分部、子分部工程代号可用"00"代替。

(4)同一厂家、同一品种、同一批次的施工物资用在两个分部、子分部工程中时,资料编号中的分部、子分部工程代号可按主要使用部位填写。

(三)《建筑工程(建筑与结构工程)施工资料管理规程》(DB37/T 5072—2016)：建筑工程施工资料分类与编号

1. 建筑工程施工资料分类

建筑工程施工资料的类型与代号见表 4-4。

表 4-4　建筑工程施工资料的类型与代号

类型	代号	类型	代号
建筑结构工程	JJ	通风与空调工程	TK
桩基工程	ZJ	建筑电气工程	DQ
钢结构工程	GG	智能建筑工程	ZN
建筑装饰装修工程	ZX	建筑节能工程	JN
屋面工程	WM	电梯工程	DT
建筑给水排水及供暖工程	SN	单位工程竣工资料	JG

2. 施工资料编号

(1)施工资料编号原则及填写要求。

1)施工资料的编号栏位于各表的右上角。

2)一般情况下，编号由三部分，即分部(子分部)工程代号、资料组列顺序号和同类资料顺序号组成，各部分之间用横线隔开。

如：鲁 JJ－001－001

　　　　①　　②　　③

①为工程代号。

②为资料组列顺序号，按《建筑工程(建筑与结构工程)施工资料管理规程》(DB37/T 5072—2016)的附录 C 查询。

③为同类资料顺序号，相同表格、相同检查项目，按自然形成的先后顺序编号。

(2)同类资料顺序号填写原则。

1)施工资料专用表格，均随工程施工过程，按时间顺序，用阿拉伯数字从 001 开始连续标注。

2)同一张表格(如隐蔽验收记录等)涉及多个分部(分项)工程时，应根据各自分部(分项)工程的不同，依各个检查项目分别自 001 开始连续标注(依时间顺序)。

(3)无示范表格或由外界各方提供的施工资料和文件，应在资料的右上角注明编号或顺序号。

(4)同一批物资用在两个以上分部、子分部工程中时，其资料编号中的分部、子分部工程代号按主要使用部位的分部、子分部工程代号填写。

(5)类别及属性相同的施工资料，数量较多时宜建立资料管理目录。

3. 建筑结构工程施工资料的类型与编号

建筑结构工程施工资料的类型与编号见表 4-5。

表 4-5　建筑结构工程施工资料的类型与编号

资料类型			资料名称	资料编号
施工技术资料	施工管理资料	工程质量管理资料	工程概况	鲁JJ－001
			工程参建各方签字签章存样表	鲁JJ－002
			工程项目管理人员名单	鲁JJ－003
			工程参建各方人员及签章变更备案表	鲁JJ－004
			施工现场质量管理检查记录	鲁JJ－005
			分包单位资质报审表	鲁JJ－006
			开工报告	鲁JJ－007
			工程竣工报告	鲁JJ－008
			工程质量事故调(勘)查记录	鲁JJ－009
			建设工程质量事故报告	鲁JJ－010
			施工日志	鲁JJ－011
			材料见证取样检测汇总表	鲁JJ－032
			取样送样试验见证记录	鲁JJ－033
		施工技术管理资料	施工组织设计(施工方案)审批表	鲁JJ－012
			技术(安全)交底记录	鲁JJ－013
			图纸会审、设计变更、洽商记录汇总表	鲁JJ－014
			图纸会审记录	鲁JJ－015
			设计交底记录	鲁JJ－016
			设计变更通知单	鲁JJ－017
			工程洽商记录	鲁JJ－018
	工程质量控制资料	施工物资资料	材料、构配件进场检验记录	鲁JJ－019
			材料合格证、复试报告汇总表	鲁JJ－020
			钢材合格证和复试报告汇总表	鲁JJ－021
			预拌混凝土出厂合格证汇总表	鲁JJ－022
			预拌混凝土合格证	鲁JJ－023
			水泥出厂合格证(含出厂试验报告)、复试报告汇总表	鲁JJ－024
			砂石出厂合格证(含出厂检验报告)、复试报告汇总表	鲁JJ－025
			矿物掺合料出厂合格证(含出厂检验报告)、复试报告汇总表	鲁JJ－026
			混凝土外加剂产品合格证(含出厂检验报告)、进场复验报告汇总表	鲁JJ－027
			砖(砌块、墙板)出厂合格证(含出厂检验报告)、复试报告汇总表	鲁JJ－028
			防水和保温材料合格证、复试报告汇总表	鲁JJ－029
			(其他)材料合格证、复试报告汇总表	鲁JJ－030
			合格证[复印件(或抄件)]贴条	鲁JJ－031

资料类型			资料名称	资料编号
施工技术资料	工程质量控制资料	施工测量资料	工程定位测量放线记录汇总表	鲁JJ－042
			工程定位测量记录	鲁JJ－043
			楼层平面放线记录	鲁JJ－0441
			楼层标高抄测记录	鲁JJ－0442
			基槽验线记录	鲁JJ－045
			建筑物垂直度、标高测量记录	鲁JJ－050
			建筑物沉降观测记录	鲁JJ－077
		施工记录资料	地基验槽检查验收记录	鲁JJ－046
			地基验收记录	鲁JJ－047
			地基钎探记录	鲁JJ－048
			地基处理记录	鲁JJ－049
			隐蔽工程验收记录（一）	鲁JJ－051
			隐蔽工程验收记录（二）	鲁JJ－052
			强夯施工记录（一）	鲁JJ－0531
			强夯施工记录（二）	鲁JJ－0532
			重锤夯实施工记录	鲁JJ－054
			施工检查记录	鲁JJ－055
			直螺纹校核扭矩检查记录	鲁JJ－056
			混凝土浇灌申请书	鲁JJ－057
			混凝土开盘鉴定	鲁JJ－058
			预拌混凝土运输单	鲁JJ－059
			预拌混凝土交货检验记录	鲁JJ－060
			混凝土工程施工记录	鲁JJ－061
			混凝土养护情况记录	鲁JJ－062
			混凝土搅拌测温记录	鲁JJ－063
			混凝土同条件养护测温记录	鲁JJ－064
			混凝土养护测温记录	鲁JJ－065
			大体积混凝土养护测温记录	鲁JJ－066
			混凝土拆模申请单	鲁JJ－067
			构件吊装记录	鲁JJ－068
			焊接材料烘焙记录	鲁JJ－069
			预应力筋张拉记录	鲁JJ－070
			有粘结预应力结构灌浆记录	鲁JJ－071
			地下室防水效果检查记录	鲁JJ－073
			屋面淋水、蓄水试验检查记录	鲁JJ－074
			有防水要求的地面泼水、蓄水试验记录	鲁JJ－075
			建筑烟（风）道、垃圾道检查记录	鲁JJ－076

资料类型			资料名称	资料编号
施工技术资料	工程质量控制资料	施工记录资料	班组自检(互检)记录	鲁JJ—078
			工序交接检查记录	鲁JJ—079
			技术复核(或预检)记录	鲁JJ—080
			不符合要求项处理记录	鲁JJ—081
			样板间(分项工程)质量检查记录	鲁JJ—082
			新技术、新设备、新材料、新工艺施工验收记录	鲁JJ—083
	安全和功能检验资料		土壤试验记录汇总表	鲁JJ—034
			混凝土配合比试验通知单	鲁JJ—035
			混凝土试块压报告汇总表	鲁JJ—036
			混凝土试块强度统计、评定记录	鲁JJ—037
			砂浆试块试压报告汇总表	鲁JJ—038
			砂浆试块强度统计、评定记录	鲁JJ—039
			钢筋连接试验报告汇总表	鲁JJ—040
			其他(复合地基、桩基、锚杆、锚筋、面砖、节能拉拔等)检测报告	鲁JJ—041
质量验收资料	施工过程验收资料		检验批质量验收记录	鲁JJ—092~188
			分项工程质量验收记录	
			分部(子分部)工程质量验收记录	鲁JJ—084~091
	竣工质量验收资料		单位(子单位)工程竣工预验收报审表	鲁JG—001
			单位(子单位)工程质量竣工验收记录	鲁JG—002
			单位(子单位)工程质量控制资料核查记录	鲁JG—003
			单位(子单位)工程安全和功能检验资料核查及主要功能抽查记录	鲁JG—004
			单位(子单位)工程观感质量检查记录	鲁JG—005
			工程竣工报告	

三、施工资料的管理要求

(1)施工资料的形成应符合国家相关的法律、法规、工程建设标准、工程合同与设计文件等的规定。

(2)施工资料应随工程进度同步形成、收集、整理、签发并按规定移交，由工程各参建单位共同完成，要求书写认真、字迹清晰、内容完整、签字齐全。

(3)工程各参建单位应将施工资料的形成和积累纳入施工管理的各个环节和有关人员的职责范围。建设、监理、勘察、设计、施工、检测(试验)等单位项

施工资料管理规程

目负责人应对本工程施工资料形成的全过程负总责。

(4)施工资料的形成、收集、整理及审核应符合有关规定,签字并加盖相应的资格印章。

(5)工程各参建单位应在合同中对施工资料的管理提出明确要求。

(6)工程合同中应约定文件、资料的签字权限,有关签字人员应有相应的授权证明。单位(子单位)工程、地基与基础分部工程、主体结构分部工程、建筑节能分部工程及专业分包项目验收应使用企业法定公章,其他分部或项目验收应使用项目部(专业分包单位)符合相应授权的公章。

(7)工程各参建单位应确保各自施工资料的真实、有效、及时和完整,对施工资料进行涂改、伪造、随意抽撤或损毁、丢失等的,应按有关规定予以处罚,情节严重的,应依法追究法律责任。

(8)施工资料应使用原件,因各种原因不能使用原件的,应在复印件上加盖原件存放单位公章、注明原件存放处,由经办人签字并注明签字时间。

(9)执行注册师签章制度。应当认真贯彻落实国家、省有关注册师施工管理文件签章的规定,凡未按规定在相关管理文件上签章的,或仅有注册师签字而未同时加盖执业印章的,一律视为无效管理文件。

(10)施工资料的形成、收集和整理过程,应采用计算机管理,计算机管理软件所采用的数据格式应符合相关要求,软件功能应符合本规程的要求。

(11)推广施工资料数字化管理,逐步实现以缩微品和光盘载体代替纸质载体。属国家、省重点工程的施工资料宜采用缩微品。

(12)施工资料。施工资料主要包括施工技术资料和质量验收资料两部分。

1)施工技术资料包括施工管理资料、工程质量控制资料、安全和功能检验资料。

2)施工质量验收资料包括施工过程验收资料和竣工质量验收资料。

(13)施工资料实行报验、报审制度,应设专门的部门或专人负责管理。在施工过程中应按先自检,后交接检,再验收的程序,加强过程控制。

(14)施工资料应由施工单位项目技术负责人负责管理,由资料管理人员收集、整理,资料管理人员应经专业培训合格。

(15)施工资料的报验、报审及验收、审批均应有时限性要求。工程相关参建单位应在合同中约定工程报验、报审的申报时间及审批时间,并约定相应承担的责任。当无约定时,施工资料的申报、审批不得影响正常施工。

(16)建筑工程实行总承包的,施工单位应在与分包单位签订施工合同时,明确分包范围内施工资料的移交办法,包括套数、时间、质量要求、验收标准、违约责任等。专业分包也应遵守本规定。

(17)每项工程(含分包工程)至少应整理三套施工资料,移交建设单位一套,配合建设单位移交城建档案管理机构一套,施工总承包企业自行保存一套。

(18)施工资料应以打印或印刷为主。纸质载体为A4幅面(297 mm×210 mm),若手工书写,必须用蓝黑或碳素墨水。

(19)工程中出现部分施工资料不全,使工程无法正常验收的,应由具有相应资质的检测机构进行实体检测或抽样试验,以确定工程质量状况,并出具检验报告,

>> 任务目标

知识目标	能力目标	素养目标
1. 熟悉施工管理资料的类别、来源及保存单位； 2. 熟练掌握施工管理资料的填写要求	1. 能够收齐施工管理资料； 2. 能够填写、审查施工管理资料	1. 养成实事求是、不弄虚作假的工作习惯； 2. 养成细心周到、按时完成任务的工作作风

一、施工管理资料的类别

施工管理资料的类别、来源及保存宜符合表 4-6 所示的规定。

表 4-6　施工管理资料的类别、来源及保存

工程资料类别	工程资料名称	工程资料来源	工程资料保存			
			施工单位	监理单位	建设单位	城建档案馆
C1 类	工程概况表	施工单位	▲	▲	▲	△
	施工现场质量管理检查记录	施工单位	△	△		▲
	企业资质证书及相关专业人员岗位证书	施工单位	△	△	△	△
	分包单位资质报审表	施工单位	▲	▲	▲	
	建设单位质量事故勘查记录	调查单位	▲	▲	▲	▲
	建设工程质量事故报告书	调查单位	▲	▲	▲	▲
	施工检测计划	施工单位	△	△	△	
	见证试验检测汇总表	施工单位	▲	▲	▲	▲
	施工日志	施工单位	▲			

注：表中符号"▲"表示必须归档保存；"△"表示选择性归档保存。

二、工程概况表

1. 填写要求

《工程概况表》是对工程基本情况的简要描述，应包括单位工程的一般情况、构造特征、机电系统等。

（1）"一般情况"栏中应填写工程名称、建设用途、建设地点、建设单位、设计单位、监理单位、施工单位、建筑面积、开工日期、竣工日期、结构类型、建筑层数、人防等级、抗震等级等。

1)"工程名称"栏中要填写全称,应与建设工程规划许可证、建设工程施工许可证、施工图纸中图签的名称一致。

2)"建设地点"栏中应填写邮政地址,写明区(县)、街道门牌号。

3)"单位名称"栏中的建设单位、设计单位、监理单位、施工单位均用法人单位的名称。

4)"开工日期"应以总监理工程师批复的许可开工日期为准。

5)"竣工日期"一般以招标文件要求的日期为准。

(2)"构造特征"栏应结合工程设计要求,简要描述地基与基础,柱、内外墙,梁、板、楼盖,内、外墙装饰,楼地面装饰,屋面构造,防火设备等涵盖的主要项目及内容,应做到重点突出,描述全面扼要。

(3)"机电系统名称"栏应简要描述工程所含的机电各系统名称及主要设备的参数、机电承受的容量和电压等级等。

(4)"其他"栏中可填写一个具体工程独自具有的某些特征或需要特殊说明的内容,还可以填写采用的新材料、新产品、新技术、新工艺等。

2. 填写范例

《工程概况表》宜采用表4-7所示的格式编制并填写。

表 4-7　工程概况表　　　　　　　　　　鲁 JJ－001－001

	工程名称	××市海庙港粮食物流中转配套设施	建设单位	×××
一般情况	建设用途	粮食物流	设计单位	××科学研究设计院
	建设地点	××市海庙港	监理单位	××监理公司
	总建筑面积	6 263.12 m²	施工单位	××市开发建设总公司
	计划开工日期	20××年9月1日	计划竣工日期	20××年11月7日
	结构类型	框架结构	基础类型	独立基础
	层次	多层	建筑檐高	12.6 m
	地上面积	5 001.12 m²	地下面积	1 262 m²
	人防等级	六级	抗震等级	二级
构造特征	地基与基础	筏板基础		
	柱、内外墙	钢筋混凝土柱,内、外墙为灰砂砖填充墙		
	梁、板、楼盖	现浇钢筋混凝土梁、板、楼盖		
	外墙装饰	外墙涂料、面砖墙面		
	楼地面装饰	卫生间防滑地砖		
	屋面防水	SBS改性防水卷材		
	内墙装饰	混合砂浆墙面		
	防火设备	各层均设消火栓箱		
机电系统名称		电梯系统、消防系统、通风系统等		
其他		/		

三、施工现场质量管理检查记录

1. 填写要求

《施工现场质量管理检查记录》应由施工单位填写，报项目总监理工程师（或建设单位项目负责人）审查，并作出结论。《施工现场质量管理检查记录》是对健全质量管理体系的具体要求，其主要包括表头、检查项目、检查项目内容和检查结论。

（1）表头部分。填写参与工程建设各责任方的主要概况。"工程名称栏"中要填写工程名称全称，要与合同或招标文件中的工程名称一致。"施工许可证"栏中填写当地住房城乡建设主管部门批准发给的施工许可证（开工证）的编号。表头部分可统一填写，不需具体人员签名，只需明确负责人的地位。

（2）检查项目部分。填写各项检查项目文件的名称或编号，并将文件（原件或复印件）附在表后供检查，检查后将文件归还原单位。

（3）检查项目内容部分。根据检查情况，将检查结果填到对应的栏中，可直接将有关资料的名称写上。

（4）检查结论部分。

1）此栏由总监理工程师或建设单位项目负责人填写。

2）总监理工程师或建设单位项目负责人，对施工单位承包的各项资料进行验收核查，验收核查合格后，签署认可意见。

3）检查结论要明确，说明是符合要求还是不符合要求。如总监理工程师或建设单位项目负责人验收核查不合格，施工单位必须限期改正，否则不准许开工。

2. 填写范例

《施工现场质量管理检查记录》宜采用表 4-8 所示的格式编制并填写。

表 4-8　施工现场质量管理检查记录　　　　　　　　鲁 JJ－005－001

工程名称	×××综合楼		施工许可证号		×××
建设单位	××科技开发有限公司		项目负责人		×××
设计单位	××建筑设计研究院		项目负责人		×××
监理单位	××监理公司		总监理工程师		×××
施工单位	××建筑工程公司	项目经理	×××	项目技术负责人	×××
序号	项目		主要内容		
1	项目部质量管理体系		有明确的质量目标；组织机构健全；人力、材料、机具管理制度完整；质量三检制度健全		
2	现场质量责任制		岗位责任制、设计交底制度、技术交底制度、挂牌制度等		
3	主要专业工种操作岗位证书		测量工、钢筋工、起重工、电焊工、架子工等主要专业工种操作上岗证书齐全，符合要求		
4	分包单位管理制度		对分包方进行资质审查，满足施工要求，总包单位对分包单位制定的管理制度可行		
5	图纸会审记录		已进行图纸会审，形成图纸会审记录文件		
6	地质勘察资料		勘察单位提供地质勘探报告齐全		

7	施工技术标准	企业自定标准4项,其余采用国家、行业标准
8	施工组织设计、施工方案编制及审批	施工组织设计及施工方案的编制、审核、批准手续齐全
9	物资采购管理制度	物资采购制度、物资管理制度
10	施工设施和机械设备管理制度	机械设备管理制度
11	计量设备配套	计量设备配套齐全
12	检测试验管理制度	检测试验管理制度齐全
13	工程质量检查验收制度	有原材料及施工检验制度、抽测项目的检测计划、分项工程验收管理

自检结果: 　符合要求。	检查结论: 　齐全有效。
施工单位项目负责人:××× 　　　　　　　　　　　　20××年12月22日	总监理工程师:××× 　　　　　　(建设单位项目负责人) 　　　　　　　　　　　　20××年12月22日

四、分包单位资质报审表

1. 填写要求

(1)分包单位资质报审是总承包单位在分包工程开工前,对分包单位的资格报项目监理机构审查确认。

(2)未经总监理工程师确认,分包单位不得进场施工,总监理工程师对分包单位资格的确认不解除总承包单位应负的责任。

(3)施工合同中已明确或经过招标确认的分包单位(即建设单位书面确认的分包单位),承包单位可不再对分包单位的资格进行报审。

(4)分包单位:按所报分包单位的《企业法人营业执照》中的全称填写。

(5)分包单位资质材料:指按建设部第87号令颁布的《建筑业企业资质管理规定》,经住房城乡建设主管部门进行资质审查核发的,具有相应专业承包企业资质等级和建筑业劳务分包企业资质的《建筑业企业资质证书》和《企业法人营业执照》。

(6)分包单位业绩材料:指分包单位近三年完成的与分包工程工作内容类似的工程及工程质量的情况。

(7)分包工程名称(部位):指拟分包给所报分包单位的工程项目名称(部位)。

(8)工程数量:指分包工程项目的工作量(工程量)。

(9)拟分包工程合同额:指在拟签订的分包合同中签订的金额。

(10)分包工程占全部工程:指分包工程工作量占全部工程工作量的百分比。

(11)专业监理工程师审查意见:专业监理工程师应对承包单位所报材料逐一进行审查,主要审查内容:对取得施工总承包企业资质等级证书的分包单位,审查其核准的营业范围与拟承担的分包工程是否相符;对取得专业承包企业资质证书的分包单位,审查其核准的等级和范围(60类)与拟承担分包工程是否相符;对取得建筑业劳务分包企业资质的,审查其核准的资质(13类)与拟承担的分包工程是否相符。在此基础上,当项目监理机构和建设单位认为必要时,会同承包单位对分包单位进行考察,主要核实承包单位的申报材料与实际情况是否属实。

专业监理工程师在审查承包单位报送分包单位有关资料,考察核实的(必要时)基础上,提出审查意见、考察报告(必要时)附报审表后,根据审查情况,如认定该分包单位具备分包条件,则批复"该分包单位具备分包条件,拟同意分包,请总监理工程师审核",如认为该分包单位不具备分包条件应简要指出不符合条件之处,并签署"拟不同意分包,请总监理工程师审查"的意见。

(12)总监理工程师审批意见:总监理工程师对专业监理工程师的审查意见、考察报告进行审核,如同意专业监理工程师的意见,签署"同意分包";如不同意专业监理工程师意见,应简要指明与专业监理工程师审查意见的不同之处,并签认不同意分包的意见。

(13)分包单位资格报审程序:

1)承包单位应在工程项目开工前或拟分包的分项、分部工程开工前,填写《分包单位资质报审表》,附上经其自审认可的分包单位的有关资料,报项目监理机构审核。

2)项目监理机构应在施工合同规定的期限内完成或提出进一步补充有关资料的审批工作。

3)项目监理机构和建设单位认为必要时,可会同承包单位对分包单位进行实地考察,以验证分包单位有关资料的真实性。

4)分包单位的资格符合有关规定并满足工程需要时,由总监理工程师签发《分包单位资质报审表》予以确认。

5)分包合同签订后,承包单位将分包合同报项目监理机构备案。

(14)分包单位资格报审内容:

1)承包单位对部分分项、分部工程(主体结构工程除外)实行分包必须符合施工合同的规定。

2)分包单位的营业执照、企业资质等级证书、特种行业施工许可证、国外(境外)企业在国内承包工程许可证。

3)分包单位的业绩。

4)分包工程的内容和范围。

5)专职管理人员和特种作业人员的资格证、上岗证。

2. 填写范例

《分包单位资质报审表》宜采用表4-9所示的格式编制并填写。

表 4-9　分包单位资质报审表　　　　　　　　　　　　　鲁 JJ－006－001

工程名称	××商住楼工程		
总承包单位	××建筑工程有限公司		
分包单位	××防水工程有限公司	报审日期	20××年××月××日

致：　　××建设监理有限公司　　（监理单位）：

　　经考察，我方认为拟选择的××防水工程有限公司(分包单位)具有承担下列工程的施工资质和施工能力，可以保证本工程项目按合同的约定进行施工。分包后，我方仍然承担总承包单位的责任。请予以审查和批准。

　　附：

　　1. 分包单位资质材料

　　2. 分包单位业绩材料

　　3. 中标通知书

分包工程名称(部位)	工程量(分包范围)	分包工程合同额	备注
屋面及卫生间防水施工	16 458 m²	102 万元	
合计	16 458 m²	102 万元	

施工单位(公章)：××建筑工程有限公司

项目经理(签章)：×××

专业监理工程师审查意见：

　　经审查，所选单位具备相应资格，具备承担防水分包业务。

专业监理工程师(签字)：×××

日期：20××年××月××日

总监理工程师审批意见：

　　同意此分包单位进场施工。

监理单位(公章)：××建设监理有限公司

总监理工程师(签章)：×××

日期：20××年××月××日

五、工程质量事故调(勘)查记录

1. 填写要求

(1)填写该表时应写明工程名称,时间,地点,参加人员及其所在单位、姓名、职务、联系电话。

(2)"勘查笔录"栏中应填写工程质量事故发生的时间、具体部位,造成质量事故的原因,以及现场观察的现象,并初步估计质量事故所造成的经济损失。

(3)当工程质量事故发生后,应采用影像的形式真实记录现场的情况,以作为事故原因分析的依据,当留有现场证物照片或事故证据资料时,应在"有""无"选择框内画"√"并标注数量。

2. 填写范例

《工程质量事故调(勘)查记录》宜采用表 4-10 所示的格式编制并填写。

表 4-10　工程质量事故调(勘)查记录　　　　　　　　鲁 JJ-009-001

工程名称	××综合楼工程		日期	20××年××月××日
调(勘)查时间	20××年××月××日 8 时至 12 时			
调(勘)查地点	××市××区××路××号综合楼项目部			
参加人员	单位	姓名	职务	电话
被调查人	××建筑工程有限公司	×××	项目负责人	××××××
陪同调(勘)查人员	××建设工程质量监督站	×××	质监站项目负责人	××××××
	××建设工程质量监督站	×××	土建监督员	××××××
调(勘)查笔录	20××年××月××日在地上六层剪力墙、柱混凝土施工时,由于振捣工没有按照混凝土振捣操作规程操作,致使六层 2 根框架柱、1 道剪力墙(楼梯间)混凝土发生露筋、露石、孔洞等质量缺陷,估计直接经济损失在 1 万元以上			
现场证物照片	☑有　□无　　共　　张　　共　　页			
事故证据资料	☑有　□无　　共　　张　　共　　页			
被调查人签字	×××	调(勘)查人签字		×××

六、建设工程质量事故报告

1. 填写要求

(1)质量事故发生后,填写质量事故报告时,应写明质量事故发生的时间、工程项目、建设地点、建设单位、设计单位及施工单位。

(2)经济损失是指质量事故导致的返工、加固等费用,包括人工费、材料费和管理费。

（3）事故情况，包括倒塌情况（整体倒塌或局部倒塌的部位）、损失情况（伤亡人数、损失程度、倒塌面积等）；事故原因，包括设计原因（计算错误、构造不合理等）、施工原因（施工粗制滥造，材料、构配件或设备质量低劣等）、设计与施工的共同问题、不可抗力等。

（4）"事故发生后采取的措施"栏中应写明对质量事故发生后采取的具体措施、对事故的控制情况及预防措施。

（5）处理意见包括现场处理情况、设计和施工的技术措施、主要责任者及处理结果。

2. 填写范例

《建设工程质量事故报告》宜采用表 4-11 所示的格式编制并填写。

表 4-11　建设工程质量事故报告　　　　　鲁 JJ－010－001

工程名称	××综合楼	监督注册编号	
建设单位	××房地产开发有限公司	施工单位	××建筑安装有限公司
设计单位	××建筑设计有限公司	建筑面积/结构类型	4 865㎡/框架结构
工程地址	××市××区××路××号	事故类型	一般事故
事故发生时间及部位	20××年××月××日，基坑		
经济损失	10 000.00 元以上	死亡人数	无
事故情况及主要原因	事故情况：边坡塌方 主要原因： 1. 局部深基坑位于大底板底 4 m 以下，相对标高近－9 m； 2. 局部降水工作不能满足深基坑降水要求； 3. 连续强降水，坑底积水无法完全排出		
事故发生后采取的措施及事故控制情况	1. 深基坑开挖至设计标高后，坑底立即浇筑 150 mm 厚 C15 细石混凝土垫层； 2. 扩大深基坑开挖面，沿其基坑边线外围砌砖墙围挡； 3. 围挡砖墙内侧抹 1∶3 水泥砂浆找平，再刷聚氨酯涂膜防水层		
备注	无		
施工企业(项目)负责人(盖注册建造师执业印章)： 报告人：××× 报告日期：20××年××月××日			

七、施工检测(试验)计划

单位工程施工前，施工单位项目技术负责人应组织有关人员编制《施工检测(试验)计划》，并报送项目监理机构。《施工检测（试验）计划》的编制应科学、合理，保证取样的连续性和均匀性。计划的实施和落实应由项目技术负责人负责。

(1)《施工检测（试验）计划》一般应包括以下内容：

1)工程概况。

2)编制依据。

3)施工试验准备。

4)施工检测（试验）方案。其包括检测试验项目名称、检测试验参数、试验规格、代表批量、施工部位、计划检测试验时间。

(2)《施工检测（试验）计划》的编制应依据国家有关标准的规定和施工质量控制的需要，并应符合以下规定：

1)材料和设备的检验试验应依据预算量、进场计划及相关标准规定的抽检率确定抽检频次。

2)施工过程质量检测试验应依据施工流水段划分、工程量、施工环境及质量控制的需要确定抽检频次。

3)工程实体质量与使用功能检测应按照相关标准的要求确定检测频次。

4)计划检测试验时间应根据工程施工进度确定。

(3)发生下列情况之一并影响施工检测（试验）计划时，应及时调整检测（试验）计划：

1)设计变更。

2)施工工艺改变。

3)施工进度调整。

4)材料和设备的规格、型号或数量变化。

5)调整后的施工检测（试验）计划应重新进行审查。

八、见证试验检测汇总表

1. 填写要求

(1)此表由施工单位汇总填写，与其他施工资料一起纳入工程档案，作为评定工程质量的依据。

1)"试验项目"是指规范规定应实行见证取样送检的某一试验项目。

2)"应送试组/次数"是指该试验项目按照设计、有关标准及施工试验计划应送试的总次数。

3)"见证试验组/次数"是指该试验项目按见证试验要求的实际试验次数。

(2)有见证取样和送检的试验结果若达不到规定标准，试验室应向承监工程的质量监督机构报告。当试验不合格，但按有关规定允许加倍取样复试时，加倍取样、送检与复试也应按规定实施。

(3)各种有见证取样和送检试验的资料必须真实、完整、符合规定。对伪造、涂改、抽换或丢失试验资料的行为，应对责任单位和责任人依法追究责任。

2. 填写范例

《见证试验检测汇总表》宜采用表 4-12 所示的格式编制并填写。

表 4-12 见证试验检测汇总表   编号：×××

工程名称	××办公楼工程	填表日期	20××年××月××日
建设单位	××集团开发有限公司	检测单位	××建设工程质量检测中心
监理单位	××建设监理公司	见证人员	×××
施工单位	××建设集团有限公司	取样人员	×××

试验项目	应试验组/次数	见证试验组/次数	不合格次数	备注
混凝土试块(标养)	150	53	0	
混凝土试块	36	12	0	
钢筋原材	73	30	0	
钢筋直螺纹连接接头	76	23	0	
防水卷材	6	4	0	
防水涂料	3	2	0	
砌块	8	2	0	
制表人(签字)	×××			

九、施工日志

《施工日志》是单位工程在施工过程中对有关施工技术和管理工作的原始记录，是施工活动各方面情况的综合记载。《施工日志》是项目施工的真实写照，是验收施工质量的原始记录，是竣工总结的依据，也是工程施工质量原因分析的依据。

1. 填写要求

(1)《施工日志》应以单位工程为记载对象，从工程开工起到工程竣工结束，按专业指定专人负责逐日记载，其内容应真实、连续和完整，不得后补。

(2)《施工日志》可采用计算机录入、打印,也可按规定式样(印制的《施工日志》)用手工填写的方式记录,并装订成册,但必须保证字迹清晰、内容齐全。《施工日志》的填写须及时、准确、具体、不潦草,不能随意撕毁《施工日志》,应妥善保管《施工日志》,不得丢失。

(3)《施工日志》的记录不应是流水账,要有时间、天气情况、施工部位、机械作业及人员情况。

(4)《施工日志》主要记录以下8种施工活动:

1)主要分部、分项工程的起止日期。

2)施工阶段特殊情况(停电、停水、停工、窝工等)的记录。

3)质量、安全、设备事故(或未遂事故)发生的原因,处理意见和处理方法的记录。

4)设计单位在现场解决问题的记录(若变更设计应由设计单位出变更设计联系单)。

5)变更施工方法或在紧急情况下采取的特殊措施和施工方法的记录。

6)进行技术交底、技术复核和隐蔽工程验收的摘要记载。

7)有关领导或部门对该项工程所作的决定或建议。

8)其他(砂浆试块编号、混凝土试块编号、同条件养护试块的存放、见证取样等)。

(5)《施工日志》应连续记录,若工程施工期间有间断,应在日志中加以说明,可在停工最后一天或复工第一天里描述。

(6)《施工日志》应完整,除生产情况记录和技术质量安全工作记录完整外,若施工中出现问题,也要反映在记录中。

2. 填写范例

《施工日志》宜采用表4-13所示的格式编制并填写。

表 4-13　施工日志　　　　　　　　　　　鲁 JJ—011—001

20××年4月6日　　星期一			天气晴　气温18 ℃　风力二级　风向南		
当日工程施工部位	主体结构	当日工程施工内容	模板、钢筋、混凝土	当日工程形象进度	主体结构二层
施工情况记录(部位项目、机械作业、班组工作、施工存在问题等): 1.⑱～㊱/Ⓐ～Ⓗ轴二层楼面混凝土浇筑,混凝土工8人; 2.①～⑰/Ⓐ～Ⓗ轴三层框架柱钢筋焊接、脚手架安装,焊工6人、架子工12人; 3. 一层顶板模板拆除,木工6人; 4. 钢筋加工6人					
技术质量安全工作记录(技术质量安全活动、技术质量安全问题、检查评定验收等): 1.建设单位,设计、监理、施工单位在现场召开技术质量安全工作会议,与会人数为12人; 2. 安全员带领3人巡视检查,重点是"三宝、四口、五临边",检查全面到位,无隐患					
今日材料、构配件进场、检(试)验情况记录: 钢筋进场 A6:15 t,A8:12 t,B10:22 t,B12:14 t,C12:5 t,C16:8 t,C18:3 t,C20:37 t,C22:36 t, 已在监理单位的见证下进行见证取样送检					
工程负责人	×××		记录人	×××	

任务三　编制、收集与审查施工技术资料

任务目标

知识目标	能力目标	素养目标
1. 熟悉施工技术资料的类别、来源及保存单位； 2. 熟练掌握施工技术资料的填写要求	1. 能够收齐施工技术资料； 2. 能够填写、审查施工技术资料	1. 养成实事求是、不弄虚作假的工作习惯； 2. 养成细心周到、按时完成任务的工作作风

一、施工技术资料的类别

施工技术资料的类别、来源及保存宜符合表 4-14 的规定。

表 4-14　施工技术资料的类别、来源及保存

工程资料类别	工程资料名称	工程资料来源	工程资料保存			
			施工单位	监理单位	建设单位	城建档案馆
C2 类	工程技术文件报审表	施工单位	△	△	△	
	施工组织设计及施工方案审批表	施工单位	△	△	△	△
	危险性较大分部分项工程施工方案	施工单位	△	△	△	△
	技术交底记录	施工单位	△		△	
	图纸会审记录	施工单位	▲	▲	▲	▲
	设计变更通知单	设计单位	▲	▲	▲	▲
	工程洽商记录（技术核定单）	施工单位	▲	▲	▲	▲

注：表中符号"▲"表示必须归档保存；"△"表示选择性归档保存。

二、工程技术文件报审表

1. 填写要求

(1)施工单位应编写工程技术文件，经审查通过后，填写《工程技术文件报审表》报项目监理部。总监理工程师组织专业监理工程师审核，填写审核意见，由总监理工程师签署审定结论。

(2)施工单位向监理单位申报的工程技术文件包括施工组织设计、施工方案（含季节性施工方案）、深化设计、质量问题处理方案等。其中，深化设计是指为达到设计意图而进行的细化设计，如梁、柱、板节点处钢筋摆放设计，内、外墙饰面砖排砖设计等，即通常所说的翻样、放大样。工程技术文件首先应经施工单位技术部门审查签认，施工组织设计由施工单位技术负责人审查批准后，于动工前或在该分项/分部工程实施前报项目监理部审核。

2. 填写范例

《工程技术文件报审表》见表 4-15。

表 4-15　工程技术文件报审表　　　　　　　编号：×××

工程名称	××工程	监理编号	
		日　期	20××年××月××日

致：　__××建设监理公司__　（监理单位）

我方已编制完成了　__施工测量方案__　技术文件，并经相关技术负责人审查，请予以审定。

附：技术文件　__×__　页　__1__　册

施工总承包单位(盖章)：××建设集团有限公司　　　项目经理(签字)：×××

专业承包单位(盖章)：××有限公司　　　项目经理(签字)：×××

专业监理工程师审查意见：

原则上同意方案内容；应加强过程和措施上的严格控制；测量放线成果必须经过"三检"，达到100％的合格率。

专业监理工程师(签字)：×××
日期：20××年××月××日

总监理工程师审批意见：

1. 符合设计图和现场的实际情况；
2. 投入的人力、物力基本满足工程施工测量的需要；
3. 采取的方式、方法、措施及管理制度基本可行；

同意本方案的内容并以此指导本工程的施工测量放线工作。

监理单位(盖章)：××建设监理公司
总监理工程师(签字)：×××
日期：20××年××月××日

三、施工组织设计(施工方案)审批表

1. 填写要求

(1)施工组织设计应由施工单位项目负责人在正式施工前组织编制，由施工单位技术负责人或技术负责人授权的技术人员审批后报监理单位批准。

(2)规模较大、工艺复杂的工程，群体工程或分期出图工程，可分阶段报批施工组织设计。

(3)主要分部(分项)工程、工程重点部位、技术复杂或采用新技术的关键工序应编制专项施工方案。冬、雨期施工应编制季节性施工专项方案。

（4）施工方案编制内容应齐全、有针对性，可根据工程规模大小、技术复杂程度、施工重点部位及施工季节变化等情况分别编制。施工方案应由项目技术负责人审批。

（5）重点、难点、分部（分项）工程、超过一定规模的危险性较大的分部分项工程或容易形成重大质量风险的分部分项工程的施工方案，应由施工单位技术部门组织相关专家评审，并报施工单位技术负责人审批。

（6）施工组织设计及施工方案经过施工单位内部审核后，填写《施工组织设计（施工方案）审核表》报监理单位批复后实施。发生较大的施工措施和工艺变更时，应有变更审批手续，并进行交底。

（7）《建筑施工组织设计规范》（GB/T 50502—2009）关于单位工程施工组织设计编制的主要内容包括工程概况、施工部署、施工进度计划、施工准备与资源配置计划、主要施工方案和施工现场平面位置等；施工方案编制的主要内容包括工程概况、施工安排、施工进度计划、施工准备与资源配置计划、施工方法及工艺要求、防火措施。

2. 填写范例

《施工组织设计（施工方案）审批表》见表 4-16。

表 4-16　施工组织设计（施工方案）审批表　　　　　鲁 JJ－012－001

工程名称	×××综合楼		日　期	201×年××月××日
现报上下表中的技术管理文件，请予以审核。				
类　别	编制人	审核人	册　数	页　数
施工组织设计	×××	×××	1	348
施工方案				
申报简述： 　我项目部根据施工合同的有关规定，完成了×××综合楼工程施工组织设计的编制，请予以审查。 　申报部门（分包单位或项目部）：××建筑工程有限公司综合楼项目部　　　　申报人：×××				
总承包单位审核意见： 　同意按此施工组织设计组织施工。 　☑有　　□无　　附页 　总承包单位名称：××建筑工程有限公司　　审核人：×××　　审核日期：201×年××月××日				
监理（建设）单位审批意见： 　经我项目监理机构审查，此施工组织设计满足施工要求，同意按此施工组织设计施工。 　审批结论：☑同意　　□修改后报　　□重新编制 　审批部门（单位）：××建设监理有限公司　　审批人：×××　　审批日期：201×年××月××日				

四、技术交底记录

1. 填写要求

（1）《技术交底记录》应包括施工组织设计交底、专项施工方案技术交底、分项工程施工技术交底、"四新"(新材料、新产品、新技术、新工艺)技术交底和设计变更技术交底。各项交底应有文字记录，交底双方签认应齐全。

(2)重点和大型工程施工组织设计交底应由施工企业的技术负责人把主要设计要求、施工措施以及重要事项对项目主要管理人员进行交底。其他工程施工组织设计交底应由项目技术负责人进行交底。

(3)专项施工方案技术交底应由项目专业技术负责人负责，根据专项施工方案对专业工长进行交底。

(4)分项工程施工技术交底应由专业工长对专业施工班组(或专业分包)进行交底。

(5)"四新"(新技术、新工艺、新材料、新设备)技术应用及专项施工方案应由项目技术负责人组织交底。

(6)设计变更技术交底应由项目技术部门根据变更要求，结合具体施工步骤、措施及注意事项等对专业工长进行交底。

2. 填写范例

《技术交底记录》见表 4-17。

表 4-17　技术交底记录　　　　　　　　　　　　　　鲁 JJ－013－001

工程名称	×××综合楼	施工单位	××建设集团公司
分项工程名称	土方开挖	交底日期	20××年 1 月 8 日

交底内容：

1. 施工时在基坑周围 10 m 范围内，不得堆放重物。

2. 土方开挖应在降水达到设计要求，并确保地下水水位低于开挖面 1 m 以上进行。

3. 土方开挖应及时将标高控制点引测到基坑坑壁上，用水准仪量测出标记，以防超挖。

4. 土方开挖应经常测量和校核平面位置、水平标高和边坡坡度。

5. 土方开挖应尽量避开雨期施工，做好坑底排水工作，并注意边坡稳定，加强检查，发现问题及时处理。

6. 坑底侧向位移出现，立即停止坑边的挖土，在围护桩外侧卸载并视情况在坑底堆土或抛石块，待稳定后，对坑底土层进行注浆等加固处理，待养护期后再继续开挖。

7. 若基坑产生漏水，及时用素混凝土或采用钢丝喷射混凝土浇平。

8. 产生管涌或坑底隆土现象时，暂停挖土施工，立即在该处注浆加固。

9. 开挖按踏步式逐行进行，不准一次突发性开挖到底，以避免土体短时期大量挖除后，造成围护结构侧向应力增大过快。

10. 做好开挖样板制工作，即每一次开挖前，挖一段样示范，操作者换班时，做好挖深、操作方法等交接班，以确保开挖质量。

11. 基坑底不得超挖。挖机离坑底时留 20～30 cm 用人工挖土。

12. 严格控制超挖量，土方挖土时排水沟不得靠边设置。

13. 基坑上口四周设置安全防护栏杆，下基坑处应设置人行扶梯，栏杆扶梯应符合安全要求，并适时进行检查。

项目专业技术负责人： ×××	交底人： ×××	接受交底人： ×××，×××

五、图纸会审记录

1. 填写要求

(1)监理、施工单位应将各自提出的图纸问题及意见,按专业整理、汇总后报建设单位,由建设单位提交设计单位做交底准备。

(2)图纸会审应由建设单位组织设计、施工单位项目负责人和监理单位总监理工程师及有关人员参加。设计单位对各专业问题进行交底,施工单位负责将设计交底内容按专业汇总、整理形成《图纸会审记录》。

(3)《图纸会审记录》应由建设、设计、监理和施工单位的项目相关负责人签认,形成正式《图纸会审记录》。不得擅自涂改会审记录或变更其内容。

2. 填写范例

《图纸会审记录》见表4-18。

表 4-18　图纸会审记录　　　　　　　　　　鲁 JJ－015－001

工程名称		××综合楼			
专业名称		土建(建筑、结构)		会审日期	20××年1月6日
序号	图号	会审记录			
		问题		答复意见	
1	建施－12	楼梯1:2.35 m处休息平台梁 L10(1)是否由 200×400 改为 200×350?		是	
2	建施－12	楼梯1:建筑图中标高是否由－0.150 改为±0.000?		是	
3	结施－06	⑤～⑥轴间弧梁的几何尺寸按何执行?		执行 A－A 剖面、B－B 剖面	
4	结施－03	2.35 m处①～②轴间的梁是否应由－1.750 m 改为－1.550 m?		是	

建设单位(公章) 项目负责人: ××× 项目专业负责人: ×××	监理单位(公章) 总监理工程师:(签章) ××× 专业监理工程师: ×××	设计单位(公章) 项目负责人:(签章) ××× 项目专业负责人: ×××	施工单位(公章) 项目负责人:(签章) ××× 项目专业技术负责人: ×××

六、设计变更通知单

1. 填写要求

设计单位应及时下达《设计变更通知单》,必要时应附图,并逐条注明应修改图纸的图号。《设计变更通知单》应由设计专业负责人以及建设(监理)和施工单位的相关负责人签认。

由施工单位进行深化设计的工程,深化设计文件应经建设单位及原设计单位认可,涉及重大结构及节能效果变更的应由原图纸审查机构出具认可文件。

2. 填写范例

《设计变更通知单》见表 4-19。

表 4-19　设计变更通知单　　　　　　　　　　　　　　　　　鲁 JJ－017－001

工程名称		××综合楼	专业名称	土建(建筑、结构)
设计单位名称		××建筑设计研究院	日期	20××年 3 月 6 日
序号	图号	变更内容		
1	建施－06	防火墙改为普通隔墙		
2	结施－04	⑩~⑪/⑬轴处增加 L5030 一道,坡道坡度变化及预埋件见附图		
3	结施－06	6.000~10.200 标高,柱配筋图,①~②轴及⑩~⑪轴柱截面尺寸及配筋按结施－03 施工		
4	结施－08	地下车库外墙配筋图(一)用于Ⓝ轴,Ⓜ~Ⓝ轴之间的①~④轴处的外墙,汽车坡道出入口处Ⓐ~Ⓔ轴之间的外墙。汽车坡道出入口处Ⓐ~Ⓔ轴之间的内墙按地下车库外墙配筋图(二)施工		
建设单位(公章) 项目负责人: ××× 项目专业负责人: ×××	监理单位(公章) 总监理工程师:(签章) ××× 专业监理工程师: ×××		设计单位(公章) 项目负责人:(签章) ××× 项目专业负责人: ×××	施工单位(公章) 项目负责人:(签章) ××× 项目专业技术负责人: ×××

七、工程洽商记录

1. 填写要求

(1)《工程洽商记录》应分专业办理,内容翔实,必要时应附图,并逐条注明应修改图纸的图号。《工程洽商记录》应由设计专业负责人以及建设、监理和施工单位的相关负责人签认。

(2)如果设计单位委托建设(监理)单位办理签认,则应办理委托手续。

2. 填写范例

《工程洽商记录》见表 4-20。

表 4-20　工程洽商记录　　　　　　　　　　　　　　　　　　鲁 JJ－018－001

工程名称		××综合楼	专业名称	土建(建筑、结构)
提出单位名称		××建筑工程有限公司	日期	20××年 4 月 25 日
内容提要			关于建筑图中部分内容的说明	
序号	图号	洽商内容		
1	建施－02	室内所有小于 200 mm 的墙垛,按图施工;大于等于 200 mm 的墙垛,改为水泥砖砌筑,并按规范植筋压筋		
2	结施－02	①轴、㊸轴处卫生间烟道安装完毕后,比窗垛大 50 mm,结施、建施不符,将烟道口转向北		
建设单位(公章) 项目负责人: ××× 项目专业负责人: ×××	监理单位(公章) 总监理工程师:(签章) ××× 专业监理工程师: ×××		设计单位(公章) 项目负责人:(签章) ××× 项目专业负责人: ×××	施工单位(公章) 项目负责人:(签章) ××× 项目专业技术负责人: ×××

任务四　编制、收集与审查施工物资资料

任务目标

知识目标	能力目标	素养目标
1. 熟悉施工物资资料的类别、来源及保存单位； 2. 熟练掌握施工物资资料的填写要求	1. 能够收齐施工物资资料； 2. 能够填写、审查施工物资资料	1. 养成实事求是、不弄虚作假的工作习惯； 2. 养成细心周到、按时完成任务的工作作风

施工物资资料是指反映工程施工所用物资质量和性能是否满足设计和使用要求的各种质量证明文件及相关配套文件的统称。工程物资主要包括建筑材料、成品、半成品、构配件、设备等。工程物资按验收管理的要求分为三类：

（1）Ⅰ类物资。Ⅰ类物资是指仅需有质量证明文件的工程物资，如防火涂料、管材等。

（2）Ⅱ类物资。Ⅱ类物资是指到场后除必须有出厂质量证明文件外，还必须通过复试检验（试验）才能认可其质量的物资，如水泥、钢筋等。

（3）Ⅲ类物资。Ⅲ类物资是指除需有出厂质量证明文件、复试检验（试验）报告外，施工完成后，需经过规定龄期后再经检验（试验）方能认可其质量的物资，如混凝土、砌筑砂浆等。

一、施工物资资料管理的总要求

（1）建筑工程使用的各种主要物资质量必须合格，并应有质量证明文件。产品质量合格证、型式检验报告、性能检测报告、生产许可证、商检证明、中国强制认证（CCC）证书、计量设备检定证书等均属于质量证明文件。质量证明文件应与实际进场物资相符。

（2）合格证、试（检）验报告单或记录单的抄件（复印件）应保留原件所有内容，加盖原件存放单位公章，注明原件存放处，并有经办人签字和时间。

（3）需采取技术处理的，除满足要求外，还应得到有关技术负责人批准后方能使用，涉及结构安全和使用功能的材料需要代换且改变了设计要求时，应有设计单位签署的认可文件，并符合有关规定方可使用。不合格的物资不准使用，并应注明去向。

（4）涉及消防、电力、卫生、环保等的物资，需经行政管理部门认可的，应有相应的认可文件。

（5）进口材料和设备应有商检证明、中文安装使用说明书及性能检测报告。

（6）国家规定需经强制认证的产品应有认证标志（CCC），生产厂家应提供认证证书复印件，认证证书应在有效期内。

（7）凡使用新材料、新工艺、新产品、新技术，应有具备鉴定资格单位出具的鉴定证明，产品要有质量标准、使用说明和工艺要求，使用前应按其质量标准和试验要求进行检验或试验。依法定程序批准进入市场的新设备、器具和材料除符合规范规定外，应提供安

装、维修、使用和工艺标准等相关技术文件。

(8)施工单位应按国家有关规范、标准的规定对进场物资进行复试或试验；规范、标准要求实行见证时，应按规定进行见证取样，并做好见证记录。

(9)施工物资进场后，施工单位应报监理单位查验并签认。

二、《建设工程文件归档规范》(GB/T 50328—2014)：施工物资资料

施工物资资料的类别、来源及保存宜符合表 4-21 所示的规定。

表 4-21　施工物资资料的类别、来源及保存

C4	施工物资出厂质量证明及进场检测文件	工程资料来源	施工单位	监理单位	建设单位	城建档案馆
	出厂质量证明文件及检测报告					
1	砂，石，砖，水泥，钢筋，隔热、保温、防腐材料，轻集料出厂证明文件	施工单位	▲	▲	▲	△
2	其他物资出厂合格证、质量保证书、检测报告和报关单或商检证等	施工单位	▲	△	△	
3	材料、设备的相关检验报告、型式检测报告、3C 强制认证合格证书或 3C 标志	采购单位	▲	△	△	
4	主要设备、器具的安装使用说明书	采购单位	▲	△	▲	
5	进口的主要材料设备的商检证明文件	采购单位	▲		△	
6	涉及消防、安全、卫生、环保、节能的材料、设备的检测报告或法定机构出具的有效证明文件	采购单位	▲	▲	▲	△
	进场检验通用表格					
1	材料、构配件进场检验记录	施工单位		△	△	
2	设备开箱检验记录	施工单位		△	△	
3	设备及管道附件试验记录	施工单位	▲	△	▲	
	进场复试报告					
1	钢材试验报告	检测单位	▲	▲	▲	▲
2	水泥试验报告	检测单位	▲	▲	▲	▲
3	砂试验报告	检测单位	▲	▲	▲	▲
4	碎(卵)石试验报告	检测单位	▲	▲	▲	▲
5	外加剂试验报告	检测单位	▲	△	▲	▲
6	防水涂料试验报告	检测单位	△	▲	▲	
7	防水卷材试验报告	检测单位	△	▲	▲	
8	砖(砌块)试验报告	检测单位	▲	▲	▲	▲
9	预应力筋复试报告	检测单位	▲	▲	▲	▲
10	预应力锚具、夹具和连接器复试报告	检测单位	▲	▲	▲	▲

C4	施工物资出厂质量证明及进场检测文件	工程资料来源	施工单位	监理单位	建设单位	城建档案馆
11	装饰装修用门窗复试报告	检测单位	△	▲	▲	
12	装饰装修用人造木板复试报告	检测单位	△	▲	▲	
	进场复试报告					
13	装饰装修用花岗石复试报告	检测单位	△	▲	▲	
14	装饰装修用安全玻璃复试报告	检测单位	△	▲	▲	
15	装饰装修用外墙面砖复试报告	检测单位	△	▲	▲	
16	钢结构用钢材复试报告	检测单位	▲	▲	▲	▲
17	钢结构用防火涂料复试报告	检测单位	▲	▲	▲	
18	钢结构用焊接材料复试报告	检测单位	▲	▲	▲	▲
19	钢结构用高强度大六角头螺栓连接副复试报告	检测单位	▲	▲	▲	▲
20	钢结构用扭剪型高强度螺栓连接副复试报告	检测单位	▲	▲	▲	▲
21	幕墙用铝塑板、石材、玻璃、结构胶复试报告	检测单位	▲	▲	▲	▲
22	散热器、供暖系统保温材料、通风与空调工程绝热材料、风机盘管机组、低压配电系统电缆的见证取样复试报告	检测单位	▲	▲	▲	▲
23	节能工程材料复试报告	检测单位	▲	▲	▲	▲

注：表中符号"▲"表示必须归档保存；"△"表示选择性归档保存。

三、《建筑工程(建筑与结构工程)施工资料管理规程》：施工物资资料

《建筑工程(建筑与结构工程)施工资料管理规程》(DB37/T 5072—2016)中施工物资资料的类别参见表 4-5。以下只介绍几种主要施工物资资料的填写说明与范例。

(一)材料、构配件进场检验记录

材料、构配件进场后，应由建设、监理单位会同施工单位、供应商对进场材料、构配件进行检查验收，填写《材料、构配件进场检验记录》。

建筑工程主要材料进场复验试验项目表

1. 填写说明

(1)材料、构配件进场检验的主要内容包括：

1)材料、构配件出厂质量证明文件及检测报告是否齐全；

2)实际进场材料和构配件的数量、规格型号等是否满足设计和施工计划要求；

3)材料、构配件的外观质量是否满足设计要求或规范规定。

(2)按规定应进场复试的工程材料、构配件，必须在进场检查验收合格后取样复试。

2. 填写范例

《材料、构配件进场检验记录》见表 4-22。

表 4-22 材料、构配件进场检验记录　　　　鲁 JJ－019－001

工程名称				×××综合楼		检验日期		20××年 3 月 16 日
序号	名称	规格型号	进场数量	生产厂家	检验项目	检验结果	备注
				合格证号			
1	钢筋	C18	26 t	石横特钢 30220603017	外观、质量证明文件	合格	
2	钢筋	C20	46.7 t	石横特钢 30220703027	外观、质量证明文件	合格	
3	钢筋	C22	36.8 t	济钢 30260603021	外观、质量证明文件	合格	
4	钢筋	C25	40.2 t	济钢 30260608029	外观、质量证明文件	合格	

施工单位检查意见：　　　　质量证明文件齐全有效

附件：共 4 页

监理/建设单位验收意见：

　　因该物资有复试试验要求，于 20××年 3 月 16 日在监理工程师的见证下取样送检，待你方取得复试报告，且试验合格后，同意在限定工程部位使用。

☑同意　　□重新检验　　□退场　　　　验收日期：20××年 3 月 16 日

签字栏	建设(监理)单位	施工单位		
		专业质量检查员	专业工长	取样员
	×××	×××	×××	×××

(二)钢材合格证和复试报告汇总表

1. 填写说明

(1)工程中采用的受力钢筋，必须有出厂质量证明书和复试报告。

(2)各种规格、品种的钢筋，其出厂证明中应注明有钢种、牌号、规格、数量、力学性能、化学成分、厂名、出厂日期。化学性能和力学性能指标均应符合设计要求和有关规范的规定。

(3)进口钢筋，除复试力学性能外，有焊接要求的还应有化学成分试验报告。

(4)钢筋合格证抄件应注明原件存放单位、原证编号，并有抄件人、抄件单位的签字和盖章。

(5)《混凝土结构工程施工质量验收规范》(GB 50204—2015)第 5.2.1 条强制性条文规定：

钢筋进场时，应按国家现行相关标准的规定抽取试件作屈服强度、抗拉强度、伸长率、弯曲性能和重量偏差检验，检验结果应符合有关标准的规定。

检查数量：按进场的批次和产品的抽样检验方案确定。

检验方法：检查质量证明文件和抽样检验报告。

(6)《混凝土结构工程施工质量验收规范》(GB 50204—2015)第 5.2.3 条强制性条文规定：

对按一、二、三级抗震等级设计的框架和斜撑构件(含梯段)中的纵向受力普通钢筋应采用 HRB335E、HRB400E、HRB500E、HRBF335E、HRBF400E 或 HRBF500E 钢筋，其强度和最大力下总伸长率的实测值应符合下列规定：

1)抗拉强度实测值与屈服强度实测值的比值不应小于 1.25。

2)屈服强度实测值与强度标准值的比值不应大于 1.30。

3)最大力下总伸长率不应小于 9%。

检查数量：按进场的批次和产品的抽样检验方案确定。

检验方法：检查抽样检验报告。

(7)甲级冷拔低碳钢丝每批质量不大于 30 t，乙级冷拔低碳钢丝每批质量不大于 50 t。

2. 填写范例

《钢材合格证和复试报告汇总表》见表 4-23。

表 4-23 钢材合格证和复试报告汇总表   鲁 JJ－021－001

序号	钢材、规格、品种、级别	生产厂家	合格证编号	进场数量	进场日期	复试报告编号	报告日期	复试结果	主要使用部位及有关说明
1	HRB335 Φ16	河北钢铁	102406017	26.8 t	20××.1.6	GJ15－14008	20××.1.9	合格	基础至结构二层
2	HRB335 Φ18	河北钢铁	102405548	40.8 t	20××.1.6	GJ15－14009	20××.1.9	合格	基础至结构二层
3	HRB335 Φ20	河北钢铁	102406285	37.8 t	20××.1.6	GJ15－14010	20××.1.9	合格	基础至结构二层
4	HRB335 Φ22	河北钢铁	102403492	47.9 t	20××.1.6	GJ15－14011	20××.1.9	合格	基础至结构二层

项目专业技术负责人：×××   质量检查员：×××   日期：20××年6月7日

(三)预拌混凝土(砂浆)出厂合格证汇总表

1. 填写说明

(1)预拌混凝土生产企业根据预拌混凝土标准规定,按子分部工程,分混凝土品种、强度等级向施工单位提供预拌混凝土出厂合格证。预拌混凝土出厂合格证的代表批量,应与现场施工段的划分相对应。

(2)合格证内容包括:出厂合格证编号,合同编号,工程名称,需方单位名称,供方单位名称,供货日期,浇筑部位,混凝土标记,供货量,原材料的品种、规格、级别,复验报告编号,混凝土配合比编号及检验批混凝土试块强度等。

(3)《预拌混凝土出厂合格证汇总表》可按工程不同部位或相同强度、相同配合比的混凝土为一个检验批进行填写。待28天标准养护试块强度试压后,应在35天内出具合格证书。

(4)《预拌砂浆(湿拌或干混)出厂合格证汇总表》可按工程不同部位或相同强度、相同配合比的砂浆为一个检验批进行填写。待28天标准养护试块强度试压后,应在35天内出具合格证书。

2. 填写范例

《预拌混凝土出厂合格证汇总表》见表4-24。

表4-24 预拌混凝土出厂合格证汇总表　　　　鲁JJ—022—001

序号	品种、等级	生产厂家	供货日期	供货数量	主要使用部分及有关说明	配合比编号	出厂合格证编号
1	C35碎石混凝土	××混凝土有限公司	20××.3.27	161 m³	一层墙柱、二层梁板	HK15—18353	20××—0312
2	C35碎石混凝土	××混凝土有限公司	20××.4.6	167 m³	二层墙柱、三层梁板	HK15—18463	20××—0507
3	C35碎石混凝土	××混凝土有限公司	20××.4.15	156 m³	三层墙柱、四层梁板	HK15—18528	20××—0615
4	C35碎石混凝土	××混凝土有限公司	20××.4.26	162 m³	四层墙柱、五层梁板	HK15—18627	20××—0786
5	C35碎石混凝土	××混凝土有限公司	20××.3.4	161 m³	五层墙柱、六层梁板	HK15—18852	20××—0817
6	C35碎石混凝土	××混凝土有限公司	20××.3.13	164 m³	六层墙柱、屋面层梁板	HK15—18991	20××—0932

项目专业技术负责人:×××　　　　专业质量检查员:×××　　　　日期:20××年8月9日

(四)水泥出厂合格证(含出厂试验报告)、复试报告汇总表

1. 填写说明

(1)工程所用水泥必须有出厂合格证和试验报告。

(2)合格证为抄件时,抄件除注明合格证上的所有指标外,还应注明原件存放单位、原件编号、抄件单位(盖章)、抄件人(签字)。

(3)《混凝土结构工程施工质量验收规范》(GB 50204—2015)第7.2.1条规定:

水泥进场时应对其品种、代号、强度等级、包装或散装编号、出厂日期等进行检查,并应对水泥的强度、安定性和凝结时间进行检验,检验结果应符合现行国家标准《通用硅酸盐水泥》(GB 175—2007)的相关规定。

检验数量:按同一厂家、同一品种、同一代号、同一强度等级、同一批号且连续进场的水泥,袋装不超过200 t为一批,散装不超过500 t为一批,每批抽样数量不应少于一次。

检验方法:检查质量证明文件和抽样检验报告。

(4)对于使用预拌混凝土的工程,按照合同约定应由预拌混凝土生产企业提供每个混凝土检验批相对应的工程所用水泥出厂合格证、试验报告和复试报告。

2. 填写范例

《水泥出厂合格证(含出厂试验报告)、复试报告汇总表》见表4-25。

表 4-25　水泥出厂合格证(含出厂试验报告)、复试报告汇总表

鲁 JJ－024－001

序号	水泥品种及等级	生产厂家	合格证、出厂检验报告编号	进场数量	进场日期	复试报告编号	报告日期	复试结果	主要使用部位及有关说明
1	P·S·B 42.5	××水泥有限公司	20150202	200 t	20××.2.8	SN15－049	20××.3.10	合格	基础砌筑
2	P·S·B 42.5	××水泥有限公司	20150408	200 t	20××.4.15	SN15－049	20××.5.15	合格	主体砌筑
3	P·S·B 42.5	××水泥有限公司	20150512	200 t	20××.5.18	SN15－049	20××.6.13	合格	主体砌筑

项目专业技术负责人:×××　　　　专业质量检查员:×××　　　　日期:20××年7月6日

(五)砖(砌块、墙板)出厂合格证、出厂检验报告、复试报告汇总表

1. 填写说明

(1)砖检验数量：每一生产厂家的砖到现场后，按烧结砖 3.5 万~15 万块、多孔砖 5 万块、灰砂砖及粉煤灰砖 10 万块各为一验收批，抽验数量为 1 组。

(2)小砌块抽检数量：每一生产厂家，每 1 万块小砌块至少应抽验 1 组。用于多层以上建筑基础和底层的小砌块抽验数不应少于 2 组。

2. 填写范例

《砖(砌块、墙板)出厂合格证、出厂检验报告、复试报告汇总表》见表4-26。

表 4-26　砖(砌块、墙板)出厂合格证、出厂检验报告、复试报告汇总表

鲁 JJ－028－001

序号	品种、等级	生产厂家	合格证、出厂检验报告编号	进场数量	进场日期	复试报告编号	报告日期	复试结果	主要使用部分及有关说明
1		××砖厂	AA11－15－339	15 万块	20××.2.22	CL15－00411	20××.2.26	合格	基础砌筑
2	蒸压灰砂砖 240×115×53	××砖厂	AA11－15－615	15 万块	20××.5.25	CL15－00743	20××.5.30	合格	主体砌筑
3		××砖厂	AA11－15－679	15 万块	20××.6.18	CL15－00916	20××.6.22	合格	主体砌筑

项目专业技术负责人：×××　　　　专业质量检查员：×××　　　　日期：20××年7月7日

(六)防水材料合格证、复试报告汇总表

1. 填写说明

(1)防水材料主要包括防水涂料、防水卷材、胶粘剂、止水带、膨胀胶条、密封膏、密封胶、水泥基渗透结晶型防水材料等。

(2)防水材料必须有出厂质量合格证、法定相应资质等级检测部门出具的检测报告、产品性能和使用说明书。

(3)防水材料进场后应进行外观检查，合格后按规定取样复试，并实行有见证取样和送检。

(4)质量不合格或不符合设计要求的防水材料不允许在工程上使用。

(5)如使用新型防水材料，应有法定相关部门、单位的鉴定资料文件，在使用过程中，应有专门的施工工艺操作规定规程和有代表性的抽样试验记录。

(6)止水条、密封膏、胶粘剂等辅助性防水材料用量较少，用于一般工程。若供货方能够提供有效的试验报告及出厂质量证明，且进场外观检查合格，可不作进场复验。

(7)防水材料现场抽样数量、外观质量检验和物理性能测试应符合表4-27所示的规定。

表 4-27 防水材料现场抽样数量、外观质量检验和物理性能测试的有关规定

序号	材料名称	现场抽样数量	外观质量检验	物理性能测试
1	高聚物改性沥青防水卷材	大于 1 000 卷抽 5 卷，每 500~1 000 卷抽 4 卷，每 100~499 卷抽 3 卷，100 卷以下抽 2 卷，进行规格尺寸和外观质量检验。在外观质量检验合格的卷材中，任取一卷作物理性能检验	孔洞、缺边、裂口、边缘不整齐，胎体露白、未浸透，撒布材料粒度、颜色，每卷卷材的接头	拉力、最大拉力时延伸率、耐热度、低温柔度、不透水性
2	合成高分子防水卷材	大于 1 000 卷抽 5 卷，每 500~1 000 卷抽 4 卷，每 100~499 卷抽 3 卷，100 卷以下抽 2 卷，进行规格尺寸和外观质量检验。在外观质量检验合格的卷材中，任取一卷作物理性能检验	折痕、杂质、胶块、凹痕，每卷卷材的接头	断裂拉伸强度、扯断伸长率、低温弯折、不透水性
3	高聚物改性沥青防水涂料	每 10 t 为一批，不足 10 t 按一批抽样	包装完好无损，且标明涂料名称、生产日期、生产厂名、产品有效期；无沉淀、凝胶、分层	固含量、耐热度、柔性、不透水性、延伸
4	合成高分子防水涂料	每 10 t 为一批，不足 10 t 按一批抽样	包装完好无损，且标明涂料名称、生产日期、生产厂名、产品有效期	固体含量、拉伸强度、断裂延伸率、柔性、不透水性
5	胎体增强材料	每 3 000 m² 为一批，不足 3 000 m² 按一批抽样	均匀、无团状、平整、无折皱	拉力、延伸率

2. 填写范例

《防水材料合格证、复试报告汇总表》见表 4-28。

表 4-28 防水材料合格证、复试报告汇总表   鲁 JJ－029—001

序号	材料品种牌号、标号	生产厂家	合格证、出厂试验报告编号	进场数量	进场日期	复试报告编号	报告日期	复试结果	主要使用部位及有关说明
1	SBS 改性沥青耐穿刺防水卷材	××防水材料有限公司	JC2015FS0057	9 000 m²	20××.3.6	CL2016－FS049	20××.3.11	合格	地下室外墙
2			JC2015FS0185	9 000 m²	20××.3.15	CL2016－FS119	20××.3.20	合格	地下室外墙
3			JC2015FS0230	9 000 m²	20××.4.8	CL2016－FS328	20××.4.13	合格	地下室外墙
4			JC2015FS0326	9 000 m²	20××.4.16	CL2016－FS796	20××.4.19	合格	地下室外墙

项目专业技术负责人：×××　　　　专业质量检查员：×××　　　　日期：20××年8月6日

任务五　　编制、收集与审查施工测量资料

任务目标

知识目标	能力目标	素养目标
1. 熟悉施工测量资料的类别、来源及保存单位； 2. 熟练掌握施工测量资料的填写要求	1. 能够收齐施工测量资料； 2. 能够填写、审查施工测量资料	1. 养成实事求是、不弄虚作假的工作习惯； 2. 养成细心周到、按时完成任务的工作作风

施工测量资料是在施工过程中形成的确保建筑物的位置、尺寸、标高和变形量等满足设计要求和规范规定的各种测量成果记录的统称。

一、施工测量资料的类别

施工测量资料的类别、来源及保存宜符合表 4-29 所示的规定。

表 4-29　施工测量资料的类别、来源及保存

工程资料类别	工程资料名称	工程资料来源	工程资料保存			
			施工单位	监理单位	建设单位	城建档案馆
C5 类	工程定位测量记录	施工单位	▲	▲	▲	▲
	基槽验线记录	施工单位	▲	▲	▲	▲
	楼层平面放线记录	施工单位	△	△		△
	楼层标高抄测记录	施工单位	△	△		△
	建筑物垂直度、标高观测记录	施工单位	▲	△	▲	△
	建筑物沉降观测记录	测量单位	▲	△	▲	▲
	基坑支护水平位移监测记录	施工单位	△	△		
	桩基、支护测量放线记录	施工单位	△	△		

注：表中符号"▲"表示必须归档保存；"△"表示选择性归档保存。

二、工程定位测量记录

1. 填写说明

(1)测绘部门根据建设工程规划许可证(附件)批准的建筑工程位置及标高依据，测定建筑物的红线桩。

(2)施工单位应依据由建设单位提供的由相应测绘资质等级部门出具的测绘成果、单

位工程楼座桩及场地控制网（或建筑物控制网），测定建筑物平面位置、主控轴线及建筑物±0.000标高的绝对高程，并填写《工程定位测量记录》，报监理单位审核。

（3）工程定位测量完成后，应由建设单位报请具有相应资质的测绘部门验线。

2. 填写范例

《工程定位测量记录》见表4-30。

表4-30　工程定位测量记录　　　　　　　　　　　　　鲁JJ—043—001

工程名称	××综合楼		委托单位	/
图纸编号	建施—01 总平面图		施测日期	20××年2月1日
平面坐标依据	G1点（坐标 $X1=3\,846.321$，$Y1=2\,189.521$） G2点（坐标 $X2=3\,966.321$，$Y2=2\,189.528$）		复测日期	20××年2月1日
高程依据	G1点（高程：×××） G2点（高程：×××） ±0.000相当于绝对标高 57.8 m		使用仪器	全站仪（DT202 C） 水准仪（S3）
允许误差	±3 mm		仪器校验日期	20××年12月3日

定位抄测示意图：

用全站仪进行定位测量，依据测站 G1，后视点 G2，引测 A、B、C、D 四个角点，用全站仪及钢尺向建筑外边缘 6 m处引测 1、2、3、4、5、6、7、8 四个定位控制桩，在木桩上钉钢钉固定点位，并浇筑混凝土保护，用水准仪引测 H1、H2 两点（混凝土桩红油漆标注±0.000），并闭合测量进行校核（A 点到 B 点的距离为 59.9 m，建筑物南北进深距离为 19.0 m）

复测结果：

符合设计图纸及规范规定的要求，同意进行下道工序的施工

签字栏	建设（监理）单位	施工（测量）单位	××建筑公司	测量人员岗位书号	SJ12—00268
		专业技术负责人	测量负责人	复测人	施测人
	×××	×××	×××	×××	×××

三、基槽验线记录

基槽验线是施工测量单位根据主控轴线和基底平面图，检验建筑物基底外轮廓线、集水坑、电梯井坑、垫层标高（高程）、基槽断面尺寸和坡度等。基槽验线记录是对基槽的主要检测内容进行检测后，按照相关要求填写的记录。

1. 填写要求

（1）验线依据是指由建设单位或测绘院提供的坐标、高程控制点或工程测量定位控制桩、高程点等。内容要描述清楚。

（2）基槽平面剖面简图要画出基槽平、剖面简图轮廓线，应标注主轴线尺寸、断面尺寸及高程。

（3）"检查意见"一栏由监理人员签署。要将检查意见表达清楚，不得用"符合要求"一词代替检查意见。

（4）签字栏中技术负责人为项目总工，测量负责人为施测单位主管，质量检查员为现场质检员。

（5）"施工单位"一栏按"谁施工填谁"这一原则填写。

2. 填写范例

《基槽验线记录》见表 4-31。

表 4-31 基槽验线记录   鲁 JJ－045－001

工程名称	××综合楼		日期	20××年3月2日
验线部位	基槽		验线内容	标高、位置

验线依据及内容：

依据：1. 结施－02、03。

2. 设计变更通知单 2016－02 号。

内容：基槽外轮廓线及外轮廓断面、垫层标高、电梯井等垫层标高。

基槽平面、剖面简图：

检查意见：

经检查，槽边尺寸符合设计要求，同意验收。

签字栏	建设（监理）单位	施工单位	××建筑公司	
		项目（专业）技术负责人	专业质量检查员	施测人
	×××	×××	×××	×××

四、楼层平面放线记录

1. 填写要求

(1)工程名称：与施工图图签一致。

(2)放线部位：标明某层及实测施工的轴线段。

(3)放线内容：基础板底防水保护层面层及首层(含)以下各层的墙、柱轴线，边线，门窗洞口线；地上二层(含)以上各层的墙、柱轴线，边线，门窗洞口线，垂直度偏差。

(4)放线依据。

1)采用外控投线方法的楼层：施工测量方案；建筑工程施工测量规程；定位外控桩×、×、×、×；n 层的建筑××平面图、结构××图；首层用测绘院高程 BM1、BM2、BM3。

2)采用内控法竖向传递轴线的楼层：施工测量方案；建筑工程施工测量规程；内控点×、×、×、×；n 层的建筑××平面图、结构××图；首层以下各层施工用高程控制网 $H1$、$H2$、$H3$；二层(含)以上各层+0.500=××.×××m 高程传递标准点 1、2、3。

(5)放线简图：应标明楼层外轮廓线、楼层重要控制轴线、尺寸及指北方向。

采用内控法向上传递竖向控制线时，第一个施工段要标明不少于 4 个内控点。首层(不含)以上各层应标明垂直度偏差方向及数值。

(6)检查意见：由施工单位根据监理的要求采用计算机打印，应有测量的具体数据误差。

(7)签字栏。

1)专业技术负责人：栋号技术负责人或有测量上岗证的项目测量组长。

2)专业质检员：验线员或质量检查员。

3)实测人：指有测量上岗证的实测人员。

4)施工单位：施工总承包单位全称。

2. 填写范例

《楼层平面放线记录》见表 4-32。

表 4-32　楼层平面放线记录　　　　　　　鲁 JJ－044.1－001

工程名称	××综合楼		日　　期	20××年 3 月 27 日
放线部位	二层结构面		放线内容	主要控制轴线，墙、柱、梁边线
放线依据： 依据：1. 结施-02、03。 　　　　2. 设计变更通知单 2016-02 号。				
内容：主要控制轴线、柱边线、墙边线、梁边控制线及尺寸。				

放线简图：

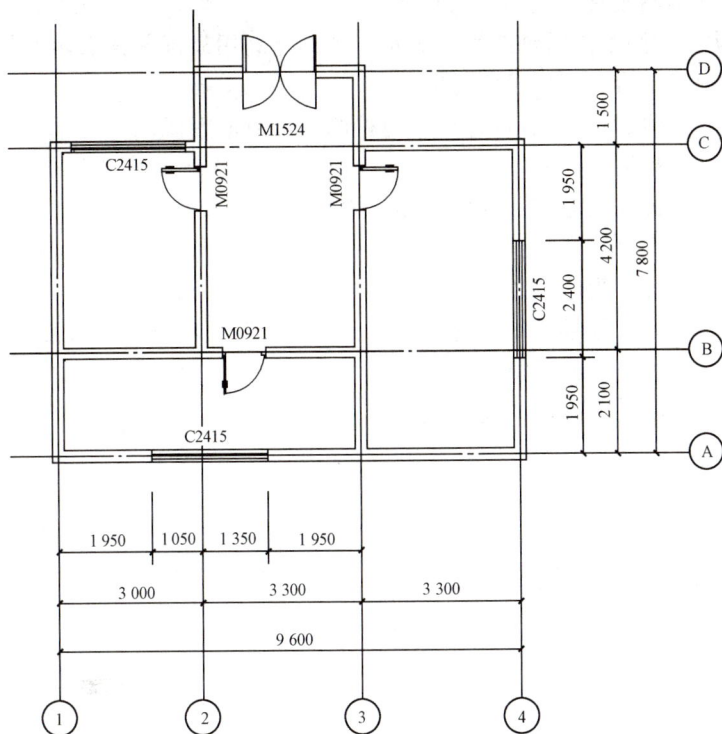

检查意见：

符合设计及规范规定要求。

签字栏	建设(监理)单位	施工单位	××建设公司	
		项目(专业)技术负责人	专业质量检查员	施测人
	×××	×××	×××	×××

五、楼层标高抄测记录

施工单位应在每层结构实体完成后抄测本楼层＋0.500 m(或＋1.000 m)标高线，填写楼层标高抄测记录。施工单位在完成施工测量成果的同时，应报监理单位查验并签字。

1. 填写要求

(1)工程名称：与施工图中的图签一致。

(2)日期：实际抄测时间。

(3)抄测部位：抄测的层数及抄测的施工段的轴线范围。

(4)抄测内容：墙、柱上本层＋0.500(建)＝××.×××m，或＋1.000(建)＝××.×××m。

(5)抄测依据。

1)首层以下各层用施工高程控制网 $H1$、$H2$、$H3$；首层用有资质测绘单位抄测的 BM1、BM2、BM3 高程点；二层(含)以上各层＋0.500(建)＝×.×××m高程传递控制点。

2)所抄测楼层的建筑平面图××。

3)施工测量方案。

4)建筑工程施工测量规程。

(6)抄测说明：抄测范围用轴线简图表示；抄测标高用局部剖面表示；抄测工具应注明仪器型号、出厂编号，合格仪器检定时间。

(7)检查意见。经核对：楼层设计标高与抄测标高数值无误。

经查验：墙柱上抄测+0.500(建)：××.×××m，标高线误差为××mm。

符合设计施工图标高及建筑工程施工测量规程精度要求。

(8)签字栏。

1)施工单位：单位工程施工总承包全称。

2)专业技术负责人：栋号技术负责人或有测量上岗证的项目测量组长。

3)专业质检员：验线员或质检员。

4)施测人：指有测量上岗证的施测人员。

2. 填写范例

《楼层标高抄测记录》见表4-33。

表 4-33　楼层标高抄测记录　　　　鲁 JJ－044.2－001

工程名称	××综合楼		日　期	20××年 3 月 27 日
抄测部位	地上六层⑨～⑩/①～⑫轴		抄测内容	二层标高

抄测依据：

　依据：1. 结施－05、06。

　　　　2. ±0.000 相当于绝对标高 57.8 m。

内容：结构标高抄测。

抄测说明：

　将水准仪对准±0.000 的标高控制点(相当于绝对高程 57.8 m)，接着对剪力墙上的层高控制点(+1.000 m)进行标高复核测量。

　利用外墙上的层高控制点(+1.000 m)用卷尺垂直上引至+7.000 m，然后分别引测至每面墙上，此标高即二层的建筑标高+1.000 m线。

检查意见：

　符合设计及规范规定要求。

签字栏	建设(监理)单位	施工单位	××建设公司	
		项目(专业)技术负责人	专业质量检查员	施测人
	×××	×××	×××	×××

六、建筑物垂直度、标高测量记录

施工单位应在结构工程完成后和工程竣工时，对建筑物外轮廓垂直度和全高进行实测，填写《建筑物垂直度、标高测量记录》。施工单位在完成施工测量成果的同时，应报监理单位查验并签字。

1. 填写要求

(1)工程名称：与施工图中的图签一致。

(2)施工阶段：结构完成或工程竣工。

(3)观测说明。

1)用示意外轮廓轴线简图表示阳角观测部位。

2)简明标注对总高的垂直度和总高进行实测实量所采用的仪器及方法。

3)注明建筑物结构形式。

(4)垂直度测量(全高)、标高测量(全高)指阳角外檐总高度。

(5)观测部位实测偏差。

1)垂直度一个阳角有两个偏差值。

2)标高一个阳角有一个偏差值。

3)允许误差。

(6)结论。经核对：设计施工图及对应有关资料无误。

经查验：总高垂直度偏差值及标高高差值在允许范围之内，符合设计施工图及建筑工程施工测量规程精度要求。

(7)签字栏。

1)专业技术负责人：项目主任工程师。

2)专业质检员：验线员或质检员。

3)实测人：指有上岗证的实测人员。

4)施工单位：施工总承包单位全称。

2. 填写范例

《建筑物垂直度、标高测量记录》见表 4-34。

表 4-34　建筑物垂直度、标高测量记录　　　　　　　　鲁 JJ－050－001

工程名称				××综合楼										
工程形象进度				主体结构完			观测日期			20××年5月27日				
序号	项　目			允许偏差/mm	测量记录									
1	砌体结构	楼面标高		±15										
		垂直度	全高	≤10 m	10										
				>10 m	20										
2	混凝土结构	标高	层高	±10	8	7	−5	9	7	6	−4	5	8	−7
			全高	±30	16	18	15	17	19	22	18	20	16	18
		垂直度	层高	≤5 m	8										
				>5 m	10	8	10	7	9	5	8	6	10	8	9
		全高(h)		h/1 000且≤30	15	18	20	16	19	17	15	20	18	16
观测说明(附观测示意图)： 　　用经纬仪在每个楼角打上垂线，然后用尺量出建筑物垂直度，用水准仪找平，沿一墙角向上连接丈量，把标高传递上，可测出每层楼的标高。														
施工单位检查评定结果	符合设计及规范规定													
	项目技术负责人：×××　　　　　　　　20××年5月27日													
监理(建设)单位验收结论	同意验收													
	总监理工程师(建设单位项目技术负责人)：×××　　　　20××年5月27日													

七、建筑物沉降观测记录

1. 填写要求

(1)按沉降观测方案及基坑边坡支护位移观测方案记录观测次数、时间。

(2)对观测点的每次观测都应有观测值(绝对或相对)、本次沉降(位移)量、累计沉降(位移)量。

(3)要有实测人、审核人、技术负责人签名。

(4)工程结构完成及工程竣工沉降观测成套成果资料应盖单位公章。

2. 填写范例

《建筑物沉降观测记录》见表4-35。

表 4-35　建筑物沉降观测记录　　　　　　　　　鲁JJ－077－001

工程名称	××综合楼	水准点编号	G1、G2	测量仪器及型号	DS3
水准点所在位置	建筑物北侧围墙东、西两端附近	水准点高程	+1.5 m	仪器检定日期	20××年12月3日

观测日期：	自20××年3月18日至20××年5月12日						
观测点布置简图			略				
观测点编号	观测日期	荷载累加情况描述	实测标高/m	本期沉降量/mm	总沉降量/mm	备注	
1	20××年5月12日	主体三层完成	1.492	1	8		
2	20××年5月12日	主体三层完成	1.490	2	10		
3	20××年5月12日	主体三层完成	1.496	0	6		
4	20××年5月12日	主体三层完成	1.494	1	6		
5	20××年5月12日	主体三层完成	1.492	2	8		
6	20××年5月12日	主体三层完成	1.493	1	7		

观测单位名称		××测绘公司		观测单位印章
项目(专业)技术负责人	审核人		施测人	
×××	×××		×××	

任务六　编制、收集与审查施工记录

≫任务目标

知识目标	能力目标	素养目标
1. 熟悉施工记录的类别、来源及保存单位； 2. 熟练掌握施工记录的填写要求	1. 能够收齐施工记录； 2. 能够填写、审查施工记录	1. 养成实事求是、不弄虚作假的工作习惯； 2. 养成细心周到、按时完成任务的工作作风

施工记录是施工单位在施工过程中形成的，为保证工程质量和安全的各种内部检查记录的统称。

一、施工记录的类别

施工记录的类别、来源及保存宜符合表 4-36 所示的规定。

表 4-36　施工记录的类别、来源及保存

工程资料类别	工程资料名称	工程资料来源	工程资料保存			
			施工单位	监理单位	建设单位	城建档案馆
C5 类	隐蔽工程验收记录	施工单位	▲	▲	▲	▲
	施工检查记录	施工单位	△			
	交接检查记录	施工单位	△			
	地基验槽检查验收记录	施工单位	▲	▲	▲	▲
	地基钎探记录	施工单位	△	△	▲	▲
	混凝土浇灌申请书	施工单位	△	△		
	预拌混凝土运输单	施工单位	△			
	混凝土开盘鉴定	施工单位	△	△		
	混凝土拆模申请单	施工单位	△	△		
	混凝土预拌测温记录	施工单位	△			
	混凝土养护测温记录	施工单位	△			
	大体积混凝土养护测温记录	施工单位	△			
	大型构件吊装记录	施工单位	△	△	▲	▲
	焊接材料烘焙记录	施工单位	△			
	地下工程防水效果检查记录	施工单位	△	△	▲	
	屋面淋水、蓄水试验检查记录	施工单位	△	△	▲	
	通风(烟)道、垃圾道检查记录	施工单位	△	△	▲	
	预应力筋张拉记录	施工单位	▲	△	▲	▲
	有粘结预应力结构灌浆记录	施工单位	▲	△	▲	▲
	钢结构施工记录	施工单位	▲	△	▲	
	网架(索膜)施工记录	施工单位	▲	△	▲	▲
	木结构施工记录	施工单位	▲	△	▲	
	幕墙注胶检查记录	施工单位	▲	△	▲	

注：表中符号"▲"表示必须归档保存；"△"表示选择性归档保存。

二、隐蔽工程验收记录

1. 填写说明

隐蔽工程是指上道工序被下道工序所掩盖，其自身的质量无法再进行检查的工程。

隐检即对隐蔽工程进行检查，并通过表格的形式将工程隐检项目的隐检内容、质量情况、检查意见、复查意见等记录下来，作为以后建筑工程的维护、改造、扩建等的重要技术资料。凡国家规范标准规定隐蔽工程检查项目的，应做隐蔽工程检查验收并填写《隐蔽工程验收记录》，对于涉及结构安全的重要部位宜留置隐蔽前的影像资料。

(1)隐检程序。隐蔽工程检查是保证工程质量与安全的重要过程控制检查，应分专业(土建专业、给水排水专业、电气专业、通风空调专业等)，分系统(机电工程)，分区段(划分的施工段)，分部位(主体结构、装饰装修等)，分工序(钢筋工程、防水工程等)，分层进行。

隐蔽工程施工完毕后，应由专业工长填写隐检记录，项目技术负责人组织监理单位旁站，施工单位专业工长、质量检查员共同参加。验收后由监理单位签署审核意见，并下审核结论。若检查存在问题，则在审核结论中给予明示。对存在的问题，必须按处理意见进行处理，处理后对该项进行复查，并将复查结论填入栏内。

凡未经过隐蔽工程验收或验收不合格的工程，不允许进行下一道工序的施工。隐检合格后方可进行下一道工序的施工。

(2)主要隐检项目及内容。

1)地基基础工程与主体结构工程。

①土方工程。

a.检查内容：依据施工图纸、地质勘探报告、有关施工验收规范要求，检查基底清理情况，基底标高、基底轮廓尺寸等情况。

b.填写要点：《土方工程隐检记录》中要注明施工图纸编号、地质勘测报告编号，将检查内容描述清楚。

②支护工程。

a.检查内容：依据施工图纸、有关施工验收规范要求和基坑支护方案、技术交底，检查锚杆、土钉的品种规格、数量、插入长度、钻孔直径、深度和角度；检查地下连续墙成槽宽度、深度、倾斜度，钢筋笼规格、位置，槽底清理，沉渣厚度情况。

b.填写要点：《支护工程隐检记录》中要注明施工图纸编号，地质勘测报告编号，将锚杆、土钉的品种规格、数量、插入长度、钻孔直径等主要数据描述清楚。

③桩基工程。

a.检查内容：依据施工图纸、有关施工验收规范要求和桩基施工方案、技术交底，检查钢筋笼规格、尺寸、沉渣厚度、清孔等情况。

b.填写要点：《桩基工程隐检记录》中要注明施工图纸编号、地质勘测报告编号，将检查的钢筋笼规格、尺寸、沉渣厚度、清孔等情况描述清楚。

④地下防水工程。

a.检查内容：依据施工图纸、有关施工验收规范要求和防水施工方案、技术交底，检查混凝土的变形缝、施工缝、后浇带、穿墙套管、预埋件等设置的形式和构造等情况；检查防水层的基层处理，防水材料的规格、厚度、铺设方式、阴阳角处理、搭接密封处理等情况。

b.填写要点：《地下防水工程隐检记录》中要注明施工图纸编号，刚性防水混凝土的强度等级、抗渗等级，柔性防水材料的型号、规格，防水材料的复试报告编号、施工铺设方法、搭接长度、宽度尺寸等情况，还应将阴阳角处理、附加层情况等描述清楚，必要时可附简图加以说明。

⑤结构钢筋绑扎。

a. 检查内容：依据施工图纸、有关施工验收规范要求和钢筋施工方案、技术交底，检查钢筋的品种、规格、数量、位置、锚固和接头位置、搭接长度、保护层厚度，钢筋及垫块绑扎和钢筋除锈等情况。

b. 填写要点：《钢筋工程隐检记录》中要注明施工图纸编号，主要钢筋原材复试报告编号，钢筋竖向及水平各自的型号、排距、保护层尺寸，箍筋的型号、间距尺寸，钢筋绑扎接头长度尺寸，垫块规格尺寸等。若钢筋规格与图纸不相符，还应将钢筋代用变更的洽商编号填写清楚，检查内容应尽量描述清楚。

⑥结构钢筋连接。

a. 检查内容：依据施工图纸、有关施工验收规范要求和钢筋施工方案、技术交底，检查钢筋连接形式、连接种类、接头位置、数量和连接质量；若是焊接，还要检查焊条、焊剂的产品质量，检查焊口形式、焊缝长度、厚度、表面清渣等情况。

b. 填写要点：《钢筋连接隐检记录》中要注明施工图纸编号，钢筋连接试验报告编号，钢筋连接的种类（焊接、机械连接）、连接形式（锥螺纹连接、滚压直螺纹连接、钢套筒连接、剥肋直螺纹连接、电渣压力焊、闪光对焊等），焊（连）接的具体规格尺寸、数量、接头位置应描述清楚，对不同连接形式分别填写隐检记录。

2）建筑装饰装修工程。

①地面工程。

a. 检查内容：依据施工图纸、有关施工验收规范要求和施工方案、技术交底，检查各基层（垫层、找平层、隔离层、填充层）的材料品种、规格、铺设厚度、铺设方式、坡度、标高、表面情况、节点密封处理等情况。

b. 填写要点：《地面工程隐检记录》中要注明施工图纸编号，地面铺设的类型（石材地面、木材地面、水泥地面、板材地面），材料的品种规格等，将检查内容描述清楚。

②厕浴防水。

a. 检查内容：依据施工图纸、有关施工验收规范要求和施工方案、技术交底，检查基层表面含水率，地漏、套管、卫生器具根部、阴阳角等部位的处理情况，防水层墙面的涂刷情况。

b. 填写要点：《厕浴防水隐检记录》中要注明施工图纸编号，防水材料的复试报告编号，防水材料的品种、涂刷厚度，玻纤布的搭接宽度，地漏、套管、卫生器具根部附加层的情况，防水层从地面延伸到墙面的高度尺寸等，将检查内容描述清楚。

③抹灰工程。

a. 检查内容：依据施工图纸、有关施工验收规范要求和施工方案、技术交底，检查具有加强措施的材料规格、固定方法、搭接情况等。

b. 填写要点：《抹灰工程隐检记录》中要注明施工图纸编号、水泥复试报告编号，应将不同材料基体交接处表面的抹灰采取防止开裂的加强措施描述清楚。

④门窗工程。

a. 检查内容：依据施工图纸、有关施工验收规范要求和施工方案、技术交底，检查预埋件和锚固件、螺栓等的数量、位置、间距、埋设方式、与框的连接方式、防腐处理、缝隙的嵌填、密封材料的粘结等情况。

b. 填写要点：《门窗工程隐检记录》中要注明施工图纸编号；门窗的类型（木门窗、铝合金门窗、塑料门窗、玻璃门、金属门、防火门）；预埋件和锚固件的位置；木门窗预埋木砖的防腐处理，与墙体间缝隙的填嵌材料、保温材料等；金属门窗的预埋件位置、埋设方式、密封处理等情况；塑料门窗内衬型钢的壁厚尺寸，门窗框、副框和扇的安装固定片和活膨胀螺栓的数量等情况；特种门窗的防火、防腐处理，与框的连接方式等。

⑤吊顶工程。

a. 检查内容：依据二次设计施工图纸、有关施工验收规范要求和施工方案、技术交底，检查吊顶龙骨的材质，规格，间距，连接固定方式，表面防火、防腐处理，吊顶材料外观质量情况，接缝和角缝情况等。

b. 填写要点：《吊顶工程隐检记录》中要注明施工图纸编号，洽商记录编号，吊顶类型（明龙骨吊顶、暗龙骨吊顶），所采用骨架类型（轻钢龙骨、铝合金龙骨、木龙骨等），吊顶材料的种类（石膏板、金属板、矿棉板、塑料板、玻璃板），材料的规格，吊杆、龙骨的材质、规格、安装间距及连接方式，金属吊杆、龙骨表面的防腐处理，木龙骨的防腐、防火处理等情况，吊顶内各种管道设备的检查及水管试压等情况。

⑥轻质隔墙工程。

a. 检查内容：依据施工图纸、有关施工验收规范要求和施工方案、技术交底，检查预埋件、连接件、拉结筋的位置、数量、连接方法、与周边墙体及顶棚的连接、龙骨连接、间距、防火处理防腐处理、填充材料设置等情况。

b. 填写要点：《轻质隔墙工程隐检记录》中要注明施工图纸编号，轻质隔墙的类型（板材隔墙、骨架隔墙、活动隔墙、玻璃隔墙），板材的种类（复合轻质隔墙板、石膏空心板、预制或现制钢丝网水泥板等），规格型号，预埋件、连接件的位置及连接方法。

⑦饰面板（砖）工程。

a. 检查内容：依据二次设计施工图纸、有关施工验收规范要求和施工方案、技术交底，检查预埋件（后置埋件）、连接件的规格、数量、位置、连接方法、防腐处理、防火处理等情况，有防水构造要求的应检查防水层、找平层的构造做法。

b. 填写要点：《饰面板（砖）工程隐检记录》中要注明施工图纸编号，饰面工程材料的种类（石材、木装饰墙、软包墙、金属板墙），板材的规格，龙骨间距等，将检查内容描述清楚。

⑧细部工程。

a. 检查内容：依据施工图纸、有关施工验收规范要求和施工方案、技术交底，检查预埋件或后置埋件的数量、规格、位置等情况，用方木制成的搁栅骨架的防腐处理，螺钉防锈处理等情况。

b. 填写要点：《细部工程隐检记录中》要注明施工图纸编号，材料的种类，有无特殊要求，护栏扶手、橱柜、窗帘盒、窗台板等安装的预埋件的数量、规格、位置及连接方法，将检查内容描述清楚。

3）建筑屋面工程。

①屋面细部。

a. 检查内容：依据施工图纸、有关施工验收规范要求和施工方案、技术交底，检查屋面基层、找平层、保温层的情况，材料的品种、规格、厚度、铺贴方式，附加层、天沟、泛水和变形缝处细部做法、密封部位的处理等情况。

b. 填写要点：《屋面细部隐检记录中》要注明施工图纸编号，屋面基层情况，找平层坡度，保温材料的厚度、规格尺寸，将检查内容描述清楚。

②屋面防水。

a. 检查内容：依据施工图纸、有关施工验收规范要求和施工方案、技术交底，检查基层含水率，防水层材料的品种、规格、厚度、铺贴方式等情况。

b. 填写要点：《屋面防水隐检记录中》要注明施工图纸编号，防水材料复试编号，防水材料的品种、规格型号，防水卷材搭接长度，上、下层错开搭接尺寸等，将附加层、细部及密封部位处理等描述清楚。空隙应填实。

（3）"隐检"与"检验批验收"的关系。

"隐检"与"检验批验收"都是对受检对象的一种"验收"。在国家验收规范中，"验收"与"检查"在概念上明显不同。"验收"不能由施工单位单方面进行，必须由施工单位之外的监理或建设单位参加，是一种具有公正性的确认或认可，而"检查"则可以仅由施工单位单方面进行。

建筑工程的验收要求比较复杂。"隐检"与"检验批验收"虽然都属于验收的范畴，但两者所针对的对象、所起的作用有所不同。

检验批验收是所有验收的最基本层次，即所有其他层次（分项、分部、单位工程等）的验收都是建立在检验批验收的基础上的，工程的所有部位、工序都应归入某个检验批验收，不应遗漏。而隐蔽工程验收则仅仅针对将被隐蔽的工程部位进行验收。施工中隐蔽工程虽然很多，但一个建筑工程还有大量非隐蔽部位。

因此，"隐检"与"检验批验收"并不相同，应分别进行。

在施工中，"隐蔽工程验收"与"检验批验收"的关系，可以有"之前""之后"和"等同"三种不同情况：

第一种情况，在"检验批验收"之前进行"隐蔽工程验收"：这种情况主要针对某些工作量相对较小的部位或施工做法、处理措施等，如抹灰的不同基层交接部位加强措施、桩孔的沉渣厚度、基槽槽底的清理、胡子筋处理、被隐蔽的重要节点做法、被隐蔽的螺栓紧固、被隐蔽的预埋件防腐阻燃处理等。

这些工作量相对较小的部位或施工做法、处理措施，不宜作为一个"检验批"来验收，施工中将其列为"隐蔽工程验收"。

第二种情况，在"检验批验收"之后进行"隐蔽工程验收"：这种情况主要针对某些工作量相对较大的工程部位，如分部、子分部工程等。这些工作量相对较大的工程部位往往作为一个整体，需要同时进行隐蔽，这时可能有若干个检验批已经验收合格。按照国家验收规范的规定，这些工程部位在整体隐蔽之前，需作"隐蔽工程验收"。如整个地基基础的隐蔽验收、主体结构验收（进入装饰装修施工将隐蔽主体结构）等，显然是在"检验批验收"之后进行。

第三种情况，与"检验批验收"内容相同的"隐蔽工程验收"：当"隐蔽工程验收"针对的部位已经被列为"检验批"进行验收时，"隐蔽工程验收"就与"检验批验收"具有同样的验收内容，此时"隐蔽工程验收"可与"检验批验收"合并进行，也即按照"检验批验收"的要求进行即可，使用"检验批验收单"来代替"隐蔽工程验收单"，不必再重复进行"隐蔽工程验收"。这种情况见于钢筋安装的验收，屋面保温层的验收，各种防水层、找平层的验收等。

分清上述三种情况，弄清"隐蔽工程验收"与"检验批验收"的关系，不仅有利于施工资料管理，对于工程验收也会有所裨益。

（4）工程名称：与施工图纸中的图签一致。

（5）隐检项目：应按实际检查项目填写，具体写明(子)分部工程名称和施工工序主要检查内容。"隐检项目"栏填写举例：桩基工程钢筋笼安装、支护工程锚杆安装、门窗工程(预埋件、锚固件或螺栓安装)、吊顶工程(龙骨、吊件、填充材料安装)。

（6）隐检部位：按实际检查部位填写，如"××层"填写地下/地上××层；"××轴"填写横起至横止轴/纵起至纵止轴，轴线数字码、英文码标注应带圆圈；"××标高"填写墙柱梁板等的起止标高或顶标高。

（7）险检时间：按实际检查时间填写。

（8）隐检依据：施工图纸、设计变更、工程洽商及相关的施工质量验收规范、标准、规程；本工程的施工组织设计、施工方案、技术交底等。特殊的隐检项目如新材料、新工艺、新设备等要标注具体的执行标准文号或企业标准文号。

（9）隐检记录编号：按专业工程分类编码填写，按组卷要求进行组卷。

（10）主要材料名称及规格/型号：按实际发生材料、设备填写，各主要材料的规格/型号要表述清楚。

（11）隐检内容：应将隐检的项目、具体内容描述清楚，包括主要原材料的复试报告单编号、主要连接件的复试报告编号、主要施工方法。若用文字不能表述清楚，可用示意简图进行说明。

（12）检查意见：检查意见要明确，对隐检的内容是否符合要求要描述清楚，然后给出检查结论，根据检查情况在相应的结论框中画"√"。对于隐检中一次验收未通过的要注明质量问题，并提出复查要求。

（13）复查结论：此栏主要是针对一次验收出现的问题进行复查，因此，要将质量问题改正的情况描述清楚。若复查中仍出现不合格项，按不合格品处置。

（14）本表由施工单位填报，其中审核意见、复查结论由监理单位填写。

（15）隐检表格实行"计算机打印，手写签名"。各方签字后生效。

（16）建设单位、施工单位、城建档案馆各保留一份。

2. 填写范例

《隐蔽工程验收记录》见表 4-37。

表 4-37 隐蔽工程验收记录　　　　　　　　　　　　　　鲁 JJ－051－001

工程名称	××综合楼		
隐检项目	地下室填充墙拉结筋	隐检日期	20××年 4 月 26 日
隐检部位	地下一层①～⑫/Ⓐ～Ⓗ轴填充墙		
隐检依据：施工图图号结施－03、05，建施－07，设计变更/洽商(编号___/___)及有关国家现行标准等。 主要材料名称及规格/型号：　钢筋 HRB400　C8			
隐检内容： 　1. 填充墙沿墙高每隔 500 mm 设 2Φ8 通长钢筋与主体结构连接。 　2. 墙体拉结筋采用植筋 2Φ8@500。 　3. C8 拉结筋采用绑扎连接，搭接长度符合要求；C8 拉结筋墙体锚固深度均大于 15d，现场拉拔，试验编号为 SW15－00496，试验合格。 　　　　　　　　　　　　　　　　　　　　　　　　　　　　申报人：×××			

检查意见： 　　经检查，符合设计及规范规定要求。 检查结论：☑同意隐检　　　　　□不同意，修改后进行复查			
复查结论： 　　　　　　　　　　　　　　　／ 复查人：　　　　　　　　　　复查日期：　年　月　日			
签字栏	监理（建设）单位	施工单位		
		项目（专业）技术负责人	专业质量检查员	专业工长
	×××	×××	×××	×××

三、施工检查记录

1. 填写说明

按国家规范标准要求或施工需要对施工过程进行记录时应留有施工记录，没有专用记录表格的可使用施工检查记录（通用表）。

(1)施工检查程序。须办理施工检查的工序，完成后由项目专业工长组织质量员、班组长进行检查，合格后由专业工长填写施工检查记录，经有关责任人签认齐全后生效。

(2)施工检查项目及内容。

1)模板。检查模板的几何尺寸、轴线、标高；节点细部做法（需绘制节点大样图的，检查实际放样图尺寸）；模板（包括支撑）的强度、刚度、稳定性、牢固性和接缝严密性（止水构造）；预埋件及预留洞口的位置；水平结构模板起拱情况；模内清理情况、模板清扫口留置；使用隔离剂的种类和隔离剂涂刷等。

2)预制构件安装。预制构件包括阳台栏板、过梁、预制楼梯、沟盖板、楼板等。应依据图纸要求检查构件的规格型号、几何尺寸、数量；根据有关质量标准检查构件的外观质量；根据图纸要求和技术交底检查构件的搁置长度以及锚固情况、标高等；检查楼板的堵孔和清理情况等。

3)设备基础。依据图纸检查设备基础的位置、标高、几何尺寸及混凝土的强度等级，检查设备基础的预留孔和预埋件的位置。

4)地上混凝土结构施工缝。依据模板方案和技术交底，检查施工缝留置的方法及位置，模板支撑、接槎的处理情况等。

(3)填写要点。《施工检查记录》所反映的施工检查部位、检查时间、施工检查内容等应与《施工日志》《模板安装检验批质量验收记录》、施工方案和交底反映的内容或要求一致。

1)工程名称：与施工图纸中的图签一致。

2)检查项目：按实际检查项目填写，如模板安装、混凝土施工缝（无防水构造的）、设备基础等。

3)检查部位：按实际检查部位填写，应写明楼层、轴线和构件名称（墙、柱、板、梁）。

4)检查日期：按实际检查日期填写。

5)检查依据:施工图纸、设计变更、工程洽商及相关的施工质量验收规范、标准、规程、本工程的施工组织设计、施工方案、技术交底等。

6)检查结论:应由专业质检员填写。所有施工检查内容是否全部符合要求应明确。施工检查中第一次验收未通过的,应注明质量问题和复查要求。

7)复查意见:应由专业质检员填写,主要是针对第一次检查存在的问题进行复查,描述对质量问题的整改情况。

8)签字栏:应本着"谁施工谁签认"的原则,对于专业分包工程应体现专业分包单位名称,分包单位的各级责任人签认后再报请总包签认。各方签字齐全后生效。

9)《施工检查记录》应由项目专业工长填报,项目资料员按照不同的施工检查项目分类汇总整理。《施工检查记录》由施工单位留存。

2. 填写范例

《施工检查记录》见表 4-38。

表 4-38 施工检查记录   鲁 JJ-055-001

工程名称	××综合楼		检查项目	模板
检查部位	①~⑫/Ⓐ~Ⓗ轴二层梁板柱		检查日期	20××年 3 月 30 日
检查依据: 1.《混凝土结构工程施工质量验收规范》(GB 50204—2015) 2. 结施-02、04				
检查内容: 施工方案是否可行及落实情况,模板的强度、刚度、稳定性、支承面积、平整度、几何尺寸、拼缝、隔离剂涂刷、平面位置及垂直,梁底模起拱,预埋件及预留孔洞、施工缝及后浇带处的模板支撑安装等是否符合设计和规范要求。				
检查结论: 符合设计及规范规定要求,同意进行下一道工序的施工。				
复查意见: 复查人: 复查日期: 年 月 日				
施工单位	××建设集团有限公司			
项目专业技术负责人	专业质量检查员			专业工长
×××	×××			×××

四、交接检查记录

当前一专业工程施工质量对后续专业工程施工质量产生直接影响时，应进行交接检查。同一单位（子单位）工程，不同专业施工单位或者施工班组之间进行工程交接检查，应填写《交接检查记录》。移交单位、接收单位共同对移交工程进行验收，并对质量情况、遗留问题、工序要求、注意事项、成品保护等进行记录。

1. 填写说明

（1）建筑与结构工程中应作交接检查的项目有：支护与桩基工程完工移交给结构工程；初装修完工移交给精装修工程；设备基础完工移交给机电设备安装；结构工程完工移交给幕墙工程等。

（2）交接内容。

1）桩（地）基工程与混凝土结构工程之间的交接，主要检查：桩（地）基是否完成、桩（地）基检验检测、桩位偏移和桩顶标高、桩头处理、缺陷桩的处理、竣工图与现场的对应关系、场地平整夯实、是否完全具备进行下道工序（混凝土结构工程）施工的条件等。

2）混凝土结构工程与钢结构工程之间的交接，主要检查：结构的标高、轴线偏差；结构构件的实际偏差及外观质量情况；钢结构预埋件的规格、数量、位置；混凝土的实际强度是否满足钢结构施工对相关混凝土强度的要求；是否具备进行钢结构工程施工的条件等。

3）初装修工程与精装修工程之间的交接，主要检查：结构标高、轴线偏差；结构构件尺寸偏差；填充墙体、抹灰工程质量；相邻楼地面标高；门窗洞口尺寸及偏差；水、暖、电等预埋或管线是否到位；是否具备进行精装修工程施工的条件等。

（3）填写要点。

1）《交接检查记录》由移交单位形成，其中表头和"交接内容"由移交单位填写，"检查结果"由接收单位填写，"复查意见"由见证单位填写。

2）"见证单位"：当在总包管理范围内的分包单位之间移交时，见证单位应为"总包单位"；当在总包单位和其他专业分包单位之间移交时，见证单位应为"建设（监理）单位"。

3）由移交单位、接收单位和见证单位三方共同签认的《交接检查记录》方为有效。

2. 填写范例

《交接检查记录》见表4-39。

表 4-39　交接检查记录　　　　　　　　　　鲁 JJ—079—001

工程名称	××综合楼		
移交部门名称	××建设集团有限公司	接收部门名称	××装饰装修工程有限公司
交接部位	一至十一层初装修	检查日期	20××年××月××日
交接内容： 　　检查××建设集团有限公司施工的结构标高、轴线偏差；结构构件尺寸偏差；填充墙体、抹灰工程质量；相邻楼地面标高差；门窗洞口尺寸及偏差；机电安装专业预留预埋、管线和相关设备是否符合设计和规范要求等项目。			

检查结果：
经双方检查，结构及门窗洞口偏差、砌体、抹灰质量、楼地面标高差、机电安装专业预留预埋、管线和相关设备均符合设计和规范要求，具备进行精装修工程施工的条件。

复查意见：
复查人：　　　　　　　　　复查日期：　年　月　日

见证单位意见：
符合交接条件，同意交接。

见证单位名称	××工程建设监理有限公司		
签字栏	移交部门	接收部门	见证单位
	×××	×××	×××

五、地基验槽检查验收记录

单位(子单位)工程的土方开挖分项工程完工后应进行地基验槽，地基验槽应由建设、勘察、设计、监理和施工单位共同进行，并填写《地基验槽检查验收记录》。检查内容包括基坑位置、平面尺寸、持力层核查、基底绝对高程和相对标高、基坑土质及地下水水位等，有桩支护、桩基的工程还应进行桩的检查。地基需处理时，应由勘察、设计单位提出处理意见。

1. 填写要求

(1)工程名称：与施工图纸中的图签一致。

(2)验槽日期：按实际检查时间填写。

(3)验槽部位：按实际检查部位填写。若分段则要按轴线标注清楚。

(4)检查依据：施工图纸、设计变更、工程洽商及相关的施工质量验收规程，本工程的施工组织设计、施工方案、技术交底。

(5)验槽内容：注明地质勘察报告编号、基槽标高、断面尺寸，必要时可附断面简图示意。

注明土质情况，附上钎探记录和钎探点平面布置图，在钎探图上用红、蓝铅笔标注软土、硬土情况。

若采用桩基，还应说明桩的类型、数量等，附上桩基施工记录、桩基检测报告等。

（6）检查意见：应由勘察、设计单位出具，对验槽内容是否符合勘察、设计文件要求作出评价，明确是否同意通过验收。对需要地基处理的基槽应注明质量问题，并提出具体地基处理意见。

（7）对进行地基处理的基槽，还需再办理一次地基验槽记录，在"验槽内容"栏中要将地基处理的洽商编号写上，将基体的处理方法等描述清楚。

（8）签字公章栏：应由建设、监理、设计、勘察、施工单位的项目主要负责人签字，并加盖单位公章后生效。

2. 填写范例

《地基验槽检查验收记录》见表 4-40。

表 4-40 地基验槽检查验收记录   鲁 JJ—046—001

工程名称	××综合楼	验槽日期	20××年 3 月 10 日
验槽部位	①～⑫/Ⓐ～Ⓗ轴基坑		

检查依据：施工图纸(施工图纸号 结施－03)、设计变更、洽商及地基勘察报告，(编号 设计变更通知单 2016－04 号、地勘 2014－2032 号)及有关规范、规程。

验槽内容：

1. 基坑位置、平面尺寸。
2. 基槽开挖至勘探报告第 3 层，持力层为 3 层。
3. 基底绝对高程和相对标高 绝对高程 44.40 m，相对标高 －7.790 。
4. 土质情况 为完全风化片麻岩，和地质报告一致 。
（附：□钎探记录及钎探点平面布置图）
5. 地下水水位情况 和地质报告一致 。
6. 桩位置 / 、桩类型 / 、数量 / ，承载力满足设计要求。
7. 其他
注：若建筑工程无桩基或人工支护，则相应在第 6 条填写处画"/"。

申报人：×××

检查意见：

经检查，槽底土质均匀、密实，与地质勘察报告(地勘 2014－2032 号)相符，基槽平面位置、槽边尺寸、基槽底标高符合设计要求。

同意地基验槽。

检查结论：☑无异常，可进行下道工序的施工   □需要地基处理

参加验收单位	建设单位	监理单位	设计单位	勘察单位	施工单位
	（公章）	（公章）	（公章）	（公章）	（公章）
	项目负责人： 20××年 3 月 6 日	总监理工程师： 20××年 3 月 6 日	项目负责人： 20××年 3 月 6 日	项目负责人： 20××年 3 月 6 日	项目负责人： 20××年 3 月 6 日

六、地基钎探记录

地基钎探可用于基槽(坑)开挖后检验槽底浅层土土质的均匀性和发现回填坑穴，以便

于基槽处理。其有时也可用于对比试验，确定地基的允许承载力及检验填土的质量。在以下情况下可停止钎探：

（1）若 N_{10}（贯入 30 cm 的锤击数）超过 100 或贯入 10 cm 的锤击数超过 50，可停止贯入。

（2）如基坑不深处有承压水层，钎探可造成冒水涌砂，或持力层为砾石层或卵石层，且厚度符合设计要求时，可不进行钎探。如需对下卧层继续试验，可用钻具钻穿坚实土层后再做试验。

勘察设计要求对基槽浅层土质的均匀性和承载力进行钎探的，钎探前应绘制钎探点平面布置图，确定钎探点布置及顺序编号，按照钎探图及有关规定进行钎探并填写《地基钎探记录》。《地基钎探记录》主要包括钎探点平面布置图和钎探记录。

1. 填写要求

（1）钎探前应依据基础平面图绘制与实际基槽(坑)一致的钎探点平面布置图，确定钎探点布置及顺序编号，标出方向及重要控制轴线。按照钎探图及有关规定进行钎探并记录。钎探中如发现异常情况，应在《地基钎探记录》的"备注"栏注明。需进行地基处理时，应将处理范围(平面、竖向)标注在钎探点平面布置图上，并注明处理依据、形式、方法(或方案)，以"洽商"记录下来，处理过程及取样报告等一同汇总进入工程档案。

（2）钎探点的布置依据设计要求。当设计无要求时，应按相关规范规定执行。

（3）专业工长负责钎探的实施，并做好原始记录。《地基钎探记录》中施工单位、工程名称要写具体，锤重、自由落距、钎径、钎探日期要依据现场情况填写，工长、质检员、打钎负责人的签字要齐全。钎探中若有异常情况，要写在"备注"栏内。

（4）《地基钎探记录》应附有原始记录，污染严重的可重新抄写，但原始记录仍要原样保存好，附在新件之后。

2. 填写范例

《地基钎探记录》见表 4-41。

表 4-41　地基钎探记录　　　　　　　　鲁 JJ－048－001

工程名称	××综合楼			钎探日期	20××年 3 月 5 日	
锤重	10 kg	自由落距	50 cm	钎径	25 mm	
顺序号	各 步 锤 击 数					
	0～30 cm	30～60 cm	60～90 cm	90～120 cm	120～150 cm	150～180 cm	180～210 cm	备注
1141	27	56	89	119	150			
1142	25	54	80	110	145			
1143	28	62	90	122	150			
1144	27	60	91	122	153			
1145	23	56	84	119	149			
1146	24	57	87	114	146			
1147	26	60	92	119	152			
1148	29	62	91	120	154			
1149	27	53	89	119	151			
1150	24	60	91	117	154			

1151	25	61	88	118	150			
1152	26	59	90	117	146			

施工单位	××建筑安装有限公司		
项目(专业)技术负责人	专业质量检查员	打钎人	记录人
×××	×××	×××	×××

附：钎探点布置图

七、混凝土浇灌申请书

混凝土正式浇筑前，施工单位应检查各项准备工作(如钢筋、模板、水电预埋、设备材料准备情况等)，经自检合格后填写《混凝土浇灌申请书》，并报监理单位审批。

1. 填写要求

(1)项目应在各项准备工作(如钢筋、模板工程检查，水电预埋检查，材料、设备及其他准备等)逐条完成并核实后，根据现场浇筑混凝土计划量、施工条件、施工气温、浇筑部位等填报混凝土浇灌申请，由施工单位技术负责人和监理签认批准，形成《混凝土浇灌申请书》。浇灌申请通过后方可正式浇筑混凝土。

(2)《混凝土浇灌申请书》应由专业工长负责填报，由现场负责人或专业质检员审批签认后生效。

(3)填写要点。

1)申请浇灌部位和申请方量：应尽可能准确，注明层、轴线和构件名称(梁、柱、板、墙等)。

2)技术要求：应根据混凝土合同的具体技术要求填写，如混凝土初凝、终凝时间要求，抗渗设计要求等。

3)审批意见、审批结论：应由项目现场负责人或项目专业质量检查员填写。

2. 填写范例

混凝土浇灌申请书见表4-42。

表 4-42 混凝土浇灌申请书   鲁JJ—057—001

工程名称	××综合楼	申请浇灌日期	20××年××月××日
申请浇灌部位	地下一层③~⑧/⑧~⑪轴外墙	申请方量/m²	46
技术要求	坍落度160±20 mm	强度等级	C35 P8
搅拌方式(搅拌站名称)	××预拌混凝土供应中心	申请人	×××
依据：施工图纸(施工图纸号　结施—4、结施—5　)、设计变更/洽商(编号　/　)和有关规范、规程。			
施工准备检查		专业工长(质量员)签字	备注
1. 隐检情况：　　☑已　□未完成隐检		×××	

2. 预检情况:	☑已 □未完成预检	××	
3. 水电预埋情况:	☑已 □未完成并未经检查	×××	
4. 施工组织情况:	☑已 □未完备	×××	
5. 机械设备准备情况:	☑已 □未准备	××	
6. 保温及有关准备:	☑已 □未完备	×××	

审批意见:

原材料、机械设备及施工人员已就位。

施工方案及技术交底工作已落实。

计量设备已准备完毕。

各种隐检、水电预埋工作已完成。

审批结论: ☑同意浇筑 □整改后自行浇筑 □不同意,整改后重新申请

审批人: ××× 审批日期:20××年××月××日

施工单位名称:××建设集团有限公司

八、预拌混凝土运输单

1. 填写要求

(1)预拌混凝土供应单位应随车向施工单位提供《预拌混凝土运输单》,内容包括工程名称及施工部位、供应方量(与工程实际用量相符)、配合比、坍落度、出站时间、到场时间和测定的现场实测坍落度等。

(2)施工单位专业质量员应及时统计、分析混凝土实测坍落度、混凝土浇筑间歇时间等,其必须满足施工实际需要和规范规定。单车总耗时(运输、浇筑及间歇的全部时间)不得超过混凝土初凝时间,若超过规定时间应按施工缝处理。

(3)对无法满足施工要求的混凝土(现场实测坍落度不合格、运输时间超时)应及时退场。

(4)《预拌混凝土运输单》的正本由供应单位保存,副本由施工单位保存。施工单位应检验运输单的项目是否齐全、准确、真实,有无未了项,是否填写编号,签字盖章是否齐全。

2. 填写范例

《预拌混凝土运输单》(副本)见表4-43。

表4-43 预拌混凝土运输单 鲁JJ—059—001

合同编号	×× —××		任务单号		×××
供应单位	××预拌混凝土供应中心		生产日期		20××年××月××日
工程名称及施工部位	××办公楼工程 四层①~⑤/⑦~⑩轴顶板、梁、楼梯				
委托单位	××公司	混凝土强度等级	C30	抗渗等级	/
混凝土输送方式	泵送	其他技术要求			/

本车供应方量/m³	6	要求坍落度/mm		160±20	实测坍落度/mm	165
配合比编号	××－1079	配合比比例		$C:W:S:G=1.00:0.49:2.42:3.17$		
运距/km	20	车号	鲁 A23165	车次	16	司机	×××
出站时间	13：38	到场时间		14：28	现场出罐温度/℃	19
开始浇筑时间	14：36	完成浇筑时间		14：50	现场坍落度/mm	165
签字栏	现场验收人		混凝土供应单位质量员		混凝土供应单位签发人	
	×××		×××		×××	

九、混凝土拆模申请单

在拆除现浇混凝土结构板、梁、悬臂构件等的底模及柱、墙的侧模前，项目模板责任工长应填写《混凝土拆模申请单》并附同条件混凝土试块强度报告，报项目专业技术负责人审核、专业监理工程师审批，获许可后方可拆模。

1. 填写要求

(1)"申请拆模部位"：按实际拆模部位填写。

(2)在所选择构件类型的□内画"√"。表内"拆模时混凝土强度要求""龄期""同条件混凝土试块抗压强度""达到设计强度等级""强度报告编号"按同条件混凝土强度报告试验结果填写。

(3)"审批意见"：应由项目技术负责人或专业质检员填写。对是否同意拆模、施工禁忌、注意事项等提出意见。

(4)如结构形式复杂(结构跨度变化较大)或平面不规则，应附拆模平面示意图。

2. 填写范例

《混凝土拆模申请单》见表 4-44。

表 4-44　混凝土拆模申请单　　　　　　　　　　鲁 JJ－067－001

工程名称	××综合楼				
申请拆模部位	①～⑩/Ⓐ～Ⓒ轴五层梁板			申请人	×××
混凝土强度等级	C35	混凝土浇筑完成时间	20××年 5 月 21 日	申请拆模日期	20××年 6 月 5 日
构件类型 (注：在所选择构件类型的□内画"√")					
□墙	□柱	板： □跨度≤2 m ☑2 m<跨度≤8 m □跨度>8 m	梁： ☑跨度≤8 m □跨度>8 m	□悬臂构件	
拆模时混凝土强度要求	龄期/d	同条件混凝土试块抗压强度/MPa	达到设计强度等级/%	强度报告编号	

应达到设计强度 75 %（或 22.5 MPa）	14	36.8	105	SK14－00498

施工单位意见：

　　①～⑩/Ⓐ～Ⓖ轴五层梁板同条件养护试块达到设计强度的105％，符合《混凝土结构工程施工规范》(GB 50666－2011)的规定。

项目(专业)技术负责人：×××　　　　　　　　　批准拆模日期：20××年6月5日

施工单位名称：××省城建建筑工程有限公司

监理(建设)单位审批意见：

　　同意拆模。

专业监理工程师(建设单位项目技术负责人)：×××　　　批准拆模日期：20××年6月5日

监理(建设)单位名称：××省永兴建设监理有限公司

十、屋面淋水、蓄水试验检查记录

屋面工程完工后应按标准规定进行蓄水或淋水防水性能试验，填写《屋面淋水、蓄水试验检查记录》。

1. 填写说明

(1)在未做防水层前，宜进行泼水验收。

(2)屋面工程完工后，应对细部构造(屋面天沟、檐沟、泛水、水落口、变形缝、伸出屋面管道等)、接缝处和保护层进行雨期观察或淋水、蓄水检查。淋水试验持续时间不得少于2 h；做蓄水检查的屋面，蓄水时间不应少于24 h。

(3)淋水、蓄水试验检查应重点检查排水设计坡度、蓄水深度、蓄水时间、管道周围渗水情况、排水后积水情况等。

2. 填写范例

《屋面淋水、蓄水试验检查记录》见表4-45。

表 4-45　屋面淋水、蓄水试验检查记录　　　　　　鲁JJ－074－001

工程名称	××综合楼	试验日期	20××年9月15日
试水方式	☑第一次试水　□第二次试水	试水日期	从20××年7月27日8时30分至20××年7月28日8时30分

检查方法及内容	屋面防水层施工完毕后进行第一次蓄水试验，用球塞把屋面水落口、排水管口堵死且不影响蓄水，然后向屋面注水，待屋面最浅处水位达到 30 mm 后，停止注水，蓄水 24 h 后观察有无渗漏。			
检查结果	屋面防水层无渗漏，试验合格。			
复查意见				
		复查人：	复查日期：	
施工单位	试验人员：××× 项目专业质量检查员：××× 项目（专业）技术负责人：×××	建设（监理）单位	专业监理工程师：××× （建设单位项目技术负责人）	

任务七　编制、收集与审查施工试验记录

任务目标

知识目标	能力目标	素养目标
1. 熟悉施工试验记录的类别、来源及保存单位； 2. 熟练掌握施工试验记录的填写要求	1. 能够收齐施工试验记录； 2. 能够填写、审查施工试验记录	1. 养成实事求是、不弄虚作假的工作习惯； 2. 养成细心周到、按时完成任务的工作作风

一、施工试验记录的类别

施工试验记录的类别、来源及保存宜符合表 4-46 所示的规定。

表 4-46　施工试验记录的类别、来源及保存

工程资料类别	工程资料名称	工程资料来源	施工单位	监理单位	建设单位	城建档案馆
	施工试验记录(建筑与结构工程)					
C6 类	锚杆试验报告	检测单位	▲	△	▲	△
	地基承载力检验报告	检测单位	▲	△	▲	▲
	桩基检测报告	检测单位	▲	△	▲	▲
	土工击实试验报告	检测单位	▲	△	▲	▲
	回填土试验报告(应附图)	检测单位	▲	△	▲	▲
	钢筋机械连接试验报告	检测单位	▲	△	▲	△
	钢筋焊接连接试验报告	检测单位	▲	△	▲	△
	砂浆配合比申请书、通知单	施工单位	△	△		△
	砂浆抗压强度试验报告	检测单位	▲	△	▲	▲
	砂浆试块强度统计、评定记录	施工单位	▲		▲	△
	混凝土配合比申请书、通知单	施工单位	△	△	▲	△
	混凝土抗压强度试验报告	检测单位	▲	△	▲	▲
	混凝土试块强度统计、评定记录	施工单位	▲	△	▲	△
	混凝土抗渗试验报告	检测单位	▲	△	▲	△
	砂、石、水泥放射性指标报告	施工单位	▲	△	▲	△
	混凝土碱总量计算书	施工单位	▲	△	▲	△
	外墙饰面砖样板粘结强度试验报告	检测单位	▲	△	▲	△
	后置埋件抗拔试验报告	检测单位	▲	△	▲	△
	外门窗的抗风压性能、空气渗透性能和雨水渗透性能检测报告	检测单位	▲	△	▲	△
	施工试验记录(建筑与结构工程)					
C6 类	墙体节能工程保温板材与基层粘结强度现场拉拔试验报告	检测单位	▲	△	▲	△
	外墙保温浆料同条件养护试件试验报告	检测单位	▲	△	▲	△
	结构实体混凝土强度验收记录	施工单位	▲	△	▲	△
	结构实体钢筋保护层厚度验收记录	施工单位	▲	△	▲	△
	围护结构现场实体检验报告	检测单位	▲	△	▲	△
	室内环境检测报告	检测单位	▲	△	▲	△
	节能性能检测报告	检测单位	▲	△	▲	▲

注：表中符号"▲"表示必须归档保存；"△"表示选择性归档保存。

二、回填土试验报告（应附图）

回填土一般包括柱基、基槽管沟、基坑、填方、场地平整、排水沟、地（路）面基层和地基局部处理回填的素土、灰土、砂和砂石。土方回填工程应进行土工击实试验，测定回填土质的最大干密度和最佳含水量，按规范要求分段、分层（步）回填，并取样对回填质量进行检验。

1. 填写说明

（1）试验报告子目填写齐全，步数、取样位置简图（平面、剖面）需标注完整，清晰准确，符合要求。

（2）工程名称及施工部位要写具体，名称应与图签和施工组织设计一致；施工部位应写明确（如柱基、地基处理等）。

（3）委托单位要写具体，名称应与施工组织设计一致。

（4）试验时间应与其他资料交圈吻合。

（5）回填土种类：应填素土、灰土（如 2：8 灰土）、砂或级配砂石等。

（6）要求压实系数、控制干密度以设计要求、施工规范和经试验计算确定数据为准。

（7）步数。夯实后素土每步厚度为 15 cm；灰土每步厚度为 20 cm；冬期施工夯实厚度宜为 10～15 cm。

（8）合格判定：填土压实后的干密度，应有 90% 以上符合设计要求，其余 10% 的最低值与设计值的差不得大于 0.08 g/cm^3，且不得集中。若试验结果不合格，应尽快上报有关部门及时处理。试验报告单不得抽撤，应在其上注明如何处理，并附处理合格证明，一并存档。

（9）报告中应按规范要求绘制回填土取点平面、剖面示意图，图中应标明重要控制曲线、尺寸，分段、分层（步）取样及指北针方向等。现场取样步数、点数需与试验报告各步、点一一对应，并注明回填土的起止标高。

2. 填写范例

《回填土试验报告》见表 4-47。

表 4-47 回填土试验报告　　　　　　　　编号：×××

工程名称及部位	×××工程基槽回填							
委托单位	×××建筑工程公司项目部			试验委托人		×××		
要求压实系数	0.95			回填土种类		2：8 灰土		
控制干密度	1.55 g/cm^3			试验日期		20××年××月××日		
步数	点号							
	1	2	3	4	5			
	实测干密度/(g·cm^{-3})							
	实测压实系数							
1	1.61	1.60	1.64	1.63	1.61			
2	1.62	1.61	1.62	1.62	1.63			
3	1.60	1.60	1.63	1.61	1.62			

4	1.58	1.60	1.61	1.62	1.61			
5	1.60	1.62	1.62	1.63	1.60			
6	1.63	1.63	1.64	1.65	1.65			
7	1.62	1.61	1.63	1.66	1.64			
8	1.64	1.63	1.65	1.67	1.64			
9	1.63	1.65	1.66	1.65	1.67			
10	1.63	1.64	1.62	1.63	1.62			
11	1.61	1.62	1.62	1.62	1.60			
12	1.61	1.63	1.64	1.63	1.62			

工程名称及部位	×××工程基槽回填							
委托单位	×××建筑工程公司项目部				试验委托人		×××	
要求压实系数	0.95				回填土种类		2:8灰土	
控制干密度	1.55 g/cm^3				试验日期		20××年××月××日	

步数	点号							
	1	2	3	4	5			
	实测干密度/(g·cm^{-3})							
	实测压实系数							
13	1.62	1.64	1.65	1.64	1.63			
14	1.60	1.62	1.66	1.65	1.62			
15	1.60	1.63	1.64	1.64	1.61			
16	1.61	1.61	1.62	1.61	1.60			

取样位置草图：(附图)

略

结论：灰土干密度符合设计要求。

批准	×××	审核	×××	试验	×××
试验单位	×××试验中心				
报告日期	20××年××月××日				

三、砌筑砂浆试验报告

现场搅拌砌筑砂浆应有试验室签发的配合比通知单，并有按规定留置的龄期为28 d标养、同条件养护的抗压强度试验报告。单位工程应有砂浆试块强度统计、评定记录。当砌筑砂浆未按规定留置试块或试件强度不满足设计及规范标准要求时，应委托有资质的检测机构出具相应的结构检测报告，由设计人员提出处理方案。

(一)砂浆抗压强度试验报告

1. 填写说明

(1)承重结构的砌筑砂浆试块,应按规定实行有见证取样和送检。

(2)检验方法及要求。

1)《砂浆抗压强度试验报告》的上半部分项目应由施工单位试验人员填写,工程名称及施工部位要填写详细具体,所有子项必须填写清楚、具体、不空项。

2)应按照施工图纸要求,检查砂浆配合比及砂浆强度报告中的砂浆种类、强度等级与使用的原材料种类是否一致;试验编号是否对应其原材试验报告;配合比通知单及砂浆强度报告中的相应项目是否吻合;试件成型日期、实际龄期、养护方法、组数、试验结果及结论是否符合设计要求和施工规范规定;内容是否准确、真实、无未了项;实验室签字盖章是否齐全;检查试验编号、委托编号是否填写。

3)检查试验数据是否达到规范规定标准值,若发现问题应及时取双倍试样做复试或报有关部门处理,并将复试合格单或处理结论附于此报告单后一并存档。

4)强度评定必须以龄期为28 d标养试块抗压试验结果为准。

2. 填写范例

《砂浆抗压强度试验报告》见表4-48。

表 4-48　砂浆抗压强度试验报告　　　　　　　　　　编号:×××

工程名称及部位	×××工程二层墙			试件编号	05
委托单位	×××项目部			试验委托人	×××
砂浆种类	水泥混合砂浆	强度等级	M10	稠度	80 mm
水泥品种及强度等级	P·S 42.5			试验编号	2016-0034
砂产地及种类	昌平、中砂			试验编号	2016-0022
掺合料种类	白灰膏			外加剂种类	
配合比编号	2016-55				
试件成型日期	20××年××月××日	要求龄期	28 d	要求试验日期	20××年××月××日
养护条件	标准养护	试件收到日期	××××年××月××日	试件制作人	×××

	试压日期	实际龄期/d	试件边长/mm	受压面积/mm²	荷载/kN		抗压强度/MPa	达到设计强度等级/%
					单块	平均		
试验结果	20××年××月××日	28	70.7	5 000	82.5	81	16.2	162
					8.6			
					1.5			
					0.5			
					79.5			
					3.5			

结论:

符合《砌体结构工程施工质量验收规范》(GB 50203—2011)第4.0.12条的规定。

批准	×××	审核	×××	试验	×××
试验单位	×××试验中心				
报告日期	20××年××月××日				

(二)砂浆试块强度统计、评定记录

1. 填写说明

(1)检查要求及方法。

1)砂浆试块试压后,应将砂浆试块试压报告按施工部位及时间顺序编号,及时登记在砂浆试块试压报告目录表中。

2)单位工程试块抗压强度数理统计应按砌筑砂浆的验收批进行(地基基础、主体结构完成后,对工程中所用各品种、各强度等级的砂浆强度都应分别进行统计评定)。

3)砌筑砂浆的验收批,同一类型、强度等级的砂浆试块应大于等于3组。当同一验收批只有一组试块时,该组试块抗压强度的平均值必须大于或等于设计强度等级所对应的立方体抗压强度。砂浆强度应以标准养护、龄期为28 d的试块抗压试验结果为准。

4)"结论"栏应填写:依据设计要求及《砌体结构工程施工质量验收规范》(GB 50203—2011)的规定,评定为合格。

(2)合格判定(砂浆试块强度统计评定)。应符合《砌体结构工程施工质量验收规范》(GB 50203—2011)的要求,即同一验收批砂浆抗压强度平均值必须大于或等于设计强度等级所对应的立方体抗压强度,同一验收批砂浆试块抗压强度的最小一组平均值必须大于或等于设计强度等级所对应的立方体抗压强度的0.85倍。

当施工中出现下列情况时,可采用非破损和微破损检验方法对砂浆和砌体强度进行原位检测,判定砂浆的强度:

1)砂浆试块缺乏代表性或试块数量不足。

2)对砂浆试块的试验结果有怀疑或有争议。

3)砂浆试块的试验结果,已判定不能满足设计要求,需要确定砂浆或砌体强度。

2. 填写范例

《砌筑砂浆试块强度统计、评定记录》见表4-49。

表 4-49 砂浆试块强度统计、评定记录   鲁 JJ－039－001

工程名称		××综合楼				强度等级		M15 混合砂浆		
施工单位		××建筑工程有限公司				养护方法		标准养护		
统计期		20××年5月6日至20××年7月18日				结构部位		主体结构墙体		
试块组数 n		强度标准值 f_2/MPa		平均值 $f_{2,m}$/MPa		最小值 $f_{2,min}$/MPa		$0.85f_2$		
10		15		16.87		15.1		12.75		
每组强度值/MPa	19.1	21.7	15.8	15.4	15.9	17.4	15.1	15.6	15.8	16.9
判定式		$f_{2,m} \geqslant 1.10 f_2$					$f_{2,min} \geqslant 0.85 f_2$			
结果		合格					合格			
结论: 符合设计及《砌体结构工程施工质量验收规范》(GB 50203—2011)的规定,评定为合格。										
批准人		审核				统计				
×××		×××				×××				
报告日期		20××年7月18日								

四、混凝土试验记录

现场搅拌混凝土应有试验室签发的配合比通知单，有按规定留的28 d标养、同条件养护、拆模强度、受冻临界强度、预应力张拉强度等试件的抗压强度试验报告及抗渗、抗冻性能试验报告。单位工程应有《混凝土试块抗压强度统计、评定记录》。混凝土未按规定留置试块或试件强度不满足设计及规范标准要求时，应委托有资质的检测机构出具相应的结构检测报告，由设计人员提出处理方案。

(一)混凝土抗压强度试验报告

1. 填写说明

(1)根据混凝土试块的龄期，项目试验员在达到试块的试验周期后，凭试验委托合同单到检测单位领取完整的《混凝土抗压强度试验报告》。领取试验报告时，应认真查验报告内容，如发现与委托内容不符或存在其他笔误，视不同情况按检测单位的相应规定予以解决。

(2)标准养护试件、同条件养护试件的抗压强度结果应符合设计要求、规范规定，如结果不合格或异常(超强)，试验员应及时上报项目技术、质量部门处理。

(3)混凝土试验报告的分类整理要求：标准养护试件强度报告应按照桩基础、地基基础、主体结构强度报告分类整理；同条件养护试件强度报告应按照构件拆模、预应力张拉、结构实体检验、受冻临界强度、构件吊装等分类整理。

(4)报告中的混凝土强度等级、成型日期、强度值应与施工图、《配合比通知》《混凝土运输单》《混凝土浇灌申请书》《检验批质量验收记录》的相关内容相符。

2. 填写范例

《混凝土抗压强度试验报告》见表 4-50。

表 4-50　混凝土抗压强度试验报告　　　　　　编号：×××

工程名称及部位	××工程　三层框架柱					试件编号		××—003
委托单位	××建筑工程公司					试验委托人		×××
设计强度等级	C30，P8					实测坍落度、扩展度		160 mm
水泥品种及强度等级	42.5					试验编号		××C—022
砂种类	中砂					试验编号		××S—011
石种类、公称直径	碎石　5~10 mm					试验编号		××G—013
外加剂名称	UEA					试验编号		××D—017
掺合料名称	Ⅱ级粉煤灰					试验编号		××F—009
配合比编号	××—22							
成型日期	20××年××月××日	要求龄期		26 d		要求试验日期		20××年××月××日
养护方法	标养	收到日期		20××年××月××日		试块制作人		×××
试验结果	试验日期	实际龄期/d	试件边长/mm	受压面积/mm²	荷载/kN		平均抗压强度/MPa	折合150 mm立方体抗压强度/MPa	达到设计强度等级/%
					单块值	平均值			
	20××年×月×日	26	100	10 000	460	463	46.3	44	147
					450				
					480				

结论：合格					
批准	×××	审核	×××	试验	×××
试验单位	××工程公司实验室				
报告日期	20××年××月××日				

(二)混凝土试块强度统计、评定记录

1. 填写要求

(1)确定单位工程中需统计评定的混凝土验收批，找出所有同一强度等级的各组试件强度值，分别填入表中。

(2)填写所有已知项目。

(3)分别计算出该批混凝土试件的强度平均值、标准差，找出合格判定系数和混凝土试件强度最小值填入表中。

(4)计算出各评定数据并对混凝土试件强度进行判定，将结论填入表中。

(5)签字，上报，存档。

2. 填写范例

《混凝土试块强度统计、评定记录》见表 4-51。

表 4-51　混凝土试块强度统计、评定记录　　　　　鲁 JJ－037－001

工程名称	××综合楼				强度等级		C35			
施工单位	××建筑工程有限公司				养护方法		标准养护			
统计期	20××年 3 月 27 日至 20××年 6 月 22 日				结构部位		主体结构			
试块组数 n	强度标准值 $f_{cu,k}$ /MPa		平均值 $m_{f_{cu}}$ /MPa		标准差 $s_{f_{cu}}$ /MPa		最小值 $f_{cu,min}$ /MPa	合格判定系数			
								λ_1	λ_2	λ_3	λ_4
10	35		38.07		2.5		37.4	1.15	0.9		
每组强度值 /MPa	37.8	37.4	38.2	38.4	37.6	38.2	38.9	38.9	37.6	37.7

评定界限	☑统计方法		□非统计方法	
	$f_{cu,k}+\lambda_1\times s_{f_{cu}}$	$\lambda_2\times f_{cu,k}$	$\lambda_3 f_{cu,k}$	$\lambda_4 f_{cu,k}$
	37.88	31.5		
判定式	$m_{f_{cu}}\geqslant f_{cu,k}+\lambda_1\times s_{f_{cu}}$	$f_{cu,min}\geqslant\lambda_2\times f_{cu,k}$	$m_{f_{cu}}\geqslant\lambda_3 f_{cu,k}$	$f_{cu,min}\geqslant\lambda_4 f_{cu,k}$
结果	合格	合格		

结论： 符合设计及《混凝土结构工程施工质量验收规范》(GB 50204—2015)的规定，评定为合格。		
批准	审核	统计
×××	×××	×××
报告日期	××××年××月××日	

五、钢筋连接试验报告

钢筋连接应有满足钢筋焊接、机械连接相关技术规程要求的力学性能试验报告。

1. 填写说明

(1)用于焊接、机械连接的钢筋接头，其接头的力学性能和工艺性能应符合现行国家标准。

(2)机械连接工程开始前及施工过程中，应对每批进场钢筋，在现场条件下进行工艺检验，工艺检验合格后方可进行机械连接的施工，每台班钢筋焊接前宜先制作焊接工艺试件，确定焊接工艺参数。

(3)钢筋焊接、机械连接的工艺检验、现场检验、型式检验验收批的划分、取样数量及必试项目按国家现行有关标准、规范的规定执行。

(4)对承重结构工程中的钢筋连接接头按规定实行有见证取样和送检的管理。

(5)焊(连)接工人必须具有有效的岗位证书。

2. 填写范例

《钢筋连接试验报告》见表 4-52。

表 4-52 钢筋连接试验报告

编号：鲁JJ-40-001

工程名称及部位		××工程 地下室框架梁			试件编号		009
委托单位		××建筑工程公司			试验委托人		×××
接头类型		滚轧直螺纹连接			检验形式		/
设计要求接头性能等级		A级			代表数量		300个
连接钢筋种类及牌号	HRB335	公称直径		20 mm		原材试验编号	××-008
操作人	×××	来样日期	20××年××月××日			试验日期	20××年××月××日
接头试件			母材试件		弯曲试件		
公称面积/mm²	抗拉强度/MPa	断裂特征及位置	实测面积/mm²	抗拉强度/MPa	弯心直径	角度	结果	备注
324.2	595	母材拉断	324.2	600				
324.2	600	母材拉断	324.2	595				
324.2	605	母材拉断	/	/				

结论：
根据《钢筋机械连接技术规程》(JGJ 107—2016)标准，符合滚轧直螺纹A级接头性能。

批准	×××	审核	×××	试验	×××
试验单位	××公司试验室				
报告日期	××××年××月××日				

任务八　编制、收集与审查施工质量验收文件

任务目标

知识目标	能力目标	素养目标
1. 熟悉施工质量验收文件的类别、来源及保存单位； 2. 熟练掌握各种施工质量验收文件的填写要求	1. 能够收齐各种施工质量验收文件； 2. 能够填写、审查各种施工质量验收文件	1. 养成实事求是、不弄虚作假的工作习惯； 2. 养成细心周到、按时完成任务的工作作风

一、施工质量验收文件的类别

施工质量验收文件的类别、来源及保存宜符合表 4-53 所示的规定。

表 4-53　施工质量验收文件的类别、来源及保存

工程资料类别	工程资料名称	工程资料来源	工程资料保存			
			施工单位	监理单位	建设单位	城建档案馆
C7 类	检验批质量验收记录	施工单位	△	△	▲	
	分项工程质量验收记录	施工单位	▲	▲	▲	
	分部（子分部）工程质量验收记录	施工单位	▲	▲	▲	▲
	建筑节能分部工程质量验收记录	施工单位	▲	▲	▲	▲

注：表中符号"▲"表示必须归档保存；"△"表示选择性归档保存。

二、检验批质量验收记录

施工单位在完成分项工程检验批施工，自检合格后，由项目专业质量检查员填写《检验批现场验收检查原始记录》和《检验批质量验收记录》，报请项目专业监理工程师组织有关人员验收确认。

1. 填写要求

(1)《检验批质量验收记录》的编号。《检验批质量验收记录》的编号按全部施工质量验收规范系列的分部工程、子分部工程、分项工程的代码和资料顺序号统一为 9 位数的数码编号，写在表的右上角，前 6 位数字均印在表上，后留 3 个"□"，检查验收时填写检验批的顺序号。其编号规则具体说明如下：

1)第 1、2 位数字是分部工程的代码；

2)第 3、4 位数字是子分部工程的代码；

3)第 5、6 位数字是分项工程的代码；

4)第 7、8、9 位数字是各分项工程检验批验收的顺序号。

(2)表头的填写。

1)"单位(子单位)工程名称"按合同文件上的单位工程名称填写,子单位工程标出该部分的位置。

2)"分部(子分部)工程名称"按规范划定的分部(子分部)名称填写。

3)验收部位是指一个分项工程中验收的那个检验批的抽样范围,要按实际情况标注清楚。

4)《检验批质量验收记录》中,施工执行标准名称及编号应填写施工所执行的工艺标准的名称及编号,例如,可以填写所采用的企业标准、地方标准、行业标准或国家标准;如果未采用上述标准,也可填写实际采用的施工技术方案等依据,填写时要将标准名称及编号填写齐全,此栏不应填写验收标准。

5)表格中工程参数等应按实填写,施工单位、分包单位名称宜写全称,并与合同上的公章名称一致,要注意各表格填写的名称应相互一致;"项目经理"应填写合同中指定的项目负责人,分包单位的项目经理也应是合同中指定的项目负责人,表头签字处不需要本人签字,由填表人填写即可,只是标明具体的负责人。

(3)"施工质量验收规范的规定"栏在制表时按 4 种情况印制。

1)直接写入:将规范主控项目、一般项目的要求写入。

2)简化描述:将质量要求作简化描述,作为检查提示。

3)写入条文号:当文字较多时,只将条文号写入。

4)写入允许偏差:对定量要求,将允许偏差直接写入。

(4)填写"施工单位检查评定记录"栏时,应遵守下列要求:

1)对定量检查项目,当检查点少时,可直接在表中填写检查数据;当检查点较多,填写不下时,可以在表中填写综合结论,如"共检查 20 处,平均 4 mm,最大 7 mm""共检查 36 处,全部合格"等,此时应将原始检查记录附在表后。

2)对定性类检查项目,可填写"符合要求"或用符号表示,画"√"或画"×"。

3)对既有定性又有定量的项目,当各个子项目质量均符合规范规定时,可填写"符合要求"或画"√","不符合要求"或画"×"。

4)无此项内容时画"/"来标注。

5)在一般项目中,规范对合格点百分率有要求的项目,也可填写达到要求的检查点的百分率。

6)对混凝土、砂浆强度等级,可先填报告份数和编号,待试件养护至 28 d 试压后,再对检验批进行判定和验收,应将试验报告附在验收记录后。

7)主控项目不得出现"×",当出现画"×"时,应进行返工修理,使其达到合格;一般项目不得出现超过 20%的检查点画"×",否则应进行返工修理。

8)有数据的项目,将实际测量的数值填入格内,超过企业标准,但未超过国家验收规范的数字用"○"将其圈住,对超过国家验收规范的数字用"△"将其圈住。

9)当采用计算机管理时,可以均采用画"√"或画"×"来标注。

"施工单位检查评定记录"栏应由质量检查员填写。填写内容:可为"合格"或"符合要求",也可为"检查工程主控项目、一般项目均符合《××××质量验收规范》(GB××—××)的要求,评定为合格"等。质量检查员代表企业逐项检查评定合格后,应如实填表并签字,然后交监理工程师或建设单位项目专业技术负责人验收。

(5)检验批检查验收时,一般项目中检查点的合格率应符合各专业工程施工质量验收规范的规定。其主要原则是:

1）主控项目，应该全部达到规范要求。

2）一般项目，无论是定性还是定量要求，应有80%以上的检查点达到规范要求，其余20%的检查点应按各专业工程施工质量验收规范的规定执行。

各专业工程施工质量验收规范中判定一般项目合格的规定大致如下：

属于定量要求的，实际偏差最大不能超过允许偏差的1.5倍。但有些项目例外，如混凝土结构的钢筋保护层厚度，检查点合格率应为90%以上；对钢结构，实际偏差最大不能超过允许偏差的1.2倍。

属于定性要求的，应有80%以上的检查点达到规范规定。其余检查点按各专业工程施工质量验收规范的规定执行，通常规定不能有影响性能的严重缺陷。

（6）"监理单位验收记录"栏。通常在验收前，监理人员应采用平行、旁站或巡回等方法进行监理，对施工质量进行抽查，对重要项目作见证检测，对新开工程、首件产品或样板间等进行全面检查。以全面了解所监理工程的质量水平、质量控制措施是否有效及实际执行情况，做到心中有数。

在检验批验收时，监理工程师应与施工单位质量检查员共同检查验收。监理人员应对主控项目、一般项目按照施工质量验收规范的规定逐项抽查验收。应注意：监理工程师应该独立得出是否符合要求的结论，并对得出的验收结论承担责任。对不符合施工质量验收规范规定的项目，暂不填写，待处理后再验收，但应做出标记。

（7）"监理单位验收结论"栏。应由专业监理工程师或建设单位项目专业技术负责人填写。填写前，应对"主控项目""一般项目"按照施工质量验收规范的规定逐项抽查验收，独立得出验收结论。若认为验收合格，应签注"同意施工单位评定结果，验收合格"。

如果检验批中含有混凝土、砂浆试件强度验收等内容，应待试验报告出来后再作判定。

2. 填写范例

（1）《土方回填工程检验批质量验收记录》见表4-54。

表 4-54　土方回填工程检验批质量验收记录　　　　鲁 JJ－115－001

单位(子单位)工程名称		××综合楼	分部(子分部)工程名称	地基与基础(土方)	分项工程名称		土方回填
施工单位		××建筑工程公司	项目负责人	×××	检验批容量		1 200 m²
分包单位		/	分包单位项目负责人	/	检验批部位		①～⑫/Ⓐ～Ⓗ轴地基
施工依据		土方开挖专项施工方案		验收依据		《建筑地基基础工程施工质量验收标准》(GB 50202—2018)	

		验收项目		设计要求及规范规定	最小/实际抽样数量	检查记录	检查结果
主控项目	1	标高/mm	桩基基坑基槽	−50	10/10	抽查10处，合格10处	√
			场地平整　人工	±30	/	/	/
			场地平整　机械	±50	/	/	/
			管沟	−50	/	/	/
			地(路)面基础层	−50	/	/	/
	2	分层压实系数		设计要求	/	试验合格，报告编号为×××	√

		项目	设计要求	最小/实际抽样数量	检查记录	检查结果
一般项目	1	回填土料	设计要求	/	试验合格，报告编号为×××	√
	2	分层厚度及含水量	设计要求	10/10	抽查10处，合格10处	100%
	3	表面平整度/mm	桩基基坑基槽	20	10/10	抽查10处，合格10处	100%
			场地平整 人工	20	/	/
			场地平整 机械	30	/	/
			管沟	20	/	/
			地(路)面基础层	20	/	/

施工单位检查结果	主控项目全部合格，一般项目满足规范要求。 专业工长：××× 项目专业质量检查员：×× 20××年1月28日
监理(建设)单位验收结论	同意验收。 专业监理工程师：×× (建设单位项目专业负责人) 20××年1月28日

(2)《模板安装检验批质量验收记录》见表4-55。

表4-55　模板安装检验批质量验收记录　　　　　　鲁JJ-146-001

单位(子单位)工程名称	××综合楼	分部(子分部)工程名称	主体结构(混凝土结构)	分项工程名称	模板
施工单位	××建筑工程公司	项目负责人	×××	检验批容量	梁：30件，板：27间
分包单位	/	分包单位项目负责人	/	检验批部位	①～⑫/Ⓐ～Ⓗ轴顶板梁
施工依据	《混凝土结构工程施工规范》(GB 50666—2011)		验收依据	《混凝土结构工程施工质量验收规范》(GB 50204—2015)	

		验收项目	设计要求及规范规定	最小/实际抽样数量	检查记录	检查结果
主控项目	1	模板及支架用材料	第4.2.1条	/	符合现行国家有关标准的规定	/
	2	模板及支架安装质量	第4.2.2条	/	符合施工方案的要求	√
	3	后浇带处模板及支架设置	第4.2.3条	/		
	4	支架竖杆或竖向模板安装在土层上时	第4.2.4条	/		/

一般项目	1	模板安装	第4.2.5条	全/57	共57件，全部检查，合格57件	100%
	2	隔离剂的品种与涂刷	第4.2.6条	/	质量证明文件齐全，符合施工方案的要求	√
	3	模板的起拱	第4.2.7条	3/3	抽查3件，合格3件	100%
	4	多层连续支模	第4.2.8条	/	/	
	5	预埋件、预留孔洞允许偏差/mm	预埋件和预留孔洞留置与防渗措施 第4.2.9条	3/3	抽查3处，合格3处	100%
			预埋板中心线位置 3	3/3	抽查3处，合格3处	100%
			预埋管、预留孔洞中心线位置 3	3/3	抽查3处，合格3处	100%
			插筋 中心线位置 5	/	/	
			插筋 外露长度 +10，0	/	/	
			预埋螺栓 中心线位置 2	/	/	
			预埋螺栓 外露长度 +10，0	/	/	
			预留洞 中心线位置 10	3/3	抽查3处，合格3处	100%
			预留洞 尺寸 +10，0	3/3	抽查3处，合格3处	100%
	6	现浇结构模板安装/mm	轴线位置 5	6/6	抽查6处，合格6处	100%
			底模上表面标高 ±5	6/6	抽查6处，合格6处	100%
			模板内部尺寸 基础 ±10	/	/	
			模板内部尺寸 墙、柱、梁 ±5	3/3	抽查3件，合格3件	100%
			模板内部尺寸 楼梯相邻踏步高差 ±5	/	/	
			墙、柱垂直度 层高≤6m 8	/	/	
			墙、柱垂直度 层高>6m 10	/	/	
			相邻模板表面高差 2	6/6	抽查6处，合格6处	100%
			表面平整度 5	3/3	抽查3件，合格3件	100%

施工单位检查结果：主控项目全部合格，一般项目满足规范要求。

专业工长：×××
项目专业质量检查员：×××
20××年2月23日

监理（建设）单位验收结论：同意验收。

专业监理工程师：×××
（建设单位项目专业负责人）
20××年2月23日

(3)《钢筋安装检验批质量验收记录》见表4-56。

表4-56 钢筋安装检验批质量验收记录 鲁JJ－151－001

单位(子单位)工程名称	××综合楼	分部(子分部)工程名称	主体结构(混凝土结构)	分项工程名称	钢筋
施工单位	××建筑公司	项目负责人	×××	检验批容量	柱:75件,墙:92间
分包单位	/	分包单位项目负责人	/	检验批部位	①～⑫/Ⓐ～Ⓗ轴二层墙柱
施工依据	《混凝土结构工程施工规范》(GB 50666—2011)		验收依据	《混凝土结构工程施工质量验收规范》(GB 50204—2015)	

		验收项目		设计要求及规范规定	最小/实际抽样数量	检查记录	检查结果
主控项目	1	受力钢筋的牌号、规格、数量		第5.5.1条	全/167	共167件,全部检查,合格167件	√
	2	受力钢筋的安装位置、锚固方式		第5.5.2条	全/167	共167件,全部检查,合格167件	√
一般项目	1	绑扎钢筋网/mm	长、宽	±10	10/10	抽查10间,合格10间	100%
			网眼尺寸	±20	10/10	抽查10间,合格10间	100%
		绑扎钢筋骨架/mm	长	±10	8/8	抽查8件,合格8件	100%
			宽、高	±5	8/8	抽查8件,合格8件	100%
		纵向受力钢筋/mm	锚固长度	−20	/	/	
			间距	±10	/	/	
			排距	±5	/	/	
		纵向受力钢筋、箍筋的混凝土保护层厚度/mm	基础	±10	/	/	
			柱、梁	±5	8/8	抽查8件,合格8件	100%
			板、墙、壳	±3	10/10	抽查10间,合格10间	100%
		绑扎钢筋、横向钢筋间距/mm		±20	18/18	抽查18件,合格18件	100%
		钢筋弯起点位置/mm		20	/	/	
		预埋件	中心线位置	5	/	/	
			水平高差	+3,0	/	/	

施工单位检查结果	主控项目全部合格,一般项目满足规范要求。 专业工长:××× 项目专业质量检查员:××× 20××年3月2日
监理(建设)单位验收结论	同意验收。 专业监理工程师:××× (建设单位项目专业负责人) 20××年3月2日

(4)《混凝土施工检验批质量验收记录》见表4-57。

表 4-57 混凝土施工检验批质量验收记录　　　　鲁JJ-154-001

单位(子单位)工程名称	××综合楼	分部(子分部)工程名称	主体结构(混凝土结构)	分项工程名称	钢筋
施工单位	××建筑公司	项目负责人	×××	检验批容量	200 m³
分包单位	/	分包单位项目负责人	/	检验批部位	①~⑫/Ⓐ~Ⓗ轴二层墙柱
施工依据	《混凝土结构工程施工规范》(GB 50666—2011)		验收依据	《混凝土结构工程施工质量验收规范》(GB 50204—2015)	

主控项目		验收项目	设计要求及规范规定	最小/实际抽样数量	检查记录	检查结果
主控项目	1	混凝土的强度等级与试件取样	第7.4.1条	/	试验合格,试验编号为××	√
一般项目	1	后浇带的留设位置、后浇带和施工缝的留设与处理方法	第7.4.2条	/	/	
一般项目	2	混凝土养护	第7.4.3条	/	符合施工技术要求	√

施工单位检查结果	主控项目全部合格,一般项目满足规范要求。 专业工长:××× 项目专业质量检查员:×× 20××年3月12日
监理(建设)单位验收结论	同意验收。 专业监理工程师:×× (建设单位项目专业负责人) 20××年3月12日

(5)《填充墙砌体工程检验批质量验收记录》见表4-58。

表 4-58 填充墙砌体工程检验批质量验收记录　　　　鲁JJ-167-001

单位(子单位)工程名称	××综合楼	分部(子分部)工程名称	主体结构(砌体结构)	分项工程名称	填充墙砌体
施工单位	××建筑公司	项目负责人	×××	检验批容量	50 m³
分包单位	/	分包单位项目负责人	/	检验批部位	①~⑫/Ⓐ~Ⓗ轴四层墙
施工依据	《砌体结构工程施工规范》(GB 50924—2014)		验收依据	《砌体结构工程施工质量验收规范》(GB 50203—2011)	

主控项目		验收项目	设计要求及规范规定	最小/实际抽样数量	检查记录	检查结果
主控项目	1	空心砖、小砌块和砌筑砂浆强度等级	设计要求	/	试验合格,试验编号为××	√
主控项目	2	砌体与主体结构连接	第9.2.2条	5/5	抽查5处,合格5处	√
主控项目	3	化学植筋检测	第9.2.3条	/	试验合格,试验编号为××	√

一般项目	1	填充墙砌体尺寸、位置	第9.3.1条	5/5	抽查5处，合格5处	100%
	2	填充墙砌体砂浆饱满度	第9.3.2条	5/5	抽查5处，合格5处	100%
	3	拉结钢筋或网片位置、埋置长度	第9.3.3条	5/5	抽查5处，合格5处	100%
	4	错缝搭砌	第9.3.4条	5/5	抽查5处，合格5处	100%
	5	水平灰缝、竖向灰缝宽度	第9.3.5条	5/5	抽查5处，合格5处	100%

施工单位检查结果	主控项目全部合格，一般项目满足规范要求。 专业工长：××× 项目专业质量检查员：×× 20××年5月19日
监理(建设)单位验收结论	同意验收。 专业监理工程师：×× (建设单位项目专业负责人) 20××年5月19日

三、分项工程质量验收记录

分项工程所包含的检验批全部完工并验收合格后，由施工单位项目专业技术负责人填写《分项工程质量验收记录》，报请项目专业监理工程师组织有关人员验收确认。

1. 填写要求

(1)填写要点。

1)除填写表中基本参数外，首先应填写各检验批的名称、部位、区段等，注意要填写齐全。

2)表中部"施工单位检查评定结果"栏，由施工单位质量检查员填写，可以画"√"或填写"符合要求，验收合格"。

3)表中部右边"监理单位验收结论"栏，专业监理工程师应逐项审查，对同意项，填写"合格"或"符合要求"，如有不同意项应做标记，但暂不填写，待处理后再验收；对不同意项，监理工程师应指出问题，明确处理意见和完成时间。

4)表下部"检查结论"栏，由施工单位项目技术负责人填写，可填"合格"，然后交监理单位验收。

5)表下部"验收结论"栏，由监理工程师填写，在确认各项验收合格后，填入"验收合格"。

(2)注意事项。

1)核对检验批的部位、区段是否全部覆盖分项工程的范围，有无遗漏的部位。

2)一些在检验批中无法检验的项目，在分项工程中直接验收，如有混凝土、砂浆强度要求的检验批，应检查到龄期后试压结果能否达到设计要求。

3）检查各检验批的验收资料是否完整并作统一整理，依次登记保管，为下一步验收打下基础。

2. 填写范例

《钢筋安装分项工程质量验收记录》见表 4-59。

表 4-59　钢筋安装分项工程质量验收记录　　　　　　　编号：×××

单位(子单位)工程名称	××综合楼		分部(子部)工程名称	主体结构	
分项工程数量	15 000 m²		检验批数量	11	
施工单位	××建筑公司	项目负责人	×××	项目技术负责人	×××
分包单位	/	分包单位项目负责人	/	分包内容	/
序号	检验批名称	检验批容量	部位/区段	施工单位检查结果	监理单位验收结论
1	钢筋安装检验批	1 500 m²	一层柱墙	合格	合格
2	钢筋安装检验批	1 500 m²	二层结构梁板	合格	合格
3	钢筋安装检验批	1 500 m²	二层柱墙	合格	合格
4	钢筋安装检验批	1 500 m²	三层结构梁板	合格	合格
5	钢筋安装检验批	1 500 m²	三层柱墙	合格	合格
6	钢筋安装检验批	1 500 m²	四层结构梁板	合格	合格
7	钢筋安装检验批	1 500 m²	四层柱墙	合格	合格
8	钢筋安装检验批	1 500 m²	五层结构梁板	合格	合格
9	钢筋安装检验批	1 500 m²	五层柱墙	合格	合格
10	钢筋安装检验批	1 500 m²	屋顶结构梁板	合格	合格
11					
12					
说明：检验批质量验收记录资料齐全完整。					
施工单位检查结果	符合要求。 项目专业技术负责人：××× 20××年1月8日				
监理(建设)单位验收结论	合格。 专业监理工程师：××× (建设单位项目专业负责人) 20××年1月8日				

四、分部(子分部)工程验收记录

分部(子分部)工程所包含的全部分项工程完工并验收合格后,由施工单位项目负责人填写《分部工程验收记录》,报请项目总监理工程师组织有关人员验收确认。勘察、设计单位项目负责人和施工单位技术、质量部门负责人应参加地基与基础分部工程的验收。设计单位项目负责人和施工单位技术、质量部门负责人应参加主体结构、节能分部工程的验收。地基与基础、主体结构、节能分部工程完工,由建设、监理、勘察、设计和施工单位进行分部工程验收并加盖公章。

1. 填写要求

(1)填写要点。

1)表名前应填写分部(子分部)工程的名称,然后将"分部""子分部"两者划掉其一。

2)工程名称、施工单位名称要填写全称,并与检验批、分项工程验收表的工程名称一致。

3)在"结构类型"处填写设计文件提供的结构类型,在"层数"处应分别注明地下和地上的层数。

4)"技术(质量)负责人"是指项目的技术、质量负责人,但对地基基础、主体结构及重要安装分部(子分部)工程应填写施工单位的技术、质量部门负责人。

5)有分包单位时填写分包单位名称,分包单位要写全称,与合同或图章一致。"分包单位负责人"及"分包技术负责人",填写本项目的项目负责人及项目技术负责人;按规定,地基基础、主体结构不准分包,因此,其不应有分包单位。

6)"分部工程"栏先由施工单位按顺序将分项工程名称填入,将各分项工程检验批的实际数量填入,注意应与各分项工程验收表上的检验批数量相同,并要将各分项工程验收表附后。

7)"施工单位检查评定"栏填写施工单位对各分项工程自行检查评定的结果,可按照各分项工程验收表填写,合格的分项工程画"√"或填写"符合要求",填写之前,应核查各分项工程是否全部都通过了验收,有无遗漏。

注意,对有龄期要求的试件应检查28 d试压是否达到要求,对有全高垂直度或总标高要求的检验项目,应实际进行测量检查;当自检符合要求时画"√",否则画"×"。有"×"的项目不能交给监理或建设单位验收,应返修合格后再提交验收,监理单位由总监理工程师组织审查,对符合要求的在"验收意见"栏签注"验收合格"。

8)"质量控制资料验收"栏应按《单位(子单位)工程质量控制资料核查记录》来核查,但是各专业只需要检查该表内对应本专业的那部分相关内容,不需要全部检查表内所列内容,也未要求在分部工程验收时填写该表。

核查时,应对资料逐项核对检查,应核查下列几项:

①检查资料是否齐全,有无遗漏。

②检查资料的内容有无不合格项。

③检查资料横向是否相互协调一致,有无矛盾。

④检查资料的分类整理是否符合要求,案卷目录、份数页数及装订等有无缺漏。

⑤检查各项资料的签字是否齐全。

当确认能够基本反映工程质量情况,达到保证结构安全和使用功能的要求时,该项即可通过验收。全部项目都通过验收，即可在"施工单位检查评定"栏内画"√"或标注"检查合格"，然后送监理单位或建设单位验收，监理单位总监理工程师组织审查，如认为符合要求，则在"验收意见"栏内签注"验收合格"意见。

对一个具体工程，是按分部还是按子分部进行资料验收，需要根据具体工程的情况自行确定。

9)"安全和功能检验(检测)报告"栏应根据工程实际情况填写。

安全和功能检验，是指按规定或约定需要在竣工时进行抽样检测的项目。这些项目凡能在分部(子分部)工程验收时进行检测的，应在分部(子分部)工程验收时进行检测。具体检测项目可按《单位(子单位)工程安全和功能检验资料核查及主要功能抽查记录》中的相关内容在开工之前加以确定。设计有要求或合同有约定的，按要求或约定执行。

在核查时，要检查开工之前确定的检测项目是否全部进行了检测。要逐一对每份检测报告进行核查，主要核查每个检测项目的检测方法、程序是否符合有关标准的规定，检测结论是否达到规范的要求，检测报告的审批程序及签字是否完整等。

如果每个检测项目都通过审查，施工单位即可在检查评定栏内画"√"或标注"检查合格"。由项目经理送监理单位或建设单位验收，监理单位总监理工程师或建设单位项目技术负责人组织审查，认为符合要求后，在"验收意见"栏内签注"验收合格"意见。

10)"观感质量验收"栏的填写应符合工程的实际情况。

新版验收规范对观感质量的评判有较大修改，现在只作定性评判，不再作量化打分。观感质量等级分为"好""一般""差"共3档。"好""一般"均为合格；"差"为不合格，需要修理或返工。

观感质量检查的主要方法是观察。但除了检查外观外，还应对能启动、运转或打开的部位进行启动或打开检查，并应注意尽量做到全面检查，对屋面、地下室及各类有代表性的房间、部位都应查到。

观感质量检查首先由施工单位项目经理组织施工单位人员进行现场检查，检查合格后填表，由项目经理签字后交监理单位验收。

监理单位总监理工程师或建设单位项目专业负责人组织对观感质量进行验收，并确定观感质量等级。认为达到"好"或"一般"，均视为合格。在"分部(子分部)工程观感质量验收意见"栏内填写"验收合格"。被评为"差"的项目，应由施工单位修理或返工。如确实无法修理，可经协商实行让步验收，并在验收表中注明。由于"让步验收"意味着工程留下永久性缺陷，故应尽量避免出现这种情况。

关于"验收意见"栏由总监理工程师与各方协商，确认符合规定，取得一致意见后，按表中各栏分项填写。可在"验收意见"各栏中填入"验收合格"。

当出现意见不一致时，应由总监理工程师与各方协商，对存在的问题，提出处理意见或解决办法，待问题解决后再填表。

11)《分部(子分部)工程质量验收记录》中，制表时已经列出了需要签字的参加工程建设的有关单位，应由各方参加验收的代表亲自签名，以示负责。通常《分部(子分部)工程质量验收记录》不需盖章。勘察单位需签认地基基础、主体结构分部工程，由勘察单位的项目负责人亲自签认。

设计单位需签认地基基础、主体结构及重要安装分部(子分部)工程，由设计单位的项目负责人亲自签认。

施工方总承包单位由项目经理亲自签认,有分包单位的,分包单位应签认其分包的分部(子分部)工程,由分包项目经理亲自签认。

监理单位作为验收方,由总监理工程师签认验收。未委托监理的工程,可由建设单位项目技术负责人签认验收。

(2)注意事项。

1)核查各分部(子分部)工程所含分项工程是否齐全,有无遗漏。

2)核查质量控制资料是否完整,分类整理是否符合要求。

3)核查安全、功能的检测是否按规范、设计、合同要求全部完成,未作的应补作,核查检测结论是否合格。

4)对分部(子分部)工程应进行观感质量检查验收,主要检查分项工程验收后到分部(子分部)工程验收之间,工程实体质量有无变化,如有,应修补使之达到合格,才能通过验收。

2. 填写范例

(1)《地基与基础分部(子分部)工程验收记录》见表4-60。

表 4-60　地基与基础分部(子分部)工程验收记录　　　　鲁JJ-084-001

单位(子单位)工程名称	××综合楼	子分部工程数量	4	分项工程数量	6
施工单位	××建筑公司	项目负责人	×××	技术(质量)负责人	×××
分包单位	/	分包单位负责人	/	分包内容	/

序号	子分部工程名称	分项工程名称	检验批数量	施工单位检验结果	监理单位验收结论
1	地基	水泥土搅拌桩地基	1	自检合格	验收合格
2	基础	筏形与箱形基础	27	自检合格	验收合格
3	土方	场地平整	1	自检合格	验收合格
4		土方开挖	1	自检合格	验收合格
5	地下防水	主体结构防水	4	自检合格	验收合格
6		细部构造防水	3	自检合格	验收合格
7					
8					
质量控制资料			共8项,101份		验收合格
安全和功能检验结果			共7项,17份		验收合格
观感质量检验结果			一般		一般
综合验收结论		共4个子分部工程,6个分项工程,36个检验批,质量控制资料核查101份,安全与功能核查7项,抽查1项,观感验收为"一般",综合验收结论为合格。			
施工单位:××建筑公司 项目负责人: ××× 20××年3月22日	勘察单位:××勘察公司 项目负责人: ××× 20××年3月22日		设计单位:××设计院 项目负责人: ××× 20××年3月22日	监理单位:××监理公司 总监理工程师: ××× 20××年3月22日	

169

(2)《主体结构分部(子分部)工程验收记录》见表4-61。

表 4-61　主体结构分部(子分部)工程验收记录　　　　鲁JJ－084－002

单位(子单位)工程名称	××综合楼	子分部工程数量	2	分项工程数量	5
施工单位	××建筑公司	项目负责人	×××	技术(质量)负责人	×××
分包单位	/	分包单位负责人	/	分包内容	/

序号	子分部工程名称	分项工程名称	检验批数量	施工单位检验结果	监理单位验收结论
1	混凝土结构	模板	40	自检合格	验收合格
2		钢筋	32	自检合格	验收合格
3		混凝土	40	自检合格	验收合格
4		现浇结构	10	自检合格	验收合格
5	砌体结构	填充墙砌体	10	自检合格	验收合格
6					
7					
8					
9					
10					
11					
12					
13					
14					
15					
质量控制资料			共9项,239份		验收合格
安全和功能检验结果			共5项,63份		验收合格
观感质量检验结果			一般		一般
综合验收结论	共2个子分部工程,5个分项工程,132个检验批,质量控制资料核查239份,安全与功能核查5项,抽查3项,观感验收为"一般",综合验收结论为合格。				

施工单位:××建筑公司项目负责人:×××20××年5月10日	勘察单位:××勘察公司项目负责人:×××20××年5月10日	设计单位:××设计院项目负责人:×××20××年5月10日	监理单位:××监理公司总监理工程师:×××20××年5月10日

任务九　编制、收集与审查施工验收文件

任务目标

知识目标	能力目标	素养目标
1. 熟悉施工验收文件的类别、来源及保存单位； 2. 熟练掌握各种施工验收文件的填写要求	1. 能够收齐各种施工验收文件； 2. 能够填写、审查各种施工验收文件	1. 养成实事求是、不弄虚作假的工作习惯； 2. 养成细心周到、按时完成任务的工作作风

一、施工验收文件的类别

施工验收文件的类别、来源及保存宜符合表 4-62 所示的规定。

表 4-62　施工验收文件的类别、来源及保存

工程资料类别	工程资料名称	工程资料来源	工程资料保存			
			施工单位	监理单位	建设单位	城建档案馆
C8 类	单位（子单位）工程竣工预验收报验表	施工单位	▲	▲	▲	▲
	单位（子单位）工程质量竣工验收记录	施工单位	▲	▲	▲	▲
	单位（子单位）工程质量控制资料核查记录	施工单位	▲	▲	▲	▲
	单位（子单位）工程安全和功能检查资料核查及主要功能抽查记录	施工单位	▲	▲	▲	▲
	单位（子单位）工程观感质量检查记录	施工单位	▲	▲	▲	▲
	施工资料移交书	施工单位	▲		▲	

注：表中符号"▲"表示必须归档保存；"△"表示选择性归档保存。

二、单位（子单位）工程竣工预验收报验表

1. 填写要求

施工总承包单位在单位工程完工，经自检合格并达到竣工验收条件后，填写《单位工程竣工预验收报验表》，并附《分部（子分部）工程验收记录》《单位（子单位）工程质量控制资料检查记录》《单位（子单位）工程安全和功能检查资料核查及主要功能抽查记录》《单位（子单

171

位)工程观感质量检查记录》等竣工资料报项目监理部，申请工程竣工预验收。总监理工程师组织专业监理工程师与总包单位根据有关规定共同对工程进行检查验收，合格后，总监理工程师签署《单位工程竣工预验收报验表》。

2. 填写范例

《单位(子单位)工程竣工预验收报验表》见表 4-63。

表 4-63　单位(子单位)工程竣工预验收报验表　　　　　　　鲁 JG—001—001

致：　××监理公司××综合楼项目监理部　(项目监理机构) 　　我方已按照施工合同要求完成　××综合楼　工程，经自检合格，现将有关资料报上，请予以预验收。 附件：1. 工程质量验收报告 　　　2. 工程功能检验资料 　　　　　　　　　　　　　　　　　　施工单位名称(盖章)：××建设集团 　　　　　　　　　　　　　　　　　　项目负责人(签字)：××× 　　　　　　　　　　　　　　　　　　　　　　　20××年 5 月 26 日
预验收意见： 　　经预验收，该工程合格/不合格，可以/不可以组织正式验收。 　　　　　　　　　　　　　　　　　　监理单位名称：××监理公司(盖章) 　　　　　　　　　　　　　　　　　　总监理工程师(签字，加盖执业印章)：××× 　　　　　　　　　　　　　　　　　　　　　　　20××年 5 月 28 日

三、单位(子单位)工程质量竣工验收记录

1. 填写要求

《单位(子单位)工程质量竣工验收记录》是一个建筑工程项目的最后一份验收资料，应由施工单位填写。

(1)单位工程完工，施工单位组织自检合格后，应报请监理单位进行工程预验收，通过后向建设单位提交《工程竣工报告》并填报《单位(子单位)工程质量竣工验收记录》。建设单位应组织设计单位、监理单位、施工单位等进行工程质量竣工验收并记录，验收记录上各单位必须签字并加盖公章。

(2)进行单位(子单位)工程质量竣工验收时，施工单位应同时填报《单位(子单位)工程质量控制资料检查记录》《单位(子单位)工程安全和功能检查资料核查及主要功能抽查记录》《单位(子单位)工程观感质量检查记录》，作为《单位(子单位)工程质量竣工验收记录》的附表。

(3)"分部工程"栏根据各《分部(子分部)工程质量验收记录》填写。表中所含各分部工程，由竣工验收组成员共同逐项核查。对表中内容如有异议，应对工程实体进行检查或测试。

核查并确认合格后，由监理单位在"验收记录"栏注明共验收了几个分部，符合标准及设计要求的有几个分部，并在右侧的"验收结论"栏内，填入具体的验收结论。

(4)"质量控制资料核查"栏根据《单位(子单位)工程质量控制资料核查记录》的核查结论填写。建设单位组织由各方代表组成的验收组成员，或委托总监理工程师，按照《单位(子单位)工程质量控制资料核查记录》的内容，对资料进行逐项核查。确认符合要求后，在《单位(子单位)工程质量竣工验收记录》右侧的"验收结论"栏内，填写具体验收结论。

(5)"安全和主要使用功能核查及抽查结果"栏根据《单位(子单位)工程安全和功能检查

资料核查及主要功能抽查记录》的核查结论填写。

对于分部工程验收时已经进行了安全和功能检测的项目，单位工程验收时不再重复检测，但要核查以下内容：

1）单位工程验收时按规定、约定或设计要求，需要进行的安全功能抽测项目是否都进行了检测，具体检测项目有无遗漏。

2）抽测的程序、方法是否符合规定。

3）抽测结论是否达到设计及规范的规定。

经核查认为符合要求的，在《单位(子单位)工程质量竣工验收记录》中的"验收结论"栏中填入符合要求的结论。如果发现某些抽测项目不全，或抽测结果达不到设计要求，可进行返工处理，使之达到要求。

（6）"观感质量验收"栏根据《单位(子单位)工程观感质量检查记录》的检查结论填写。参加验收的各方代表，在建设单位的主持下，对观感质量抽查，共同作出评价。

如确认没有影响结构安全和使用功能的项目，符合或基本符合规范要求，应评价为"好"或"一般"。如果某项观感质量被评价为"差"，应进行修理。如果确难修理时，只要不影响结构安全和使用功能，可采用协商解决的方法进行验收，并在验收表上注明。

（7）"综合验收结论"栏应由参加验收各方共同商定，并由建设单位填写，主要对工程质量是否符合设计和规范要求及总体质量水平作出评价。

2. 填写范例

《单位(子单位)工程质量竣工验收记录》见表 4-64。

表 4-64　单位(子单位)工程质量竣工验收记录

鲁 JG－002－001

工程名称	××综合楼	结构类型	框架结构	层数/建筑面积	六层/4 865 m²
施工单位	××建筑公司	技术负责人	×××	开工日期	20××.10.20
项目负责人	×××	项目技术负责人	×××	竣工日期	20××.5.31

序号	项目	验收记录	验收结论
1	分部工程验收	共6分部，经查6分部符合设计及标准规定	验收合格
2	质量控制资料核查	共55项，经核查符合规定55项	验收合格
3	安全和主要使用功能核查及抽查结果	共核查36项，符合要求36项 共抽查18项，符合要求18项 经返工处理符合规定0项	验收合格
4	观感质量验收	共抽查28项，达到"好"和"一般"的28项，经返修处理符合要求的0项	好
5	综合验收结论	同意验收	

参加验收单位	建设单位	监理单位	施工单位	设计单位	勘察单位
	（公章） 项目负责人 ××× 20××年6月20日	（公章） 总监理工程师 ××× 20××年6月20日	（公章） 项目负责人 ××× 20××年6月20日	（公章） 项目负责人 ××× 20××年6月20日	（公章） 项目负责人 ××× 20××年6月20日

注：单位工程验收时，验收签字人员应由相应单位法人代表书面授权。

四、单位(子单位)工程质量控制资料核查记录

1. 填写要求

(1)单位(子单位)工程质量控制资料是单位工程综合验收的一项重要内容,核查目的是强调建筑结构设备性能、使用功能方面主要技术性能的检验。其每一项资料所包含的内容,就是单位工程包含的有关分项工程中检验批主控项目、一般项目要求内容的汇总。对一个单位工程全面进行质量控制资料核查,可以防止局部错漏,从而进一步加强工程质量的控制。

(2)《建筑工程施工质量验收统一标准》(GB 50300—2013)中规定了按专业分类的共计48项内容。其中,建筑与结构11项,给水排水与采暖7项,建筑电气7项,通风与空调8项,电梯7项,建筑智能化8项。

(3)本表由施工单位按照所列质量控制资料的种类、名称进行检查,并填写份数,然后提交给监理单位验收。

(4)本表其他各栏内容均由监理单位进行核查和填写。监理单位应按分部(子分部)工程逐项核查,独立得出核查结论。经监理单位核查合格后,在"核查意见"栏中填写对资料核查后的具体意见如齐全、符合要求,具体核查人员在"核查人"栏中签字。

(5)总监理工程师或建设单位项目负责人确认符合要求后在表下部的"结论"栏内,填写对资料核查后的综合性结论。

(6)施工单位项目经理应在表下部的"结论"栏内签字确认。

2. 填写范例

《单位(子单位)工程质量控制资料核查记录》见表4-65。

表 4-65　单位(子单位)工程质量控制资料核查记录　　　鲁 JG－003－001

工程名称		××综合楼		施工单位		××建筑公司	
序号	项目	资料名称	份数	施工单位		监理单位	
				核查意见	核查人	核查意见	核查人
1	建筑与结构	图纸会审、设计变更、洽商记录	28	齐全有效	×××	齐全有效	×××
2		工程定位测量、放线记录	1	齐全有效	×××	齐全有效	×××
3		原材料出厂合格证书及进场检(试)验报告	48	齐全有效	×××	齐全有效	×××
4		施工试验报告及见证检测报告	45	齐全有效	×××	齐全有效	×××
5		隐蔽工程验收记录	126	齐全有效	×××	齐全有效	×××
6		施工记录	265	齐全有效	×××	齐全有效	×××
7		预制构件、预拌混凝土合格证	78	齐全有效	×××	齐全有效	×××
8		地基、基础、主体结构检验及抽样检测资料	5	齐全有效	×××	齐全有效	×××
9		分项、分部工程质量验收记录	26	齐全有效	×××	齐全有效	×××

序号	项目	资料名称	份数	施工单位		监理单位	
				核查意见	核查人	核查意见	核查人
10	建筑与结构	工程质量事故及事故调查处理资料	/				
11		新材料、新工艺施工记录	/				
12							
13							

结论：

　　验收合格。

施工单位项目负责人：×××　　　　　　　　　　总监理工程师：×××

　　（盖注册建造师执业印章）　　　　　　　　　（建设单位项目负责人）×××

　　　　　　　　　　20××年 6 月 29 日　　　　　　　　　　　　20××年 6 月 29 日

五、单位(子单位)工程安全和功能检查资料核查及主要功能抽查记录

1. 填写要求

(1)建筑工程投入使用，最为重要的是确保安全和满足功能性要求。涉及安全和使用功能的分部工程应有检验资料，施工验收对能否满足安全和使用功能的项目进行强化验收，对主要项目进行抽查记录，填写《单位(子单位)工程安全和功能检查资料核查及主要功能抽查记录》。

(2)抽查项目是在核查资料文件的基础上，由参加验收的各方人员确定，然后按有关专业工程施工质量验收标准进行检查。

(3)安全和功能的各项主要检测项目，表中已经列明。如果设计或合同有其他要求，经监理认可后可以补充。

安全和功能的检测，如果条件具备，应在分部工程验收时进行。分部工程验收时凡已经做过的安全和功能检测项目，单位工程竣工验收时不再重复检测。

只核查检测报告是否符合有关规定，如核查检测项目是否有遗漏，抽测的程序、方法是否符合规定，检测结论是否达到设计及规范的规定。如果某个项目的抽测结果达不到设计要求，应允许进行返工处理，使之达到要求后再填表。

(4)本表由施工单位按所列内容检查并填写份数后，提交给监理单位。

(5)本表的其他栏目由总监理工程师或建设单位项目负责人组织核查、抽查并由监理单位填写。

(6)监理单位经核查和抽查，如果认为符合要求，由总监理工程师在表中的"结论"栏中填入综合性验收结论，并由施工单位项目经理签字确认。

2. 填写范例

《单位(子单位)工程安全和功能检查资料核查及主要功能抽查记录》见表 4-66。

表 4-66 单位(子单位)工程安全和功能检查资料核查及主要功能抽查记录

鲁 JG－004－001

工程名称		××综合楼		施工单位		××建筑公司	
序号	项目	安全和功能检查项目	份数	核查意见	抽查结果	核查(抽查)人	
1	建筑与结构	地基承载力检验报告	1	齐全有效			
2		桩基承载力检验报告	1	齐全有效			
3		混凝土强度试验报告	61	齐全有效	抽查合格		
4		砂浆强度试验报告	13	齐全有效			
5		主要结构尺寸、位置抽查记录	2	齐全有效			
6		建筑物垂直度、标高、全高测量记录	1	齐全有效	抽查合格	×××, ×××	
7		屋面淋水或蓄水试验记录	2	齐全有效	抽查合格		
8		地下室渗漏水检查记录	1	齐全有效			
9		有防水要求的地面蓄水试验记录	23	齐全有效	抽查合格		
10		抽气(风)道检查记录	3	齐全有效			
11		外窗气密性、水密性、耐风压检测报告	3	齐全有效			
12		幕墙气密性、水密性、耐风压检测报告	3	齐全有效			
13		建筑物沉降观测测量记录	2	齐全有效			
14		节能、保温测试记录	2	齐全有效			
15		室内外环境检测报告	3	齐全有效	抽查合格		
16		土壤氡气浓度检测报告	1	齐全有效			

结论：

验收合格。

施工单位项目负责人：×××　　　　　　　　　　总监理工程师：×××

　　　(盖注册建造师执业印章)　　　　　　　　　(建设单位项目负责人)×××

　　　　　　　　　20××年6月29日　　　　　　　　　　　　20××年6月29日

注：抽查项目由验收组协商确定。

六、单位(子单位)工程观感质量检查记录

1. 填写要求

(1)工程观感质量检查，是在工程全部竣工后进行的一项重要的验收工作，这是全面评价一个单位工程的外观及使用功能质量，促进施工过程的管理、成品保护，以提高社会效益和环境效益的途径。观感质量检查绝不是单纯的外观检查，而是实地对工程的一个全面检查。

(2)《建筑工程施工质量验收统一标准》(GB 50300—2013)规定，单位工程的观感质量验收，分为"好""一般""差"三个等级。观感质量检查的方法、程序、评判标准等，均与分部

工程相同，不同的是检查项目较多，属于综合性验收。

其主要内容包括：核实质量控制资料，检查检验批、分项、分部工程验收的正确性，对在分项工程中不能检查的项目进行检查，核查各分部工程验收后到单位工程竣工时，工程的观感质量有无变化、损坏等。

（3）本表由总监理工程师组织参加验收的各方代表，按照表中所列内容，共同实际检查，协商得出质量评价、综合评价和验收结论意见。

（4）参加验收的各方代表，经共同实际检查，如果确认没有影响结构安全和使用功能等问题，可共同商定评价意见。评价为"好"和"一般"的项目，由总监理工程师在"观感质量综合评价"栏中填写"好"或"一般"，并在"检查结论"栏内填写"工程观感质量综合评价为好（或一般），验收合格"。

（5）如有评价为"差"的项目，属于不合格项，应予以返工修理。这样的观感检查项目修理后需重新检查验收。

（6）在"抽查质量状况"栏中可填写具体检查数据。当数据少时，可直接将检查数据填在表格内；当数据多时，可简要描述抽查的质量状况，但应将检查原始记录附在本表后面。

2. 填写范例

《单位（子单位）工程观感质量检查记录》见表 4-67。

表 4-67　单位（子单位）工程观感质量检查记录　　　　鲁 JG－005－001

工程名称		××综合楼	施工单位	××建筑公司
序号		项目	抽查质量状况	质量评价
1	建筑与结构	主体结构外观	共检查 10 点，好 10 点，一般 0 点，差 0 点	好
2		室外墙面	共检查 10 点，好 8 点，一般 2 点，差 0 点	好
3		变形缝、雨水管	共检查 10 点，好 9 点，一般 1 点，差 0 点	好
4		屋面	共检查 10 点，好 9 点，一般 1 点，差 0 点	好
5		室内墙面	共检查 10 点，好 8 点，一般 2 点，差 0 点	好
6		室内顶棚	共检查 10 点，好 5 点，一般 5 点，差 0 点	一般
7		室内地面	共检查 10 点，好 8 点，一般 2 点，差 0 点	好
8		楼梯、踏步、护栏	共检查 10 点，好 4 点，一般 6 点，差 0 点	一般
9		门窗	共检查 10 点，好 8 点，一般 2 点，差 0 点	好
10		雨罩、台阶、坡道、散水	共检查 10 点，好 4 点，一般 6 点，差 0 点	一般
观感质量综合评价			好	
检查结论： 　　工程观感质量综合评价为好，验收合格。 　　施工单位项目负责人：×××　　　　　　　　　　　总监理工程师：××× 　　（盖注册建造师执业印章）　　　　　　　　　　　（建设单位项目负责人）××× 　　　　　　　20××年 6 月 29 日　　　　　　　　　　　　　20××年 6 月 29 日				
注：1. 对质量评价为差的项目应进行返修。 　　2. 观感质量检查的原始记录应作为本表附件。				

七、施工资料移交书

《施工资料移交书》是施工单位将施工资料移交建设单位管理的证明文件。

工程完工后，施工总承包单位应按合同或协议约定的时间，至少向建设单位移交2套施工资料原件，并按要求填写《施工资料移交书》，双方签字盖章办理移交手续。

施工资料的移交应符合以下条件：工程完工且具备竣工验收条件；移交资料内容完整、真实，整理规范，符合相关要求。

《施工资料移交书》宜采用表4-68所示的格式编制并填写。

表4-68　施工资料移交书

工程名称：××科技大厦工程　　　　　　　　　　　　　　　　　　　编号：×××

移交单位	××建筑公司
接收单位	××集团开发公司
移交单位向接收单位移交施工资料　2　套，共计　40盒　。其中包括文字材料　35　册，图样资料　2　册，其他材料　3　册。 　附：移交明细表	
移交单位（公章）：××建筑公司	接收单位（公章）：××集团开发公司
项目负责人：×××	部门负责人：×××
移交人（签字）：××× 联系电话：××××××××	接收人（签字）：××× 联系电话：××××××××
移交时间：20××年××月××日	接收时间：20××年××月××日

技 能 训 练

一、判断题

1.《施工现场质量管理记录》由施工单位填写，监理单位的总监理工程师或建设项目负责人签署验收意见。　　　　　　　　　　　　　　　　　　　　　　　　　（　　）

2.总监理工程师或建设单位项目负责人验收检查不合格，施工单位必须限期改正，否则不允许开工。　　　　　　　　　　　　　　　　　　　　　　　　　　　　（　　）

3.见证人员应经市建委统一培训考试合格并取得"见证人员岗位资格证书"后，方可上岗任职。　　　　　　　　　　　　　　　　　　　　　　　　　　　　　　　　（　　）

4.有见证取样和送检的各项目，凡未按规定送检或送检次数达不到要求的，其工程质量应由有相应资质等级的检测单位进行检测确定。　　　　　　　　　　　　　（　　）

5.送检试样在现场施工试验中随机抽检，可以另外进行。　　　　　　　　（　　）

6.施工日志是单位工程在施工过程中对有关施工技术和管理工作的原始记录，是施工活动各方面情况的综合记载。　　　　　　　　　　　　　　　　　　　　　（　　）

7.《图纸会审记录》是在设计、监理和施工单位有关的项目负责人和专业负责人签认下，形成的正式图纸会审记录。 （　　）

8.《图纸会审记录》由监理单位签字后生效。 （　　）

9. 设计变更是对原设计图纸的某个部位修改或全部修改的一种记录。 （　　）

10. 设计变更时，设计单位应及时下达《设计变更通知单》，必要时附图，并逐条注明应修改图纸的图号。 （　　）

11. 同一区域的相同工程如需用同一个设计变更，可用复印件或抄件，需注明原件存放处。 （　　）

12. 工程洽商记录应分专业办理，内容翔实，必要时应附图。 （　　）

13. 施工企业需要变更时，可以先干活，后办理洽商单。 （　　）

14.《楼层平面放线记录》是施工单位在完成楼层平面放线后，按照相关要求填写的，填写完毕报设计单位审核。 （　　）

15.《标高抄测记录》是在施工单位完成楼层标高抄测后按相关要求填写的，填写后报监理单位审核。 （　　）

16. 施工物资资料是反映工程所用物资质量和性能指标等的各种证明文件和相关配套文件的统称。 （　　）

17. 各施工企业在采购水泥时应该在建设管理机构推荐的企业目录所列的产品中选择，以确保来源的可靠性。 （　　）

18.《回填土试验报告》子目应填写齐全，步数、取样位置简图需标注完整、清晰准确，符合要求。 （　　）

19. 砂浆试块试压后，应将《砂浆试块试压报告》按设计部位及时间顺序编号，及时登记在《砂浆试块试压报告目录表》中。 （　　）

20. 隐检记录中"标高"处填写墙、柱、梁板起止标高或顶标高，"部位"处填写具体楼层段的墙、柱、梁板。 （　　）

21. 预检记录是对施工重要工序进行的预先质量控制检查记录，为通用施工记录，适用各专业。 （　　）

22.《单位（子单位）工程质量控制资料核查记录》由施工单位项目经理在"结论"栏里签字。 （　　）

23.《单位（子单位）工程安全和功能检查资料核查及主要功能抽查记录》由监理单位核查和抽查合格，由施工单位项目经理签字确认。 （　　）

二、单项选择题

1. 工程名称、建筑用途属于工程概况表内容中的（　　）部分。

A. 一般情况　　　B. 构造特征　　　　C. 机电系统　　　　D. 其他

2.《分包单位资质报审表》由（　　）填报。

A. 监理单位　　　B. 设计单位　　　　C. 施工单位　　　　D. 承包单位

3.《分包单位资质报审表》必须经（　　）签字后才作为有效文件。

A. 项目经理　　　　　　　　　B. 总设计师

C. 专业监理工程师　　　　　　D. 总监理工程师

4. 在施工过程中，由（　　）取样人员在现场进行原材料取样和试件制作。
   A. 监理单位　　　　　　　　　　　B. 施工单位
   C. 设计单位　　　　　　　　　　　D. 试验单位

5. 单位工程有见证取样和送检次数不得少于试验总次数的（　　），试验总次数在（　　）以下的不得少于2次。
   A. 30%，10　　　　　　　　　　　B. 10%，30
   C. 30%，5　　　　　　　　　　　D. 5%，10

6.《施工日志》一般由（　　）填写，记录从工程开工之日起至工程竣工之日止的施工情况。
   A. 总监理工程师　　　　　　　　　B. 项目经理
   C. 项目各专业工长　　　　　　　　D. 设计人员

7. 工程洽商分为（　　）。
   A. 技术洽商和经济洽商　　　　　　B. 技术洽商和进度洽商
   C. 经济洽商和进度洽商　　　　　　D. 设计洽商和进度洽商

8. 工程洽商一般由（　　）提供。
   A. 施工单位　　　　　　　　　　　B. 建设单位
   C. 设计单位　　　　　　　　　　　D. 监理单位

9. 办理洽商单时，应（　　）以免发生纠纷。
   A. 附图　　　　　　　　　　　　　B. 注明办理日期
   C. 各专业统一办理　　　　　　　　D. 由设计单位签认

10.《工程定位测量记录》的"内容"栏处填写（　　）。
   A. 完成测量放线的概况性内容　　　B. 明确楼层、纵横轴线
   C. 页数　　　　　　　　　　　　　D. 经查验符合施工图设计尺寸或标高

11.《楼层平面放线记录》的"检查意见"栏由（　　）手写或计算机录入。
   A. 施工单位　　　　　　　　　　　B. 设计单位
   C. 建设单位　　　　　　　　　　　D. 监理单位

12.《楼层平面放线记录》的签字栏中技术负责人为（　　）。
   A. 总设计师　　　　　　　　　　　B. 项目总工
   C. 总监理工程师　　　　　　　　　D. 监理工程师

13. 预拌混凝土搅拌单位应于（　　）d之内提供预拌混凝土出厂合格证。
   A. 15　　　　　　　　　　　　　　B. 20
   C. 30　　　　　　　　　　　　　　D. 32

14.《隐蔽工程检查记录》由（　　）填报。
   A. 建设单位　　　　　　　　　　　B. 施工单位
   C. 设计单位　　　　　　　　　　　D. 监理单位

15.《隐蔽工程检查记录》的审核意见、复查结论由（　　）填写。
   A. 建设单位　　　　　　　　　　　B. 施工单位
   C. 设计单位　　　　　　　　　　　D. 监理单位

16. 隐蔽工程施工完毕后，由（　　　）填写《隐蔽工程检查记录》。
    A. 项目经理　　　　　　　　　　B. 专业工长
    C. 专业监理工程师　　　　　　　D. 设计人员

17.《交接检查记录》中"见证单位"规定：当在总包管理范围内的分包单位之间移交时，见证单位就为（　　　）。
    A. 总包单位　　　　　　　　　　B. 建设单位
    C. 监理单位　　　　　　　　　　D. 设计单位

18.《交接检查记录》由（　　　）保存。
    A. 移交单位　　　　　　　　　　B. 接收单位
    C. 见证单位　　　　　　　　　　D. 以上全部

19.《地基验槽检查验收记录》由（　　　）填写。
    A. 建设单位　　　　　　　　　　B. 施工单位
    C. 设计单位　　　　　　　　　　D. 监理单位

20.《地基验槽检查验收记录》的检查意见、检查结论由（　　　）填写。
    A. 勘察单位、监理单位　　　　　B. 施工单位、监理单位
    C. 设计单位、监理单位　　　　　D. 勘察单位、施工单位

21.《地基钎探记录》应填写清楚、真实，并有（　　　）签字。
    A. 钎探记录人、施工员、项目技术负责人
    B. 总监理工程师、设计师
    C. 项目经理、总监理工程师
    D. 施工员、项目技术负责人

22. 在完成检验批的过程中，由（　　　）试验负责人负责制作施工试验试件。
    A. 建设单位　　　　　　　　　　B. 施工单位
    C. 设计单位　　　　　　　　　　D. 监理单位

23. 一批材料进场后，施工单位应首先进行（　　　）。
    A. 见证取样　　　　　　　　　　B. 进场检验
    C. 质量证明　　　　　　　　　　D. 出厂检验

24.《单位工程质量竣工验收记录》应由（　　　）填写。
    A. 监理单位　　　　　　　　　　B. 施工单位
    C. 设计单位　　　　　　　　　　D. 城建档案馆

25.《单位（子单位）工程质量竣工验收记录》的"验收结论"部分由（　　　）填写。
    A. 施工单位　　　　　　　　　　B. 监理单位
    C. 设计单位　　　　　　　　　　D. 承包人

26.《单位（子单位）工程安全和功能检查资料核查及主要功能抽查记录》由（　　　）填写。
    A. 施工单位　　　　　　　　　　B. 监理单位
    C. 设计单位　　　　　　　　　　D. 项目负责人

27.《单位(子单位)工程质量观感质量检查记录》由(　　　)组织参加验收的各方代表共同实地检查。

A. 监理工程师　　　　　　　　　B. 项目经理

C. 设计师　　　　　　　　　　　D. 质检人员

三、多项选择题

1.《工程概况表》是对工程基本情况的简要描述,内容包括(　　　)。

A. 一般情况　　　　　　　　　　B. 空调系统

C. 构造特征　　　　　　　　　　D. 机电系统

E. 其他

2.《施工现场质量管理检查记录》的"结论"栏由(　　　)填写。

A. 总监理工程师　　　　　　　　B. 建设单位项目负责人

C. 承包人　　　　　　　　　　　D. 设计人员

E. 施工人员

3.《分包单位资质报审表》要求(　　　)签章。

A. 项目经理　　　　　　　　　　B. 专业监理工程师

C. 总监理工程师　　　　　　　　D. 设计人员

E. 总设计师

4. 分包单位资格审核的内容包括(　　　)。

A. 营业执照　　　　　　　　　　B. 企业资质等级证书

C. 特殊行业施工许可证　　　　　D. 特种作业人员的资格证

E. 作业人员人数

5. 见证取样和送检管理工作包括(　　　)。

A. 制定有见证取样和送检计划　　B. 制定见证记录

C. 制定施工试验计划　　　　　　D. 制定施工试验记录

E. 报送监理单位

6. 下列选项中,属于应进行见证取样和送检的项目包括(　　　)。

A. 用于承重结构的混凝土试块

B. 用于承重墙体的砌筑砂浆试块

C. 用于承重结构的钢筋和连接接头试件

D. 用于承重墙的砖和混凝土小型砌块

E. 用于装饰的木板

7. 施工活动记载包括(　　　)。

A. 主要分部分项工程的起止日期

B. 施工阶段特殊情况(停电、停水、停工、窝工等)的记录

C. 设计单位在现场解决问题的记录

D. 进行技术交底、技术复核和隐蔽工程验收的摘要记载

E. 工程技术、质量、安全、生产变化、人员变动情况

8. 下列选项中，属于设计交底的是(   )。
  A. 工程建筑概况
  B. 功能概况
  C. 建筑设计关键部位
  D. 结构设计关键部位
  E. 进度计划

9. 设计变更文件包括(   )。
  A.《图纸会审记录》
  B.《设计变更通知单》
  C.《工程洽商记录》
  D.《见证记录》
  E.《技术交底记录》

10. 设计变更是工程施工和结算的依据，由(   )保存。
  A. 建设单位
  B. 监理单位
  C. 设计单位
  D. 施工单位
  E. 分包单位

11.《设计变更通知单》由(   )的有关负责人及设计专业负责人签认后生效。
  A. 建设单位
  B. 监理单位
  C. 施工单位
  D. 设计单位
  E. 工程总包单位

12. 填写《工程定位测量记录》时，根据建筑物的形式，核查(   )布置是否合理、位置、数量是否能满足测量的要求。
  A. 轴线控制桩
  B. 轴线投测点
  C. 标高投测点
  D. 场地控制点
  E. 水准点

13. 基槽验线的主要检测内容包括(   )。
  A. 基槽的四边轮廓线
  B. 主轴线
  C. 断面尺寸
  D. 基底标高
  E. 水平角度

14.《楼层平面放线记录》的"放坡简图"应标明楼层外轮廓线、(   )。
  A. 楼层重要控制轴线
  B. 所在楼层相对高程
  C. 指北针方向
  D. 分楼层段的具体图名
  E. 基底标高

15. 建筑工程物资出厂质量证明文件包括(   )。
  A. 产品合格证
  B. 质量合格证
  C. 检验报告
  D. 试验报告
  E. 设计图纸

16.《回填土试验报告》的填写方法中，"回填土种类"应填(   )等。
  A. 素土
  B. 基坑
  C. 灰土
  D. 级配砂石
  E. 砂

17. 回填土试验项目包括(　　)。

    A. 压实系数   B. 干密度

    C. 配合比设计   D. 含水率

    E. 击实试验

18. 单位工程质量观感检查验收等级分为(　　)。

    A. 好   B. 一般

    C. 优良   D. 差

    E. 合格

19. 单位工程完工后，由施工单位编写《工程竣工报告》，内容包括(　　)。

    A. 工程概况及实际完成情况   B. 企业自评的工程实体质量情况

    C. 企业自评施工资料完成情况   D. 主要建筑设备、系统调试情况

    E. 安全和功能检测、全部功能检查情况

四、案例分析

1. 建筑某住宅小区，现 B 单位对该工程实行分包，填写《分包单位资质报审表》，提请项目监理机构对其分包单位资质提请报审的批复。

(1)分包单位资格审核的内容包括哪些？

(2)《分包单位资质报审表》的填写要求有哪些？

2. 某写字楼施工，现进行技术交底。

(1)技术交底编制原则是什么？

(2)技术交底内容包括哪些？

3. 某写字楼建设工程施工，对基槽进行检测，填写《基槽验线记录》。

(1)《基槽验线记录》的填写要求有哪些？

(2)基槽验线的主要检测内容包括哪些？

4. 建造某住宅小区，现有一批工程物资进场，包括水泥、半成品钢筋、预拌混凝土、混凝土预制构件、钢构件。其中，此批水泥出厂不满 28 d。

(1)此批水泥生产厂家应在多少天后及时补报合格证？

(2)预拌混凝土出厂合格证应包括哪些内容？

5. 某工程土方挖出槽底设计标高，现钎探完成，对建筑物持力层情况进行验收，填写《地基验槽检查验收记录》。

(1)基础验槽检查包括哪些内容？

(2)《地基验槽检查验收记录》应记录哪些内容？

项目五 竣工图和工程竣工文件管理

》》项目导航

　　竣工图是对实体施工成果的反应,在工程结算、房屋改建等方面具有非常重要的作用。由于施工单位在施工期间整天在施工现场,对施工过程中的变更情况了解的最全面、最系统,由具备一定的专业设计技术的项目技术负责人(或施工员)编制最为合适。竣工图由施工单位编制,监理单位审核,建设单位管理。

　　工程竣工文件是建筑工程资料必不可少的一部分,由建设单位负责收集、整理。建设单位资料员应制定工程竣工文件收集计划,由建设单位项目负责人审定、交底。

　　建设单位资料员收集资料时,应严格审查资料的来源、保存份数、保存单位,审查资料的签字、盖章,并在计算机和收集台账上做好登记。

　　党的二十大报告指出:"问题是时代的声音,回答并指导解决问题是理论的根本任务。"竣工图和工程竣工验收文件分别包括哪几种类型?如何形成?质量要求什么?由哪些单位保存?回答这些问题是理论解决的根本任务。

任务一　熟悉竣工图和工程竣工文件的形成和管理要求

》》任务目标

知识目标	能力目标	素养目标
1. 熟练掌握竣工图和工程竣工文件的类型及形成时间; 2. 熟练掌握竣工图、工程竣工文件的基本管理要求	1. 能够编制工程竣工文件管理计划; 2. 能够建立工程竣工文件收集台账; 3. 能够进行工程竣工文件管理交底	1. 养成实事求是、不弄虚作假的工作习惯; 2. 养成细心周到、按时完成任务的工作作风

一、竣工图和工程竣工文件的形成

竣工图和工程竣工文件的形成宜符合图 5-1 所示的步骤。

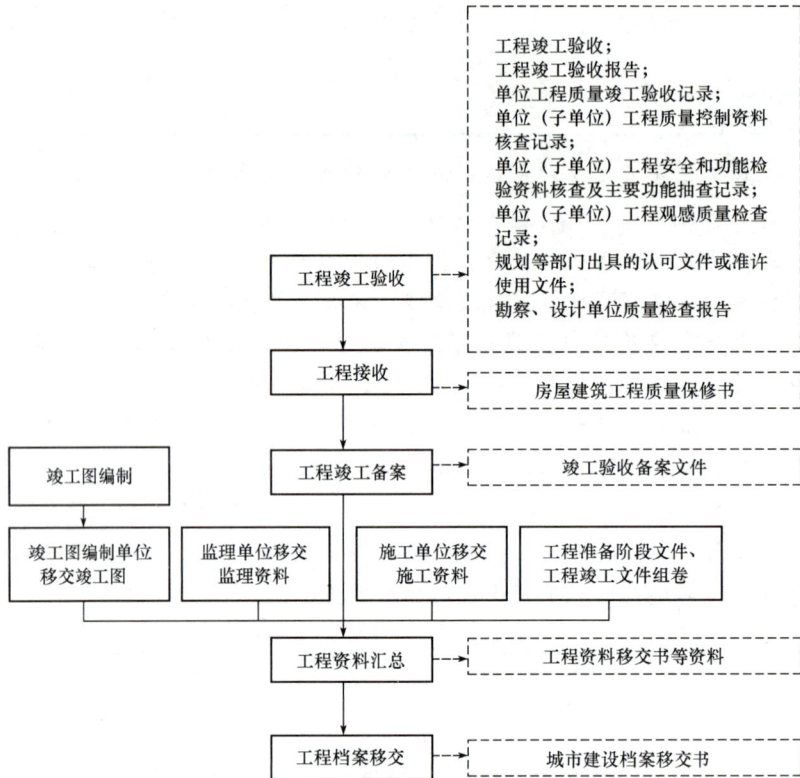

图 5-1 竣工图和工程竣工文件的形成

二、竣工图和工程竣工文件的管理要求

(1)竣工图编制、组卷工作由建设单位负责,也可由建设单位委托施工单位、监理单位、设计单位或其他单位承担(一般由施工单位承担)。

(2)工程竣工总结由施工单位在工程竣工阶段编制,应真实反映工程建设实施情况。

(3)工程竣工验收报告由建设单位在工程竣工验收后进行编制,应真实反映工程竣工验收情况。

(4)勘察单位工程质量检查报告是指对与工程勘察相关的工程质量检查后,由勘察单位形成的报告。

(5)设计单位工程质量检查报告是指对工程设计文件及设计单位签署的变更通知实施情况检查后,由设计单位形成的报告。

任务二　编制、收集与审查竣工图

任务目标

知识目标	能力目标	素养目标
1. 了解竣工图的作用； 2. 熟练掌握竣工图的编制要求和方法； 3. 熟练掌握竣工图的审核内容和方法	1. 能够编制竣工图； 2. 能够审核竣工图	1. 养成实事求是、不弄虚作假的工作习惯； 2. 养成细心周到、按时完成任务的工作作风

一、竣工图的作用

(1)竣工图是建筑工程新建、改建、扩建及工程管理、维修的技术依据。

(2)竣工图是城市规划、建设、管理等工作的重要依据。

(3)竣工图是司法鉴定裁决建筑纠纷的法律凭证。

(4)竣工图是工程结算的依据。

二、编制竣工图的职责与分工

(1)竣工图的编制与整理工作由建设单位负责，也可由建设单位委托施工单位、监理单位、设计单位或其他单位负责。

(2)建设项目实行总包制的各分包单位应负责编制各自承包范围工程的竣工图；总包单位除编制自行施工工程的竣工图外，还应负责审核、整理和汇总各分包单位编制的竣工图。总包单位在交工时应向建设单位提交全部工程竣工图。

(3)建设单位将建设项目分包给几个施工单位时，各施工单位应负责编制各自承包工程的竣工图，建设单位负责审查、整理和汇总。

(4)竣工图的编制工作应实行"谁施工谁负责"的原则。

1)建筑工程由项目部施工技术人员编制，项目技术负责人审核、批准和汇总。

2)安装工程由各专业施工技术人员编制，项目技术负责人审核、批准和汇总。

3)施工技术人员调离时应将个人负责的竣工图整理完毕，经审核无误后与项目技术负责人做好交接。

4)大、中型工程的竣工图，由项目技术负责人主持编制，经公司技术部门复核，总工程师审批和主管档案部门验收。

三、竣工图的编制要求

(1)凡按施工图施工没有变动的，由竣工图编制单位在施工图图签附近空白处加盖并签署竣工图章。

(2)凡发生一般性图纸变更的，编制单位可在施工图上直接改绘，并标明变更修改依据，加盖及签署竣工图章。

(3)凡发生结构形式、工艺、平面布置、项目等重大改变及图面变更超过1/3的，应重新绘制竣工图。重新绘制的图纸必须有图名和图号，图号可按原图编号。

(4)竣工图应依据审核后的施工图、《图纸会审记录》《设计变更通知单》《工程洽商记录》《技术核定单》《隐蔽工程验收记录》《竣工测量记录》等进行编制。

(5)编制竣工图时必须编制各专业竣工图的图纸目录，绘制的竣工图必须准确、清楚、完整、规范，修改必须到位，真实反映项目竣工验收时的实际情况，做到图物相符。

(6)用作竣工图的图纸必须是新蓝图或绘图仪绘制的白图，不得使用复印的图纸。

竣工图的编制

(7)竣工图编制单位应按照国家建筑制图规范要求绘制竣工图，使用绘图笔或签字笔及不褪色的绘图墨水。

四、竣工图的主要内容

竣工图应按单位工程，并根据专业、系统进行分类和整理，其类别、来源及保存宜符合表5-1所示的规定。

表5-1　竣工图的类别、来源及保存

工程资料类别	工程资料名称	工程资料来源	工程资料保存		
			施工单位	建设单位	城建档案馆
D类	建筑竣工图	编制单位	▲	▲	▲
	结构竣工图	编制单位	▲	▲	▲
	钢结构竣工图	编制单位	▲	▲	▲
	幕墙竣工图	编制单位	▲	▲	▲
	室内装饰竣工图	编制单位	▲	▲	
	建筑给水排水与供暖竣工图	编制单位	▲	▲	▲
	建筑电气竣工图	编制单位	▲	▲	▲

注：表中符号"▲"表示必须归档保存；"△"表示选择性归档保存。

五、竣工图的类型

(1)利用施工蓝图改绘的竣工图。
(2)在二底图上修改的竣工图。
(3)重新绘制的竣工图。
(4)用 CAD 软件绘制的竣工图。

六、竣工图的绘制

1. 利用施工蓝图改绘竣工图

利用施工蓝图改绘竣工图时应使用新晒制的蓝图，不得使用复印图纸。在施工蓝图上一般采用杠(划)改法、叉改法，局部修改时可以圈出更改部位，在原图空白处绘出更改内容，所有变更处都必须引划索引线并注明更改依据。在施工图上改绘时，不得使用涂改液涂抹、刀刮、补贴等方法修改图纸。

具体的改绘方法可视图面、改动范围和位置、繁简程度等实际情况而定，以下是常见改绘方法的说明：

(1)取消的内容。

1)尺寸、门窗型号、设备型号、灯具型号、钢筋型号和数量、注解说明等数字、文字、符号的取消，可采用杠(划)改法，如图 5-2 所示，即将取消的数字、文字、符号等用横杠杠掉(不得涂抹掉)，从修改的位置引出带箭头的索引线，在索引线上注明修改依据，即"见×号洽商×条"，也可注明"见××××年××月××日洽商×条"。

改绘竣工图

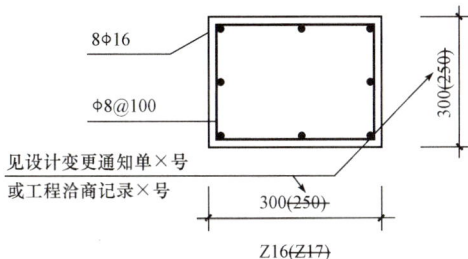

图 5-2　杠(划)改法范例

2)隔墙、门窗、钢筋、灯具、设备等的取消，可用叉改法，如图 5-3 所示，即在图上将取消的部分画"×"，在图上描绘取消的部分较长时，可视情况划几个"×"，以表示清楚为准，并从图上修改处用箭头索引线引出，注明修改依据。

(2)增加的内容。

1)在建筑物某一部位增加隔墙、门窗、灯具、设备、钢筋等，均应在图上的实际位置用规范制图方法绘出，如图 5-4 所示，并注明修改依据。

2)如增加的内容在原位置绘不清楚，应在本图的适当位置(空白处)按需要补绘大样图，如图 5-5 所示，并保证准确、清楚，如本图上无位置可绘，应另用硫酸纸绘补图并晒成蓝图或用绘图仪绘制白图后附在本专业图纸之后。注意在原修改位置和补绘图纸上均应注明修改依据，补图要有图名和图号。

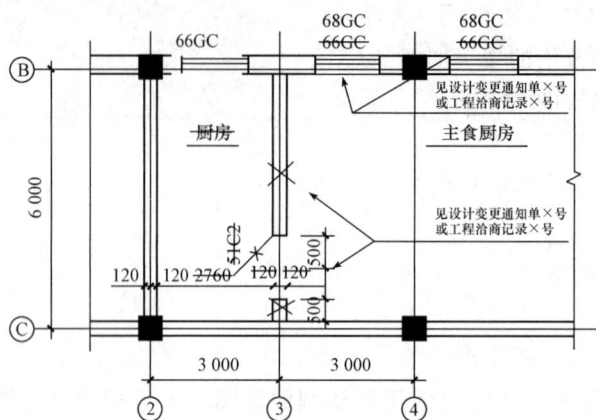

图 5-3　叉改法范例

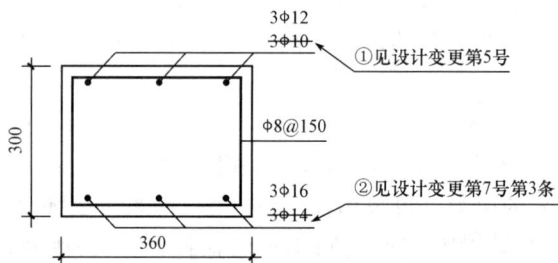

图 5-4　增加范例

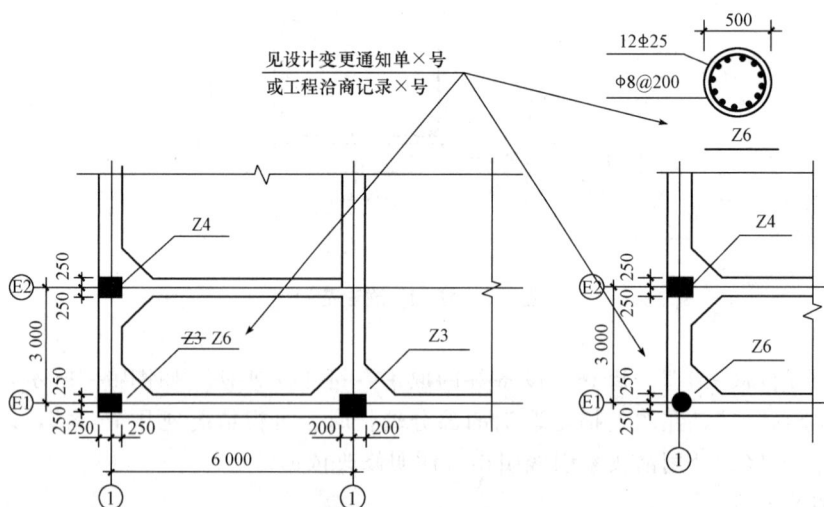

图 5-5　补绘大样图范例

(3)内容变更。

1)数字、符号、文字的变更，可在图上用杠(划)改法将取消的内容杠去，在其附近空白处增加更正后的内容，并注明修改依据。

2）设备配置位置，灯具、开关型号等的变更引起的改变及墙、板、内外装修等的变化均应在原图上改绘。

3）当图纸某部位变化较大，或在原位置上改绘有困难，或改绘后杂乱无章时，可以采用以下办法改绘：

①画大样改绘。先在原图上标出应修改部位的范围，后在需要修改的图纸上绘出修改部位的大样图，并在原图改绘范围和改绘的大样图处注明修改依据。

②另绘补图修改。如原图纸无空白处，可把应改绘的部位绘制成硫酸纸补图并晒成蓝图后，作为竣工图纸，补在本专业图纸之后。

③个别蓝图需重新绘制竣工图。如果对某张图纸的修改不能在原蓝图上表示清楚，应重新绘制整张图作为竣工图，重绘的图纸应按国家制图标准和绘制竣工图的规定制图。

（4）加写说明。凡设计变更、洽商的内容应当在竣工图上修改的，均应用绘图方法改绘在蓝图上，不再加以说明。如果修改后的图纸仍然有内容无法表示清楚，可用精练的语言适当加以说明。

1）图上某一种设备、门窗等型号的改变，涉及多处修改时，要对所有涉及的地方全部加以改绘，其修改依据可标注在一个修改处，但需在此处作简单说明。

2）钢筋的代换，混凝土强度等级的改变，墙、板、内外装修材料的变化，由建设单位自理的部分等在图上修改难以用作图方法表达清楚时，可加注或用索引的形式加以说明。

3）凡涉及说明类型的洽商，应在相应的图纸上使用设计规范用语反映洽商内容。

（5）注意事项。

1）竣工图必须在施工过程中绘制，不能在竣工后绘制。例如：基础竣工图一般在基础验收后一个月内完成，主体结构施工图、竣工图一般在主体结构验收后三个月内完成。

2）施工图纸目录必须加盖竣工图章，作为竣工图归档。凡有作废、补充、增加和修改的图纸，均应在施工图目录上标注清楚，即将作废的图纸在目录上杠掉，将补充的图纸在目录上列出图名、图号。

3）如果施工图改变量大，设计单位重新绘制了修改图，应以修改图代替原图，原图不再归档。

4）凡是将洽商图作为竣工图的，必须进行必要的制作。

如洽商图是按正规设计图纸要求进行绘制的，可直接作为竣工图，但需统一编写图名、图号，并加盖竣工图章，作为补图，并在说明中注明是哪张图、哪个部位的修改图，还要在原图修改部位标注修改范围，并标明见补图的图号。

如洽商图未按正规设计要求绘制，均应按制图规定另行绘制竣工图，其余要求同上。

5）某一条洽商可能涉及两张或两张以上图纸，某一局部变化可能引起系统变化，因此凡被涉及的图纸和部位均应按规定修改，不能只改其一，不改其二。

6）不允许将洽商的附图原封不动地贴在或附在竣工图上作为修改，也不允许将洽商的内容抄在蓝图上作为修改，凡修改的内容均应改绘在蓝图上或做补图附在图纸之后。

7）根据规定需重新绘制竣工图时，应按绘制竣工图的要求制图。重新绘制完成的竣工图不得用笔修改。签名应齐全，且宜用本人的手写体，严禁打印。

8）修改时，字、线使用的规定。

①字：采用仿宋字，字体的大小要与原图采用字体的大小相协调，严禁错、别、草字；

②线：一律使用绘图工具，不得徒手绘制。

9）施工蓝图的规定。

图纸反差要明显，以适应缩微等技术要求，凡旧图、反差不好的图纸，不得作为改绘用图，修改的内容和有关说明，均不得超过原图框。

10）文字说明语气应为完工的工程说明，即竣工说明，不能照抄原设计图的设计说明，设计说明中的一些词不能使用在竣工图说明中，如"建议""宜""必须""拟"等。竣工图说明应充分体现已完工程的施工过程是已发生的。

2. 在二底图上修改的竣工图

（1）用设计底图或施工图制成二底（硫酸纸）图，在二底图上依据设计变更、工程洽商内容用刮改法进行绘制，即用刀片将需要更改的部位刮掉，再将变更内容标注在修改部位，并在图中空白处做修改内容备注表，见表5-2。

表5-2　修改内容备注表

设计变更、洽商编号	简要变更内容

（2）修改的部位用语言描述不清楚时，也可用细实线在图上划出修改范围。

（3）以修改后的二底图作为竣工图，宜晒制成蓝图后，再加盖竣工图章。

（4）如果二底图修改次数较多，个别图面可能出现模糊不清等技术问题，必须进行技术处理或重新绘制，以期达到图面整洁、字迹清楚等质量要求。

3. 重新绘制的竣工图

根据工程竣工现状和洽商记录绘制竣工图，重新绘制竣工图要求与原图比例相同，符合制图规范，有标准的图框和内容齐全的图签，图签中应有明确的竣工图字样或加盖竣工图章。

4. 用CAD软件绘制的竣工图

（1）将图纸变更结果直接改绘到电子版施工图中，用云线圈出修改部位，按表5-2所示的形式做修改内容备注表。

(2)竣工图的比例应与原施工图一致。

(3)设计图签中应有原设计单位人员的签字。

(4)委托本工程设计单位编制竣工图时，应直接在设计图签中注明"竣工阶段"，并应有绘图人、审核人的签字。

(5)竣工图章可直接绘制成电子版竣工图签，出图后应有相关责任人的签字。

(6)电子竣工图的格式应为 TIFF、PDF、DWG。

七、竣工图的审核

1. 竣工图的审核要求

(1)竣工图编制完成后，监理单位应督促和协助竣工图编制单位检查其竣工图编制情况，发现不准确或内容短缺时要及时修改和补齐。

(2)竣工图的内容应与施工图设计、设计变更、洽商、材料变更、施工及质检记录符合。

(3)竣工图应按单位工程、装置或专业编制，并配有详细编制说明和目录。

(4)竣工图应使用新的或干净的施工图，并按要求加盖并签署竣工图章。

(5)一张更改通知单涉及多图的，如果图纸不在同一卷册，应将复印件附在有关卷册中，或在备考表中说明。

(6)国外引进项目、引进技术或由外方承包的建设项目，外方提供的竣工图应由外方签字确认。

2. 竣工图的审核程序

(1)审核文件是否为原件。归档的文件应该为原件，原件是工程档案作为凭证最有力的依据。在工程建设过程中往往避免不了会出现一些复印件、传真件，这些复印件一旦归档，既不利于档案的长期保管，也会给今后的提供利用造成不必要的麻烦与损失。因此，工程档案人员应该认真检查，杜绝复印件、传真件的归档。

(2)审核文件内容是否填写完整。施工技术文件中的内容直接反映了工程建设的实际情况，是评定工程质量的重要依据。首先，一些项目仅注重阶段性文件资料的收集，往往不注重建设项目全过程文件资料的完整归档，特别容易忽略工程建设后期形成的文件资料，使得项目档案的成套性、完整性欠缺。其次，由于施工技术人员存在重外轻内的思想意识，这往往会造成施工技术文件的内容填写不完整，无法反映工程施工过程的详细情况，如在原材料试验记录中，只填写试验数据，没有结论意见；复试报告和各项技术数据的填写不翔实等。审核时必须针对不完整的填写内容，要求相关技术人员根据实际情况重新核对，补充完整。

(3)审核文件的签名、盖章手续是否完备。签名、盖章完整与否，会影响工程文件使用的合法有效性；同时，我国已实行建设工程质量终身负责制，文件中的签名与盖章意味着参与工程建设的单位和个人对工程质量的责任。在工程建设活动中形成的各种试验记录、施工记录以及往来的报批文件中如出现漏签名、代签名、漏盖章，甚至盖假章现象，应该坚决杜绝。

(4)审核文件中的数据是否存在涂改现象。工程文件具有动态性，工程技术人员会随着工程建设情况的变化对文件中的数据进行更改，从而出现使用涂改液涂改或用刀片刮改等不规范更改的情况。这些现象都会影响工程档案日后的使用，应该由相关人员进行整改，以保证工程规范和文件中数据的准确性。

（5）审核文件中是否存在不耐久字迹现象。在工程文件的编制过程中，许多工程施工人员、技术人员存在随意性行为习惯，这会造成相当一部分文件用红墨水、纯蓝墨水、圆珠笔、铅笔、复写纸等字迹不耐久工具书写，这些不耐久字迹会随着时间的不断推移而褪色，不利于工程档案的长期保存。因此，一旦发现有不耐久字迹现象，应该及时采取补救措施。

（6）审核竣工图的编制是否符合规范要求。工程竣工图是建筑物、构筑物工程施工结果在图纸上的反映，是工程竣工决算以及维护改、扩建的重要依据。但在竣工图的编制过程中，往往存在着编制不符合规范要求的现象，其主要表现在：

1）一些项目的竣工图归档不完整，一些竣工图的修改不到位，造成竣工图与工程实际不符；竣工图中相关责任人的签字经常漏缺不全；有些竣工图编制不规范、标识不统一，无设计与竣工数量对照表；变更执行程序的不规范，导致竣工图的误差和失实。

2）图纸没有按实际变更通知更改或更改不到位，更改的符号与说明不符合标准要求，没有加盖竣工图章等。

（7）审核文件格式是否符合标准。对于工程文件的书写格式及竣工图的图幅格式，各参建单位应做到标准化、规范化，以保证归档文件整齐统一。

（8）审核声像材料是否能够有效使用。在工程建设活动中还会产生一些非纸质载体的文件，如照片、录音、录像及电子磁盘、光盘等。针对这些特殊载体的材料应检查其存储格式是否符合国家有关规范要求。

3. 竣工图容易出现的问题

（1）修改图纸不是新蓝图，计算机出图中有复印图，图面不清洁，字迹不清楚。

（2）变更不修改或修改不完全。

（3）变更修改不规范，表现为绘图不符合国家制图标准，用铅笔、红笔改图，改图后未注明变更依据，对已出变更图的原施工图未注明变更注记仍加盖竣工图章，使竣工图章形同虚设，失去了竣工标志的意义。

（4）乱盖竣工图章，不仅位置不对，还与原图图形、文字重叠，甚至对已作废图纸仍加盖竣工图章，视竣工图编制这项极其严肃的工作如同儿戏。

（5）签字手续不完备，代签现象严重，有的图标签字甚至是一人所为。

八、竣工图章

1. 竣工图章的基本内容

竣工图章的基本内容包括："竣工图"字样、施工单位、编制人、审核人、技术负责人、编制日期、监理单位、监理工程师、总监理工程师。竣工图章尺寸应为 50 mm×80 mm。竣工图章的内容、尺寸要求如图5-6所示。

竣工图章

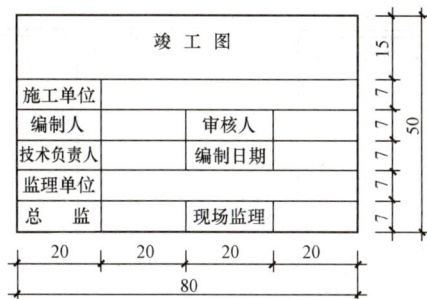

图 5-6 竣工图章的内容、尺寸要求

2. 竣工图章的使用要求

(1)所有竣工图均应加盖竣工图章。

(2)竣工图章应使用不易褪色的红印泥，盖在图标栏上方的空白处。

(3)竣工图章中的签名必须齐全，不得代签，其中，施工单位审核人应为项目负责人。

九、图纸折叠

(1)图纸折叠前应按裁图线裁剪整齐。

(2)图面应折向内侧成手风琴风箱式，应符合《技术制图 复制图的折叠方法》(GB/T 10609.3—2009)的规定。

(3)折叠后幅面尺寸以 A4 图纸基本尺寸(210 mm×297 mm)为标准。

(4)图纸及竣工图章应露在外面。

(5)A3～A0 图纸应在装订边 297 mm 处折一三角或剪一缺口，并折进装订边。

(6)A4 图纸不折叠，A3～A0 图纸可按图 5-7～图 5-10 所示方法折叠。

(7)折叠图纸前，准备好一块略小于 A4 图纸尺寸(一般为 292 mm× 205 mm)的模板。折叠时，应先把图纸放在规定位置，然后按照折叠方法的编号顺序依次折叠。

图纸折叠方法

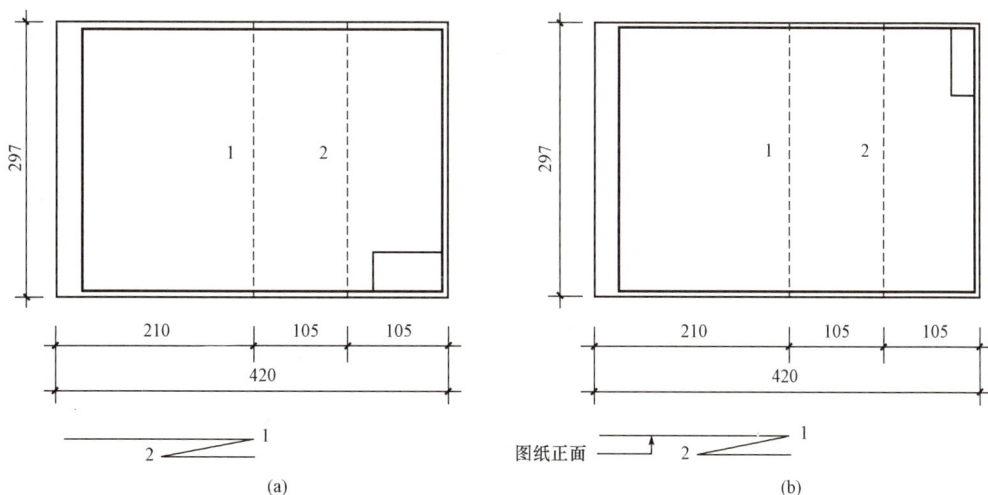

(a)

(b)

图 5-7 A3 图纸折叠示意

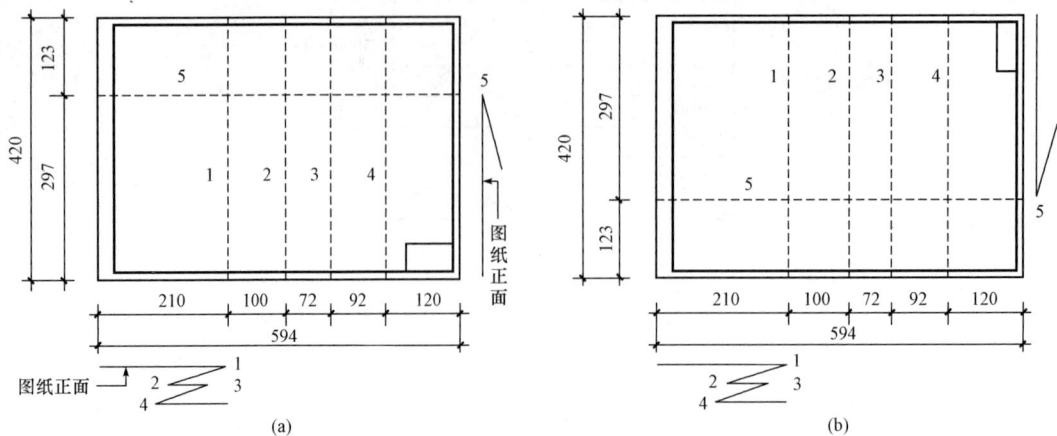

图 5-8　A2 图纸折叠示意

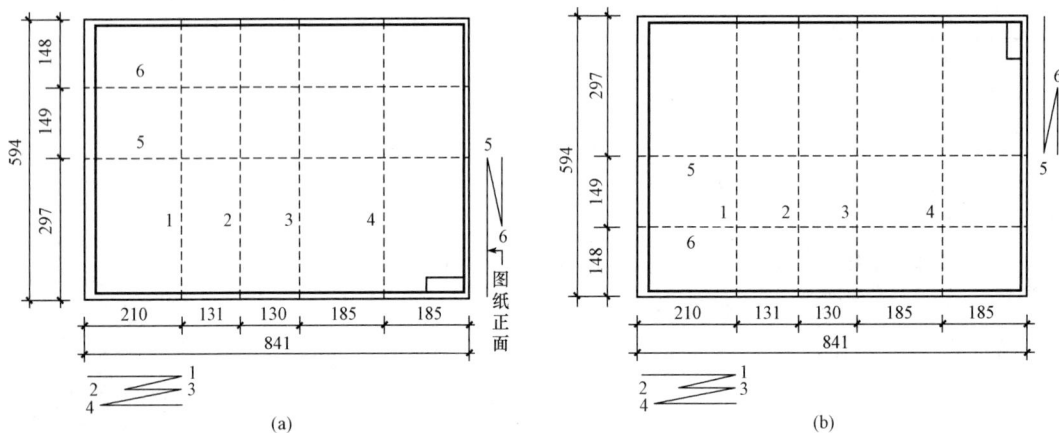

图 5-9　A1 图纸折叠示意

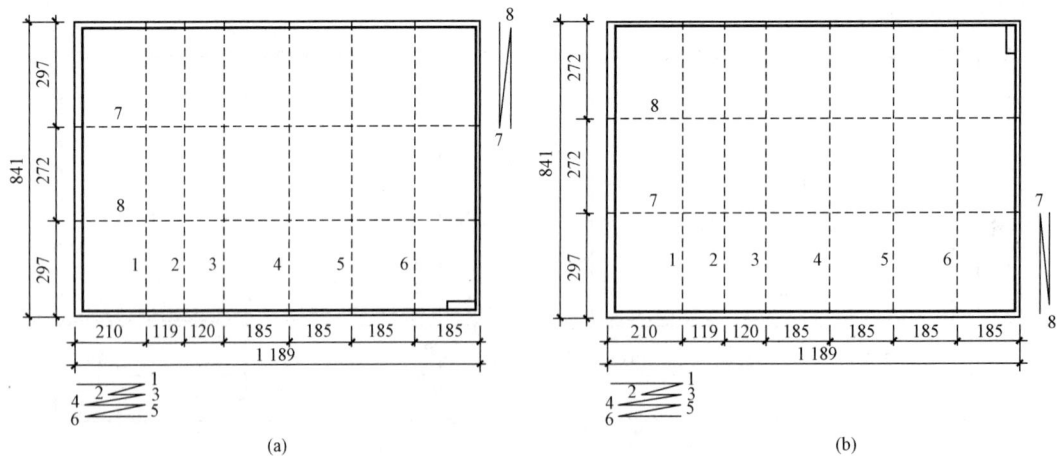

图 5-10　A0 图纸折叠示意

任务三 编制、收集与审查工程竣工验收文件

>> 任务目标

知识目标	能力目标	素养目标
1. 熟练掌握工程竣工验收文件的类别、来源及保存单位； 2. 熟练掌握工程竣工验收文件的填写要求	1. 能够收齐工程竣工验收文件； 2. 能够审查工程竣工验收文件	1. 养成实事求是、不弄虚作假的工作习惯； 2. 养成细心周到、按时完成任务的工作作风

一、工程竣工验收文件的主要内容

工程竣工验收文件的类别、来源及保存宜符合表 5-3 所示的规定。

表 5-3　工程竣工验收文件的类别、来源及保存

类别	归档文件	文件来源	保存单位				
			建设单位	设计单位	施工单位	监理单位	城建档案馆
E1	竣工验收与备案文件						
1	勘察单位工程质量检查报告	勘察单位	▲		△	△	▲
2	设计单位工程质量检查报告	设计单位	▲	▲	△	△	▲
3	施工单位工程竣工报告	施工单位	▲		▲	△	▲
4	监理单位工程质量评估报告	监理单位	▲		△	▲	▲
5	工程竣工验收报告	建设单位	▲	▲	▲	▲	▲
6	工程竣工验收会议纪要	建设单位	▲	▲	▲	▲	▲
7	专家组竣工验收意见	建设单位	▲	▲	▲	▲	▲
8	工程竣工验收证书	建设单位	▲	▲	▲	▲	▲
9	规划、消防、环保、民防、防雷等部门出具的认可文件或准许使用文件	政府主管部门	▲	▲	▲	▲	▲
10	房屋建筑工程质量保修书	施工单位	▲				▲
11	住宅质量保证书、住宅使用说明书	施工单位	▲		▲		▲
12	建设工程竣工验收备案表	建设单位	▲	▲	▲	▲	▲
13	建设工程档案预验收意见	城建档案馆	▲		△		▲
14	城市建设档案移交书	建设单位	▲				▲
E2	竣工决算文件						
1	施工决算文件	施工单位	▲		▲		△
2	监理决算文件	监理单位	▲			▲	△
E3	工程声像资料等						

1	开工前原貌、施工阶段、竣工新貌照片	建设单位	▲		△	△	▲
2	工程建设过程的录音、录像资料(重大工程)	建设单位	▲		△	△	▲
E4	其他工程文件						

注:表中符号"▲"表示必须归档保存;"△"表示选择性归档保存。

二、施工单位工程竣工报告

1. 填写要求

(1)工程概况。写明工程名称、工程地址、工程结构类型、建筑面积、占地面积、地下及地上层数、基础类型、建筑物檐高、主要工程量、开工和完工日期;建设、勘察、设计、监理、总包及分包施工单位名称。

(2)施工主要依据。说明施工主要依据,标明合同名称及备案编号、设计图工程号及主要设计变更编号,说明施工执行的主要标准。

(3)工程施工情况。

1)人员组织情况。注明总包单位项目部项目经理、技术负责人、专业负责人、施工现场管理负责人等的姓名、执业证书及编号,特殊工种人员持证上岗情况。

2)项目专业分包情况。注明专业分包情况,分包单位的名称、资质证书号码和技术负责人的姓名、执业证书及编号。

3)工程施工过程。注明施工工期定额规定的施工天数、实际施工天数、工程总用工工日。按照《建筑工程施工质量验收统一标准》(GB 50300—2013)中分部工程的划分,简介各分部主要施工方法,重点描述地基基础、主体结构施工过程,包括建筑地基种类(天然或人工)、深度(槽底标高)、承载力数值、允许变形要求。说明地基处理情况,及地基土质和地下水对基础有无侵蚀性。说明混凝土的制作及浇筑方法、砌体结构的砌筑方法、模板制作方法、钢筋接头方法等。说明主要建筑材料的使用情况,用于主体结构的建筑材料,门窗、防水、保温材料,混凝土外加剂、特种设备等产品是否符合相关规定,生产厂家是否具有生产许可证品牌并注明生产厂家名称。说明建筑材料、构配件设备是否按规定进行了报验,是否按规定进行了复试、有见证取样与送检,注明有见证取样与送样的见证人姓名和见证试验机构名称。说明是否有合格证明文件,是否符合国家及地方标准。

4)工程施工技术措施及质量验收情况。简介各工序采用了哪些技术、质量控制措施及新技术、新工艺和特殊工序。评定工程质量采用的标准,说明执行《工程建设标准强制性条文》和国家工程施工质量验收规范及安全与功能性检测,原材料试验,施工试验,主要建筑设备、系统调试的情况。说明地基基础与主体结构及分部验收质量是否达标,企业竣工自检、施工资料管理等情况。

5)工程完成情况。说明是否依法完成了合同约定的各项内容,有无甩项,有无质量遗留问题,以及需要说明的其他事项。

(4)工程质量总体评价。说明工程是否达到设计要求,是否符合《工程建设标准强制性条文》和国家工程施工质量验收规范,是否达到了施工合同的质量目标,是否具备竣工验收条件。

《施工单位工程竣工报告》同时应有总监理工程师签字。

2. 填写范例

《施工单位工程竣工报告》见表5-4。

表 5-4　施工单位工程竣工报告　　　　　　　　编号：×××

××办公楼工程竣工报告

一、施工的主要依据

1. 施工合同

(1)工程施工总包合同(编号：××)。

(2)分包合同(编号：××、××、××)。

2. 工程设计图纸(工程号：××)

3. 主要应用的法律法规(略)

4. 主要规范、规程(略)

5. 主要选用图集(略)

6. 主要标准(略)

7. 企业文件与其他参考文件

(1)本集团《质量、环境、职业健康安全管理手册》、程序文件。

(2)本集团施工技术标准。

二、工程概况及实际完成情况

1. 工程概况

××办公楼选址于××区××路，总建筑面积为 19 960 m²。工程开工日期为××××年××月××日，竣工日期为××××年××月××日。本工程详细概况见表 C01《工程概况表》。

2. 参建单位

建设单位：××集团开发有限公司

勘察单位：××勘察设计研究院

设计单位：××建筑设计研究院

监理单位：××工程建设监理有限公司

施工单位：××建设集团有限公司

主要分包单位：××幕墙装饰工程有限公司、××机电工程有限公司、××消防工程有限责任公司、××电梯有限公司

3. 主要建设手续

规划许可证编号：××规建字××号

施工许可证编号：××(建)××—××

工程质量监督注册号：京建质字××第××号

4. 工程实际完成情况

本工程范围：工程设计文件及合同要求的工程土建、装饰、机电设备安装及智能、消防系统工程和室内环境检测等所有工程内容。

目前本工程已经完成了工程设计文件及合同要求的各项内容，工程实际完成的工作量已经达到计划工作量的100％，施工过程中施工组织、质量、环境、安全管理符合各项法律、法规、标准和北京市相关规定。

三、工程实体质量情况自评

本工程的总体质量目标是合格，创优目标是北京市"结构长城杯"金质奖、"建筑长城杯"金质奖。

项目部依据 ISO 9001—2015 标准、公司管理手册、程序文件建立健全本项目的质量管理体系，严格过程控制，并采取以下质量保证措施：

(1)加强质量意识，实行质量否决制，合理安排质量与进度之间的关系。当进度与质量发生冲突时，进度应当服从质量的安排。

(2)坚持技术先行。在拿到施工图纸后，所有的施工管理人员都尽快熟悉图纸，并提出问题，进行图纸会审工作。及时编制施工组织设计、各种施工方案并进行技术交底，以指导施工。

(3)加强原材料和构配件的质量控制，原材料、成品、半成品的采购必须执行采购程序文件，建立合格供应商名单，并对供应商进行评价。凡采购到场的材料，材料人员必须依据采购文件资料中规定的质量标准进行验收，必要时请有关的技术、质检人员参加。

(4)坚持样板引路。各道工序和各个分项工程施工前必须做样板，样板完成后由质检人员和有关技术人员共同验收，满足要求后才能进行大面积施工。样板间和主要的样板项目，还必须经上级部门验收。

(5)做好施工准备的质量控制工作。

(6)施工过程控制管理。本工程的质量管理坚持过程管理和过程精品的原则。

本工程施工测量、基础及地下室阶段的施工、地上结构施工、砌体工程、脚手架工程、屋面工程、装饰装修工程等主要项目施工方法(略)。

1. 地基与基础的质量情况

工程地基的土质与勘察报告一致，钎探结果符合设计要求，基坑验槽合格。对该分部工程的×项分项工程进行了查验，其符合设计要求和施工质量验收规范的规定，验收合格。

地下一层的人防经市人防办专项验收合格，并出具合格证书。

2. 主体结构的质量情况

主体结构为钢筋混凝土框架-剪力墙结构。在主体结构施工的全过程中共查验分项工程×项，施工单位自检合格，监理验收合格。结构工程于2005年获得了北京市"结构长城杯"金质奖。

四、施工资料管理及完成情况

本工程施工资料的编制、收集、整理、归档、验收、移交符合《建筑工程资料管理规程》(JGJ/T 185—2009)和公司管理手册、《文件、资料控制程序》等的规定及要求，采用计算机管理并随工程进度同步进行。

通过施工资料核查，该工程资料齐全、有效，符合有关规范规定和设计要求，通过检查。

五、主要建筑设备、系统调试情况

(1)建筑给水排水、采暖、消防、通风空调工程，已安装完毕。采暖系统、水处理系统、通风系统、制冷系统等已进行系统试运转及调试，其结果均满足设计要求及施工质量验收规范的规定。

(2)建筑电气、智能建筑、电梯工程，已安装完毕。电气照明全负荷试验、智能各系统试运行、电梯负荷运行及整机功能检验，其结果均满足设计要求及施工质量验收规范的规定。

六、安全和功能检测、主要功能抽查情况

对本工程安全、功能资料进行核查，其基本符合规范规定和设计要求。对单位工程的主要功能进行抽样检查，其检查结果合格，满足使用功能。检查通过。

七、工程质量总体评价

经公司技术质量部门和项目经理部的全面检查，认为该工程按照施工合同约定内容已全面完成，各分部工程质量、质量控制资料，安全和主要功能的核查、抽查以及观感质量均符合施工合同的要求、设计要求和规范标准规定。本工程荣获北京市"建筑长城杯"金质奖。现请建设单位组织该工程的设计、监理、施工单位对工程进行竣工验收。

施工单位(章)：××建设集团有限公司

法定代表人：×××

项目负责人：×××

日期：201×年××月××日

三、监理单位工程质量评估报告

1. 填写要求

工程竣工预验收合格后，应由项目总监理工程师向建设单位提交《工程质量评估报告》。《工程质量评估报告》应由项目总监理工程师及监理单位技术负责人签认，并加盖监理单位公章。该报告交建设单位两份，总包单位和监理单位各存一份。

2. 填写范例

《工程质量评估报告》见表 5-5。

表 5-5　工程质量评估报告　　　　　　编号：×××

工程质量评估报告

封面（略）

前　言

××建设监理有限公司受××公司的委托，对××广播电视音像资料馆工程实施监理工作。项目监理部于××××年××月××日开始对该工程进行施工阶段监理，经建设单位、设计单位、施工单位、监理单位的共同努力，于××××年××月××日该工程通过竣工预验收，下面对该工程进行工程质量评估。

一、工程概况

1. 建筑特点

地下部分的建筑面积为 12 058 m²。建筑平面呈矩形，东西向长 58.70 m，南北向长 81.70 m。该工程地下一层层高 5.80 m 和 4 m，为餐厅、厨房、浴室、变配电室、汽车、自行车停车车库等；地下二层层高 5.70 m 和 4.20 m，为冷冻机房、热交换站、6 级人防和影视资料库等；地上十七层（局部四层、五层、六层等），屋顶两层，建筑总高为 72.20 m，总建筑面积为 41 264 m²，室内外高差为 0.450 m，地下水水位为 30.02～30.38 m（埋深为 15.80～16.30 m）。

2. 结构特点

基础采用满堂红筏板基础；地下室为混凝土板柱体系；地上结构为钢筋混凝土框架剪力墙结构，四层裙房部分采用局部框剪结构，报告厅大跨部分采用双向井式梁结构，地上结构的楼、屋盖采用无黏结预应力双向无梁楼盖体系。

该工程地基持力层为砂卵石天然持力层，局部为中砂层，属于 Ⅱ 类场地土，无液化现象。工程抗震设防烈度为 8 度。抗震等级：框架柱、密肋楼盖、框架梁为二级，抗震墙为一级。

二、施工单位基本情况

总包单位：××建设集团有限公司

机电安装分包单位：××机电工程有限公司

劳务分包队：××建筑工程有限公司

供应单位：××物资有限公司

承包单位项目经理部全面负责本工程的施工任务，各管理层人员配备齐全，资格符合要求。施工人员、各专业人员岗位证书齐全，符合要求。劳务人员数量满足施工工期要求。各类施工机械设备的规格、型号、数量、性能满足施工要求。工程原材料、构配件、设备能按照计划落实。根据对总包单位、分包单位及主要原材料、构配件、设备供应单位的考察确定，总包单位和分包单位及供应单位有能力完成本工程的施工项目。

三、主要采取的施工方法

(1)现场场地狭小，基槽四周做了护坡处理（钢筋混凝土护坡桩），槽边不放坡。

(2)基础深。现浇混凝土强度等级高，底板混凝土浇筑量大且厚，采取了相应技术措施。

(3)墙体厚度及所用材料变化多、种类多。板厚、标高不一；坡道、轴间混凝土柱等测量放线要求高。给水排水、暖通、电气专业墙、板预留洞较多。

(4)为保证混凝土浇筑的连续性，保证混凝土的质量，加快施工进度，解决现场场地狭小的问题，混凝土全部采用预拌混凝土。混凝土的输送和浇筑采用塔式起重机和混凝土输送泵、水平布料杆等多种方式进行。

(5)"四新"的应用。

针对该工程的特点，为保证该工程优质、高速地完成，落实建设部在建筑业推广应用新技术、新工艺的要求，结合该工程的实际情况，采用的新技术、新工艺有以下几种：

(1)采用泵送混凝土技术。该工程混凝土浇筑采用泵送，布料杆下料，加快了混凝土浇筑速度，取消了中间环节，大大减轻了工人的劳动强度，节省了大部分塔式起重机作业，从而加快了施工进度。

(2)清水模板技术。模板板面采用竹编板，该模板板块大，面板平整光滑，可大大提高混凝土的外观质量及保水作用，免除抹灰，且比小钢模板工效高。

(3)钢筋连接技术。竖向粗钢筋焊接采用电渣压力焊，水平粗钢筋采用滚轧直螺纹连接，该项技术可保证钢筋的连接头质量和连接强度，保证钢筋的同心度及密集钢筋间的最小间距，从而有效保证了混凝土的浇筑质量。

(4)混凝土外加剂技术。混凝土内掺减水剂、早强抗冻剂等外加剂。

(5)激光扫平仪抄平放线垂直打点技术。

四、工程地基基础和主体结构的质量状况

1. 地基与基础的质量状况

该工程地基的土质与勘察报告一致，钎探结果符合设计要求，基坑验槽合格。基础采用满堂红筏板基础；地下室为混凝土板柱体系。对该分部工程的×项分项工程，进行了查验，符合设计要求和施工质量验收规范，验收合格。

2. 主体结构的质量状况

主体结构为钢筋混凝土框架剪力墙结构。在主体结构施工的全过程中共查验分项工程×项，施工单位自检合格，监理验收合格。

五、其他分部工程的质量状况

(1)建筑屋面分部工程，施工单位自检合格，监理验收合格。

(2)建筑装饰装修分部工程中地面、抹灰、门窗、轻质隔墙、饰面砖、细部等子分部工程，施工单位自检合格，监理验收合格。

(3)建筑给水、排水及采暖分部工程，施工单位自检合格，监理验收合格。

(4)建筑电气分部工程，施工单位自检合格，监理验收合格。

(5)智能建筑分部工程，施工单位自检合格，监理验收合格。

(6)通风与空调分部工程，施工单位自检合格，监理验收合格。

(7)电梯分部工程，施工单位自检合格，监理验收合格。

六、施工中发生的质量事故和出现的主要质量问题及其原因分析和处理结果

在施工全过程中没有发生质量事故，但作为一般性的质量问题（包括常见质量通病）在施工过程中有所发生，对这些问题进行自查、自检，整改处理，使之得到解决后进行下道工序的施工。

七、对工程质量的综合评估意见

该工程承包合同规定的质量等级为"合格"。以监理单位对分项、分部、单位工程的验收情况看，该工程达到了施工合同约定的工程质量标准，单位工程预验收合格。

监理单位(章)：××建设监理有限公司

法定代表人：×××

总监理工程师：×××

日期：201×年××月××日

四、工程竣工验收报告

工程竣工验收合格后，建设单位应当及时提出《工程竣工验收报告》。《工程竣工验收报告》是对工程竣工验收活动的总结以及对工程的全面评价，也是向备案机关和建设工程质量监督等机构报告工程竣工的备案文件。《工程竣工验收报告》主要包括工程概况，建设单位

执行基本建设程序情况，对工程勘察、设计、施工、监理等方面的评价，工程竣工验收的时间、程序、内容和组织形式，工程竣工验收意见等内容。

依照《房屋建筑和市政基础设施工程竣工验收规定》（建质〔2013〕171号）的要求，《工程竣工验收报告》还应附有下列文件：

(1)施工许可证；

(2)施工图设计文件审查意见；

(3)《工程竣工报告》；

(4)《工程质量评估报告》；

(5)《质量检查报告》；

(6)由施工单位签署的工程质量保修书；

(7)由验收组人员签署的工程竣工验收意见；

(8)法规、规章规定的其他有关文件。

《工程竣工验收报告》范例见表5-6。

表5-6　《工程竣工验收报告》范例

工程竣工验收报告

（建筑工程）

工　程　名　称：_____

验　收　日　期：_____

建设单位(盖章)：_____

一、工程概况

工程名称	××综合楼	工程地点	××市××区××××路××号
建筑面积	14 258 m²	工程造价	××××××万元
结构类型	剪力墙	层数	地上：10层，地下：2层
施工许可证号	××××××××××××	监理许可证号	××××××××××××
开工日期	20××年5月28日	验收日期	20××年6月28日
监督单位	×××区质量监督站	监督编号	××××××
建设单位	×××房地产开发有限公司		×××
勘察单位	×××勘察公司		×××
设计单位	×××设计研究院		×××
总包单位	×××建筑公司	资质证号	×××
监理单位	×××监理公司		×××
施工图审查单位	×××市施工图审查中心		×××

二、工程竣工验收实施情况

（一）验收组织

建设单位组织勘察、设计、施工、监理等单位和其他有关专家组组成验收组，根据工程特点，下设若干个专家组。

1. 验收组

组长	×××
副组长	×××
组员	×××，×××，×××，×××，×××，×××，×××

2. 专家组

专业组	组长	组员
建筑工程	×××	×××，×××，×××，×××，
建筑设备安装工程	×××	×××，×××，×××，×××，
通信、电视等专业工程	×××	×××，×××，×××，×××，
工程质保资料	×××	×××，×××，×××，×××，

（二）验收程序

（1）建设单位主持验收会议。

（2）建设、勘察、设计、施工、监理单位介绍工程合同履约情况和在工程建设各个环节执行法律、法规和工程建设强制性标准的情况。

（3）审阅建设、勘察、设计、施工、监理单位的工程档案资料。

（4）验收组实地查验工程质量。

（5）专业验收组发表意见，验收组形成工程竣工验收意见并签名。

三、工程质量评定

分部工程名称	验收意见	质量控制资料核查	安全和主要功能核查及抽查结果	观感质量验收
地基与基础	合格	共75项，经审查符合要求75项；经核定符合，规范要求75项	共核查80项，符合要求80项。共抽查45项，符合要求45项。经返工处理，符合要求0项	共抽查12项，符合要求12项，不符合要求0项
主体结构工程	合格
建筑装饰装修工程	合格
建筑屋面工程	合格
建筑给水、排水及采暖工程	合格
建筑电气工程	合格

四、工程验收结论

合格

建设单位（公章）单位（项目）负责人：×××20××年6月28日	监理单位（公章）总监理工程师：×××20××年6月28日	施工单位（公章）单位（项目）负责人：×××20××年6月28日	勘察单位（公章）单位（项目）负责人：×××20××年6月28日	设计单位（公章）单位（项目）负责人：×××20××年6月28日

五、认可文件（或准许使用文件）

认可文件或准许使用文件，主要指由规划、公安消防等政府有关部门或专业管理部门组织专项验收所形成的文件。自 2017 年 10 月 1 日起，国务院取消环境保护部门对建设项目环境保护设施竣工验收的审批，改为建设单位依照规定自主验收。除按照国家规定需要保密的情形外，建设单位应当依法向社会公开环境保护设施验收报告。

1. 规划验收认可文件

规划验收认可文件是指城市规划主管部门对建设工程项目按规划审批文件实际完成情况进行专项验收，经核查后出具的文件。规划验收一般在工程竣工验收后进行，若符合验收条件，城市规划主管部门核发规划验收合格证，否则视为不合格。

济南市城乡规划条例

2. 公安消防认可文件

公安消防认可文件是公安消防管理部门，对规定的大型人员密集场所和其他特殊建设工程的消防设施检查验收后出具的认可文件，即消防行政许可。其他新建、扩建、改建（含室内装修、用途变更）工程，建设单位应当在工程竣工验收合格之日起七日内进行工程竣工验收消防备案。

3. 人防工程认可文件

凡是有地下人防设施的工程项目，在工程竣工备案前应由人民防空工程管理部门进行人防工程竣工验收，经验收符合规范和设计要求后，出具专项认可文件。

六、房屋建筑工程质量保修单

房屋建筑工程质量保修，是指对房屋建筑工程竣工验收后在保修期限内出现的质量缺陷，予以修复。所谓质量缺陷，是指房屋建筑工程的质量不符合工程建设强制性标准以及合同的约定。《房屋建筑工程质量保修单》就是建设单位与施工单位在工程竣工验收后为工程保修签订的质量保修合约。

房屋建筑工程
质量保修办法

1. 房屋建筑工程质量保修的有关规定

（1）建设工程承包单位在向建设单位提交《工程竣工验收报告》时，应当向建设单位出具《房屋建筑质量保修单》。

（2）建设单位和施工单位应当在《房屋建筑工程质量保修单》中约定保修范围、保修期限和保修责任等，双方约定的保修范围、保修期限必须符合国家有关规定。

（3）下列情况不属于本办法规定的保修范围：

1）使用不当或者第三方造成的质量缺陷；

2）不可抗力造成的质量缺陷。

（4）房屋建筑工程保修期，从工程竣工验收合格之日起计算。在正常使用条件下，房屋建筑工程的最低保修期限为：

1）地基基础工程和主体结构工程，为设计文件规定的该工程的合理使用年限；

2)屋面防水工程、有防水要求的卫生间、房间和外墙面的防渗漏，为 5 年；

3)供热与供冷系统，为 2 个采暖期、供冷期；

4)电气管线、给水排水管道、设备安装为 2 年；

5)装修工程为 2 年；

6)其他项目的保修期限由发包方与承包方约定。

(5)房屋建筑工程在保修范围和保修期限内出现质量缺陷时，施工单位应当履行保修义务。

(6)保修完成后，由建设单位或者房屋建筑所有人组织验收。涉及结构安全的，应当报当地住房城乡建设主管部门备案。

2.《房屋建筑工程质量保修单》范例

《房屋建筑工程质量保修单》范例见表 5-7。

表 5-7　《房屋建筑工程质量保修单》范例

房屋建筑工程质量保修单

封面(略)

甲方：××房地产开发有限公司

乙方：××建设集团公司

为确保乙方承建的 ＿＿××××综合楼工程＿＿ 在合理使用期限内能正常使用，保障购房者(业主)的合法利益，维护甲方的权益和名誉，根据《建设工程质量管理条例》《房屋建筑工程质量保修办法》《建设工程质量保证金管理暂行办法》等规定，甲乙双方经过友好协商，在原有施工合同的基础上，就 ＿＿××××综合楼工程质量保修＿＿ 等事宜，共同签署本工程质量保修单。

一、工程质量保修范围和内容

乙方在质量保修期内，按照有关法律、法规、规章的管理规定和双方约定，承担本工程质量保修责任。

质量保修范围包括地基基础工程，主体结构工程，屋面防水工程，有防水要求的卫生间、房间和外墙面的防渗漏，供热与供冷系统，电气管线、给水排水管道、设备安装和装修工程，以及双方约定的其他项目。

具体保修的内容，双方约定如下：

＿＿＿＿＿＿＿(略)＿＿＿＿＿＿

二、质量保修期

双方根据《建设工程质量管理条例》及有关规定，约定本工程的质量保修期如下：

1. 地基基础工程和主体结构工程为设计文件规定的该工程合理使用年限；

2. 屋面防水工程、有防水要求的卫生间、房间和外墙面的防渗漏为 ＿5＿ 年；

3. 装修工程为 ＿2＿ 年；

4. 电气管线、给水排水管道、设备安装工程为 ＿2＿ 年；

5. 供热与供冷系统为 ＿2＿ 个采暖期、供冷期；

6. 住宅小区内的给水排水设施、道路等配套工程为 ＿2＿ 年；

7. 其他项目保修期限约定如下：

＿＿＿＿＿＿(略)＿＿＿＿＿＿

质量保修期自工程竣工验收合格之日起计算。

三、质量保修责任

1. 属于保修范围、内容的项目，乙方应当在接到保修通知之日起 7 天内派人保修。乙方不在约定期限内派人保修的，甲方可以委托他人修理。

2. 发生紧急抢修事故的，乙方在接到事故通知后，应当立即到达事故现场抢修。

3. 对于涉及结构安全的质量问题，应当按照《房屋建筑工程质量保修办法》的规定，立即向当地住房城乡建设主管部门报告，采取安全防范措施；由原设计单位或者具有相应资质等级的设计单位提出保修方案，由乙方实施保修。

4. 质量保修完成后，由甲方组织验收。

四、保修费用

保修费用由造成质量缺陷的责任方承担。

五、其他

1. 本工程质量保修单是对合同其他部分有关保修工作的进一步明确，未尽事宜按合同及国家、地方、行业的有关规定执行。如乙方违反本保修单的有关规定，甲方有权参照本合同的有关规定要求乙方支付违约金。

2. 本工程质量保修单，由施工合同甲方、乙方在竣工验收前共同签署，经双方盖章、签字后生效，作为施工合同附件，其有效期限至保修期满。其份数与施工合同份数相同，由甲乙双方按合同规定分别持有 1 份。

甲方(公章)：××房地产开发有限公司

法定代表人或其授权代表(签字)：×××

日期：20××年××月××日

乙方(公章)：××建设集团公司

法定代表人或其授权代表(签字)：×××

日期：20××年××月××日

七、建设工程竣工验收备案表

工程竣工验收备案是工程竣工验收的最后一道程序。备案后，工程即可交付使用，并办理产权登记等。

1. 办理建设工程竣工验收备案应当提交的文件

依照《房屋建筑和市政基础设施工程竣工验收备案管理办法》(住房和城乡建设部令第 2 号)的规定，建设单位办理工程竣工验收备案应当提交下列文件：

(1)《建设工程竣工验收备案表》。

(2)《工程竣工验收报告》。《工程竣工验收报告》应当包括工程报建日期，施工许可证号，施工图设计文件审查意见，勘察、设计、施工、工程监理等单位分别签署的质量合格文件及验收人员签署的竣工验收原始文件，市政基础设施的有关质量检测和功能性试验资料以及备案机关认为需要提供的有关资料。

房屋建筑和市政
基础设施建设工程
竣工验收备案管理办法

（3）法律、行政法规规定应当由规划、环保等部门出具的认可文件或者准许使用文件。

（4）法律规定应当由公安消防部门出具的对大型人员密集场所和其他特殊建设工程验收合格的证明文件。

（5）施工单位签署的《房屋建筑工程质量保修单》。

（6）住宅工程应当提交《住宅质量保证书》和《住宅使用说明书》。

（7）由城建档案馆出具的《建设工程档案移交证明》。

（8）法规、规章规定必须提供的其他文件。

2. 建设工程竣工验收备案程序

（1）单位工程竣工验收5日前，建设单位到当地建设工程竣工验收备案管理部门领取《建设工程竣工验收备案表》。同时，建设单位将竣工验收的时间、地点及验收组名单和各项验收报告报送负责监督该项工程的质量监督部门，准备对该工程竣工验收进行监督。

（2）自工程竣工验收合格之日起15个工作日内，建设单位将《建设工程竣工验收备案表》一式两份和竣工验收备案文件报送工程竣工验收备案管理部门，经备案工作人员初审验证符合要求后，在表中"备案意见"栏加盖"备案文件收讫"章。

（3）工程质量监督部门在工程竣工验收合格后5个工作日内，向工程竣工验收备案管理部门报送《工程质量监督报告》。

（4）备案管理机构负责人审阅《建设工程竣工验收备案表》和备案文件，符合要求后，在表中备案管理部门处理意见栏填写"准予该工程竣工验收备案"意见，加盖"工程竣工验收备案专用章"。监督管理费结算完毕后，备案管理部门将备案表一份发给建设单位，一份备案表及全部备案资料和《工程质量监督报告》留存档案。

（5）建设单位报送的《建设工程竣工验收备案表》和竣工验收备案文件如不符合要求，备案工作人员应填写《备案审查记录表》，提出备案资料存在的问题，双方签字后，交建设单位整改。

（6）建设单位根据规定对存在的问题进行整改和完善，符合要求后重新报送备案管理部门备案。

（7）若备案管理部门依据《工程质量监督报告》或其他方式发现在工程竣工过程中存在有违反国家建设工程质量管理规定行为，应当在收讫工程竣工验收文件15个工作日内，责令建设单位停止使用，并重新组织竣工验收。

（8）建设单位采用虚假证明文件办理工程竣工验收备案的，工程竣工验收无效，备案机关责令停止使用，重新组织竣工验收，处20万元以上50万元以下罚款；构成犯罪的，依法追究刑事责任。

（9）建设单位将备案机关决定重新组织竣工验收的工程，在重新组织竣工验收前，擅自使用的，备案机关责令停止使用，处工程合同价款2%以上4%以下的罚款。备案机关决定重新组织竣工验收并责令停止使用的工程，建设单位在备案之前已投入使用或者建设单位擅自继续使用造成使用人损失的，由建设单位依法承担赔偿责任。

（10）建设单位在工程竣工验收合格之日起15日内未办理工程竣工验收备案的，备案机关责令限期改正，处20万元以上50万元以下罚款。

3. 建设工程竣工验收备案表范例

《建设工程竣工验收备案表》范例见表5-8。

表 5-8　《建设工程竣工验收备案表》范例

编号：171—02

××市房屋建筑和市政基础设施

建设工程竣工验收备案表

工程名称：××综合楼

建设单位(公章)：××房地产开发有限公司

××市住房和城乡建设局制

20××年7月

竣工验收备案文件目录	1. 建设工程竣工验收备案表一式两份。 2. 工程竣工报告。 3. 单位工程质量竣工验收原始文件。 4. 市政基础设施的有关质量检测和功能性试验资料。 5. 备案机关认为需要提供的有关资料。 (1)工程施工许可证； (2)建设工程规划许可证。 6. 法律、行政法规规定应当由规划部门出具的认可文件或者准许使用文件。 7. 法律规定应当由公安消防部门出具的对大型的人员密集场所和其他特殊建设工程验收合格的证明文件。 8. 施工单位签署的工程质量保修单。 9. 住宅工程提交《住宅质量保证书》和《住宅使用说明书》。 10. 法规、规章规定必须提供的其他文件，建设工程档案预验收意见书。 11. 法人委托书和法定代表人身份证明。

该工程的竣工验收备案文件已于20××年7月2日收讫。　　　　　　备案文件收讫

备注：

1. 工程参建各方必须依照法律、法规、规章的有关规定承担各自质量责任，严格履行保修义务。

2. 供水、供热、供电、供气、绿化、邮电、通信、安防、卫生防疫等未尽事宜，由建设单位联系相关部门妥善解决。

3. 环保部门出具的认可文件或者准许使用文件，由建设单位按照《建设项目环境保护管理条例》（中华人民共和国国务院令第253号令)的有关规定联系相关部门办理。

(印章)

一、判断题

1. 各项新建、改建、扩建项目均必须编制竣工图。 （ ）

2. 所有竣工图应由编制单位逐张加盖并签署竣工图章。竣工图章中的内容填写应齐全、清楚，可以代签。 （ ）

3. 竣工图一般分为四类：利用施工蓝图改绘的竣工图、在二底图上修改的竣工图、重新绘制的竣工图和用 CAD 软件绘制的竣工图。 （ ）

4. 根据工程竣工现状和洽商记录绘制竣工图，重新绘制竣工图要求与原图比例相同，符合制图规范，有标准的图框和内容齐全的图签，图签中应有明确的"竣工图"字样或加盖竣工图章。 （ ）

二、单项选择题

1. （ ）是建筑工程竣工档案的重要组成部分，是工程建设完成后的主要凭证性材料，是建筑物的真实写照，是竣工验收的必备条件，是工程维修、管理、改建、扩建的依据。

    A. 竣工图 B. 施工图

    C. 设计图 D. 施工记录

2. 竣工图绘制工作由（ ）负责，也可由建设单位委托施工单位、监理单位或设计单位。

    A. 监理单位 B. 设计单位

    C. 建设单位 D. 施工单位

3. 凡结构形式、工艺、平面布置、项目等重大改变及图面变更超过（ ）的，应重新绘制竣工图。

    A.1/4 B.1/3 C.1/2 D.2/3

4. 行业主管部门规定由（ ）编制竣工图的，可在新图中采用竣工图标，并按要求签署竣工图标。

    A. 建设单位 B. 设计单位 C. 监理单位 D. 施工单位

5. 竣工图章应使用（ ）印泥，盖在标题栏附近空白处。

    A. 蓝色 B. 印有特殊字样的

    C. 黑色 D. 红色

三、多项选择题

1. 竣工图标志应具有明显的"竣工图"字样章（签），它是竣工图的依据，要按规定填写图章（签）上的内容，包括（ ）等基本内容。

    A. 绘制单位名称 B. 审核人

    C. 制图人 D. 规格

    E. 技术负责人

2. 在施工蓝图上一般采用杠(划)改、叉改法，局部修改可以圈出更改部位，在原图空白处绘出更改内容，所有变更处都必须引画索引线并注明更改依据，在施工图上改绘，不得使用(　　)等方法修改图纸。

    A. 橡皮擦　　　　　　　　　　B. 涂改液涂抹

    C. 刀刮　　　　　　　　　　　D. 补贴

    E. 标注

3. 参加工程竣工验收的单位有(　　)。

    A. 勘察单位　　　　　　　　　B. 设计单位

    C. 监理单位　　　　　　　　　D. 施工单位

四、案例分析

某住宅小区施工时，在施工蓝图上改绘竣工图，并加盖竣工图章。试问：

1. 竣工图章的基本内容有哪些？

2. 竣工图章的使用要求是什么？

五、简答题

1. 竣工图有哪些作用？

2. 竣工验收与备案文件包括哪些？

项目六 建筑工程资料的组卷与归档

项目导航

"组卷"在实质上体现了档案分类的预期，实现了归档文件从"无序"状态转化为"有序"状态的目的。项目文件组卷前往往比较散乱，由于没有统一的编码，项目文件彼此之间也难以找到直接的关联关系，有时还会出现"找不到"文件的尴尬局面。而项目文件组卷归档后，所有的项目文件都按照一定的规律进行组合，案卷在编制案卷题名、赋予档号，以及编制档案目录（包括案卷目录和卷内目录）后，归档文件就会变得井井有条；无论档案用户（使用者）是想查找一份（专指性检索）档案（归档文件）还是一系列相关档案（族性检索），都可以让利用者满意而归。

组卷与归档必须有统一的标准。目前，建筑工程资料在山东省境内，工程准备阶段文件、监理文件、工程竣工验收文件按照《建设工程文件归档规范（2019年版）》（GB/T 50328—2014）组卷；施工资料、竣工图按照《建筑工程（建筑与结构工程）施工资料管理规程》（DB37/T 5072—2016）、《建筑工程（建筑设备、安装与节能工程）施工资料管理规程》（DB37/T 5073—2016）组卷。

党的二十大报告指出："问题是时代的声音，回答并指导解决问题是理论的根本任务。"具体由谁负责建筑工程资料的组卷与归档？如何进行建筑工程资料的组卷与归档？组卷与归档的标准是什么？回答这些问题是理论解决的根本任务。

任务一 掌握建筑工程资料的组卷

任务目标

知识目标	能力目标	素养目标
1. 了解组卷的流程、原则和方法； 2. 熟练掌握组卷的要求	1. 会进行卷内文件排列、案卷编码、目录编制； 2. 能够编制案卷封面与案卷脊背； 3. 能够进行案卷的检查和装订	1. 养成实事求是、不弄虚作假的工作习惯； 2. 养成细心周到、按时完成任务的工作作风

一、组卷的流程、原则和方法

1. 组卷的流程

组卷应按下列流程（图6-1）进行：

(1)对属于归档范围的工程文件进行分类，确定归入案卷的文件材料；

(2)对卷内文件材料进行排列、编目、装订(或装盒);

(3)排列所有案卷,形成案卷目录。

```
┌─────────────────────────────────┐
│   按《建筑工程文件归档规范》(GB/T 50328)   │
│     或其他标准规定的归档范围收集文件     │
└─────────────────────────────────┘
                 ↓
        ┌─────────────────┐
        │   文件分类、排列    │
        └─────────────────┘
                 ↓
    ┌─────────────────────────┐
    │  按类别、排列顺序、文件数量组卷  │
    └─────────────────────────┘
                 ↓
      ┌───────────────────────┐
      │        对每一卷          │
      │ 编制卷内目录、案卷封面、备考表 │
      └───────────────────────┘
                 ↓
        ┌─────────────────┐
        │   装订(或装盒)     │
        └─────────────────┘
                 ↓
    ┌─────────────────────────┐
    │     对所有案卷进行排列,       │
    │      并编制案卷目录         │
    └─────────────────────────┘
```

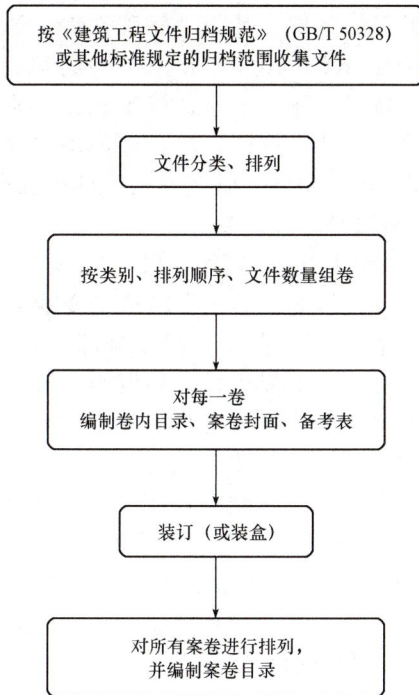

图 6-1　组卷的流程

2. 组卷的原则

(1)组卷应遵循工程文件的自然形成规律和工程专业的特点,保持卷内文件的有机联系,以便于档案的保管和利用。

(2)工程文件应按不同的形成、整理单位及建设程序,按工程准备阶段文件、监理文件、施工资料、竣工图、竣工验收文件分别进行组卷,并可根据数量多少组成一卷或多卷。

工程准备阶段文件、竣工验收文件由建设单位组卷;监理文件由监理单位组卷;施工资料由施工单位组卷,按专业、分部工程以及分项工程进行组合,若有多家施工单位,则各单位各负其责,分别组卷;竣工图组卷由建设单位负责,一般由其施工单位承担。

(3)当一项建设工程由多个单位工程组成时,工程文件应按单位工程组卷。

同一项建设工程中多个单位工程的公共部分文件可以单独组卷;当单位工程档案出现重复时,原件可归入其中一个单位工程,其他单位工程不需要归档,但应说明清楚。

(4)纸质文件、电子文件、其他载体的声像资料等不同载体的文件应分别组卷。

3. 组卷的方法

(1)工程准备阶段文件应按建设程序、形成单位等进行组卷。

由建设单位编制的工程准备阶段文件,涉及多家单位,多为行政审批和商务合作的成果文件,其各类文件的排列应与归档目录顺序对应,同类文件多份的按时间顺序排列。

(2)监理文件应按单位工程、分部工程或专业、阶段等进行组卷。

监理文件按单位工程组卷,不同单位工程必须分开组卷。同一单位工程的文件,按《建设工程文件归档规范》(GB/T 50328—2014)的文件归档目录顺序、分部分项顺序、时间顺序排序。

（3）施工资料应按单位工程、分部（分项）工程进行组卷。

《建设工程文件归档规范》(GB/T 50328—2014)规定：施工资料按单位工程组卷。同一单位工程的文件，其施工管理文件、施工技术文件按《建设工程文件归档规范》(GB/T 50328—2014)的归档目录顺序、时间顺序排列；而施工物资、施工记录、施工试验、质量验收文件均按专业、分部分项及时间顺序排列，注意应保持文件的自然形成规律和工序的特点，保持施工组织、管理和实施的内在联系。专业承包、专业分包单位的工程文件单独组卷。

建筑工程文件
归档范围

《山东省建筑工程施工资料管理规范》(DB37/T 5072—2016)规定：建设项目按单位（子单位）工程组卷；施工资料应按专业划分组卷，土建工程按专业或分部工程组卷，安装工程按分部工程组卷；每卷资料的内容宜按施工管理资料、工程质量控制资料、安全和功能检验资料、过程验收资料和竣工质量验收资料的顺序排列；建筑与结构（含装饰）以外的各分部工程或专业性较强、施工工艺复杂、技术先进的分部（子分部）工程（如桩基、钢结构）等也可单独组卷。

山东省建筑工程
施工资料组成目录

（4）竣工图应按单位工程分专业进行组卷。建设工程项目中，多个单位工程共用图纸时，公共部分的图纸作为一个单位工程可以单独组卷。

（5）竣工验收文件应按单位工程分专业进行组卷。一个单位工程有一套竣工验收文件。

（6）电子文件组卷时，每个工程（项目）应建立多级文件夹，应与纸质文件在案卷设置上一致，并应建立相应的标识关系。

（7）声像资料应按建设工程各阶段组卷，重大事件及重要活动的声像资料应按专题组卷，声像档案与纸质档案应建立相应的标识关系。

二、组卷要求

1. 一般要求

（1）组卷前应保证工程资料齐全、完整，并符合归档文件质量要求。

（2）不同幅面的工程图纸，应统一折叠成 A4 幅面（297 mm×210 mm）。应图面朝内，首先沿标题栏的短边方向以 W 形折叠，然后再沿标题栏的长边方向以 W 形折叠，并使标题栏露在外面。

（3）案卷一般由封面、案卷内封面、卷内目录、资料部分、卷内备考表和封底组成，案卷内封面、卷内目录、卷内备考表宜采用 70 g 以上白色书写纸制作，幅面应统一采用 A4 幅面。小于 A4 幅面的资料要用 A4 白纸（297 mm×210 mm）衬托；大于 A4 幅面的资料应折叠成 A4 幅面。

（4）《山东省建筑工程施工资料管理规程》(DB37/T 5072—2016)规定：案卷一般由封面、目录、资料部分、核查表（示例见表 6-1）和封底组成，卷内资料按总目录、分目录所示顺序构成。

（5）组卷应美观、整齐，同一案卷内不应有重份文件。印刷成册的工程文件宜保持原状。

（6）案卷不宜过厚，文字材料卷厚度不宜超过 20 mm，图纸卷厚度不宜超过 50 mm。

（7）建设工程电子文件的组织和排序可按纸质文件进行。

表 6-1　建筑结构工程施工技术资料核查表

工程名称：××综合楼

序号	名称	编号	份数	核查意见	核查人
1	工程概况	鲁JJ—001	1	齐全	××
2	工程参建各方签字签章存样表	鲁JJ—002	1	齐全	××
3	工程项目管理人员名单	鲁JJ—003	1	齐全	××
4	工程参建各方人员及签章变更备案表	鲁JJ—004	1	齐全	××
5	施工现场质量管理检查记录	鲁JJ—005	1	齐全	××
6	分包单位资质报审表	鲁JJ—006	/	/	/
7	开工报告	鲁JJ—007	1	齐全	××
8	工程竣工报告	鲁JJ—008	1	齐全	××
9	（以下略）				
10					
结论	资料齐全，符合要求，同意验收				

总监理工程师签字：×××　　　　　　　　　　　　　　　　　　20××年12月10日

2. 施工资料组卷要求

（1）每卷资料内容宜按施工管理资料、工程质量控制资料、安全和功能检验资料、过程验收资料和竣工质量验收资料的顺序排列。

（2）总承包单位负责监督、指导分包单位及专业承包施工队伍按专业规定要求组卷并检查验收。

（3）分包单位应保证按规定完成分包施工内容的资料的收集、整理、组卷工作。

（4）竣工图应按设计单位提供的经施工图审查合格的施工图专业序列组卷。

（5）移交城建档案馆保存的施工资料案卷中，工程过程验收资料部分应单独组成一卷。

（6）资料管理目录应与其对应的施工资料一同组卷。

（7）施工资料可根据资料数量的多少组成一卷或多卷。

（8）专业承（分）包施工的分部、子分部（分项）工程应分别单独组卷。

三、卷内文件排列

（1）卷内文件应按《建设工程文件归档规范》（GB/T 50328—2014）附录 A 的类别和顺序排列。

（2）文字材料应按事项、专业顺序排列。同一事项的请示与批复、同一文件的印本与定稿、主体与附件不应分开，并应按批复在前、请示在后，印本在前、定稿在后，主体在前、附件在后的顺序排列。

（3）图纸应按专业排列，同专业图纸应按图号顺序排列。

（4）当案卷内既有文字材料又有图纸时，文字材料应排在前面，图纸应排在后面。

四、案卷编目

工程档案案卷编目是按照一定的规范要求，通过一定形式，固定工程文件整理成果，揭示工程文件内容、成分的工作。案卷的编目包括卷内文件的页号、案卷封面、案卷脊背、卷内目录、卷内备考表的编制。

1. 卷内文件页号的编制

页号是案卷内工程文件排列的顺序号和所在位置的标记。编制案卷内文件页号是将有书写内容的工程文件的页面都编上号，每一案卷单独编写页号。

编制卷内文件页号应符合下列规定：

(1)每卷单独编号，页号从"1"开始。编写页号是针对由案卷封面、卷内目录、文件(图纸)、卷内备考表组成的独立案卷，不是单位工程的所有案卷连续编制页号。

编写页号用阿拉伯数字，从"1"开始，用打字机或档案允许书写笔(钢笔、签字笔等)对卷内文件依次逐张连续标注，直到文件的最后一页。但应注意所使用的油墨或墨水，须符合档案要求，油墨采用黑色或蓝色，墨水采用黑色或蓝黑色。

(2)卷内文件均应按有书写内容的页面编号。编写页号的页面一定要有具体内容，无具体内容的页面不编写页号。特别应注意，若一份文件中页面特别标注"此页无正文"等字样，但此页却有发文机关、印章、发文日期等，也应编写页号。

(3)案卷封面、卷内目录、卷内备考表不编写页号。如果卷内目录超过两页，应单独对卷内目录编写卷内目录页号，编写规定与卷内文件编写页号的规定相同。

(4)页号编写位置：单面书写的文件在右下角；双面书写的文件，正面在右下角，背面在左下角。折叠后的图纸一律在右下角。

(5)成套图纸或印刷成册的文件材料，自成一卷的，原目录可代替卷内目录，不必重新编写页码。

2. 卷内目录的编制

各卷册均应附有目录，目录应包含序号、文件编号、责任者、文件题名、日期、页次、备注等。卷内目录的编制应符合下列规定：

(1)卷内目录排列在卷内文件首页之前，式样宜符合《建设工程文件归档规范》(GB/T 50328—2014)附录 C 的要求。卷内目录示例如图 6-2 所示。

卷内目录

序号	文件编号	责任者	文件题名	日期	页次	备注
1		×××建设集团	地基钎探记录(存 3 号楼资料中)	20××.4.15	1	
2		×××建设集团	地基验槽记录(存 3 号楼资料中)	20××.4.15	56	
3		×××建设集团	门窗合格证(存 3 号楼资料中)	20××.6.10	121～150	

图 6-2 卷内目录示例

(2)序号应以一份文件为单位编写，用阿拉伯数字从 1 依次标注。一份文件为单位的概念，工程档案认同的做法是同一文件题名的若干页文件或同一文件题名且内容性质相同的若干页文件为一份工程文件。

1)一份文件有若干页，如竣工测绘报告，共 15 页，那么这 15 页的竣工测绘报告就为一份文件。

2)同一文件题名为一份文件，如土建隐蔽工程验收记录共 20 页，这 20 页虽不是同时间形成的，但文件名称、内容性质相同，这 20 页的隐蔽工程验收记录认定为一份文件。

3)竣工图，通常将一张图纸视为一份文件。

(3)"责任者"应填写文件的直接形成单位或个人。有多个责任者时，应选择两个主要责任者，其余用"等"代替。

(4)"文件编号"应填写文件形成单位的发文号或图纸的图号，或设备、项目代号。如果文件没有发文号，"文件编号"这项就不填；有的文件不止一个发文号，视情况也可以不填。每张图纸只有一个图号，所以，"图纸编号"应填写图号。

(5)"文件题名"应填写文件标题的全称。当文件无标题时，应根据内容拟写标题，拟写标题外应加"[ ]"符号。图纸题名就是图纸的图名。

(6)"日期"应填写文件的形成日期或文件的起止日期，对于竣工图应填写编制日期。"日期"中"年"应用四位数字表示，"月"和"日"应分别用两位数字表示。

(7)"页次"应填写文件在卷内所排的起始页号，最后一份文件应填写起止页号。

(8)"备注"应填写需要说明的问题。有则填写，无则空白。

3. 卷内备考表的编制

卷内备考表是说明卷内工程文件状况的表格。卷内备考表的具体内容为三部分，第一部分为案卷数量状况；第二部分为说明；第三部分为组卷入、审核人和日期。

卷内备考表的编制应符合下列规定：

(1)卷内备考表应排列在卷内文件的尾页之后，式样宜符合《建设工程文件归档》(GB/T 50328—2014)附录D的要求。卷内备考表示例如图6-3所示。

卷内备考表

本案卷共有 ___247___ 页，其中，文学材料 ___247___ 而，图样材料 ___/___
页，照片 ___/___ 张。

说明：

组卷人：李××
20××年 3 月 1 日
审核人：王××
20××年 3 月 5 日

图 6-3 卷内备考表示例

（2）卷内备考表应标明卷内文件的总页数、各类文件页数或照片张数及组卷单位对案卷情况的说明。

"说明"主要是对缺少情况、页码错误情况、文件更换情况、卷内文件复印情况等的说明。有则填写，无则空白。

（3）组卷单位的组卷人和审核人应在卷内备考表上签名；"年""月""日"应按组卷、审核时间填写。

4. 案卷封面与案卷脊背的编制

（1）案卷封面的编制应符合下列规定：

1）案卷封面应印刷在卷盒、卷夹的正表面，也可采用内封面形式。案卷封面的式样宜符合《建设工程文件归档规范》（GB/T 50328—2014）附录 E 的要求。案卷封面示例如图 6-4 所示。

档　　　号	_____
档案馆代号	_____

案卷题名　　　　　××物资公司库房扩建工程

　　　　　　　　　　　监理文件

编制单位　　　　××工程项目管理有限公司

起止日期　　　　20××.1.5—20××.12.30

密　　级　　　　　　　保管期限　　　　长期

本工程共　13　卷　　　　　本案卷为第　2　卷

图 6-4　案卷封面示例

2)案卷封面的内容应包括档号、案卷题名、编制单位、起止日期、密级、保管期限、本案卷所属工程的案卷总量、本案卷在该工程案卷总量中的排序。

3)档号应由分类号、项目号和案卷号组成。档号由档案保管单位填写。

建设单位向城建档案馆移交的案卷，其档号不需填写，由城建档案馆依据原建设部《城市建设档案分类大纲》(建办档〔1993〕103号)的分类要求，按现行国家标准《城市建设档案著录规范》(GB/T 50323—2001)编写。非城建档案馆所保管的工程档案，其档号由档案保管单位按照本单位档案管理和分类规定进行编制。

4)案卷题名应简明、准确地揭示卷内文件的内容。建筑工程案卷题名应包括工程名称(含单位工程名称)、分部工程或专业名称及卷内文件概要等内容。

在案卷题名编写过程中应注意：

①"工程名称"部分应编写其工程的正式名称，并根据工程项目的实际情况增加时间特征、工程地址特征、工程性质特征等，进行必要的补充说明，以完善题名构成。如"南京大学浦口校区22幢学生宿舍工程"中，"浦口校区"是工程地址特征，以区别南京大学原主城校区。

一些住宅小区、公用建筑、商业建筑等可以省略工程建设单位，直接以地名机构批准的名称作为工程项目名称。

②案卷题名的拟写应做到唯一性，不应该出现案卷名称相同的现象。对于同类文件或图纸，需要立若干个案卷时，可以加入卷册序号、图号等以示区别，如"南京大学邵逸夫馆隐蔽工程验收记录之一""南京大学邵逸夫馆建筑竣工图(建竣21～建竣40)"。

③案卷题名中卷内文件概要部分应采用《建设工程文件归档规范》(GB/T 50328—2014)附录A的组合文件名，当单一文件立成一卷时应采用文件名。

④案卷题名的长度应有所控制，原则上不超过50个汉字。

5)"编制单位"应填写案卷内文件的形成单位或主要责任者。

6)"起止日期"应填写案卷内全部文件形成的起止日期。

7)保管期限应根据卷内文件的保存价值在永久保管、长期保管、短期保管三种保管期限中选择划定。当同一案卷内有不同保管期限的文件时，该案卷保管期限应从长。

8)密级应在绝密、机密、秘密三个级别中选择划定。当同一案卷内有不同密级的文件时，应以高密级为本卷密级。

9)由编制单位填写工程名称、编制单位、编制人、审核人(项目技术负责人)、编制日期等；由接收单位填写档号、保管期限、密级、总册数、本卷册编号等。

10)编制单位应加盖公章，编制及审核人员应签字或签章。

(2)案卷脊背应由档号、案卷题名构成，由档案保管单位填写，其式样宜符合《建设工程文件归档规范》(GB/T 50328—2014)附录F的规定。案卷脊背示例如图6-5所示。

档号
BC（QC-XC） 15/7-001
案卷题名
数码城办公室装修工程竣工资料

图 6-5　案卷脊背示例

五、案卷的检查、装订与装具

1. 案卷的检查

工程文件按立卷原则组卷并完成编目后，在装订之前需要对案卷进行检查，审查是否符合案卷的构成要求，检查的内容主要包含以下几个方面：

（1）卷内文件衬托、图纸折叠规范。

（2）卷内文件排列科学、合理。

（3）卷内文件页号编制符合规定要求。

（4）卷内目录与卷内文件的内容一致。

（5）案卷封面编制符合要求，填写完整。

（6）案卷题名简明准确，反映卷内文件的主要内容。

（7）档号编制正确，并符合规范要求。

（8）保管期限、密级划分准确。

（9）卷内备考表填写完整、正确。

（10）案卷美观，书写工整。

如检查发现组卷不规范、不正确、不完整，应及时进行整改，从而保证案卷质量。

2. 案卷的装订

（1）案卷可采用装订与不装订两种形式。文字材料必须装订成册；图纸材料可装订成册，也可散装存放。

(2)装订时，须将封面、目录、备考表、封底与卷内文件一起装订。图纸散装在卷盒内时，须将案卷封面、目录、备考表用棉线在左上角装订在一起。

(3)装订时不应破坏文件的内容，并应保持整齐、牢固，以便于保管和利用。

(4)装订时要剔除金属物，装订线一侧根据案卷厚薄加垫草板纸。

(5)案卷用棉线在左侧3孔装订，棉线装订结打在背面。装订线距左侧20 mm，上、下两孔分别距中孔80 mm。

城建档案整理
编制标准

3. 案卷的装具

案卷采用统一规格尺寸的装具。案卷装具可采用卷盒、卷夹两种形式，并应符合下列规定：

(1)卷盒的外表尺寸应为310 mm×220 mm，厚度可为20、30、40、50(mm)。

(2)卷夹的外表尺寸应为310～220 mm，厚度宜为20～30 mm。

(3)卷盒、卷夹应采用无酸纸制作。

填写城建档案装具

六、案卷目录的编制

(1)案卷应按《建设工程文件归档规范》(GB/T 50328—2014)附录A的类别和顺序排列。

(2)案卷目录的编制应符合下列规定：

1)案卷目录式样宜符合《建筑工程文件归档规范》(GB/T 50328—2014)附录G的要求。案卷目录示例如图6-6所示。

案卷号	案卷题名	卷内数量			编制单位	编制日期	保管期限	密级	备注
		文字/页	图纸/张	其他					
1	×××园小区文件 工程准备阶段文件	301			×××局	20××.1.5— 20××.4.5	永久		
2	×××园小区 开工审批文件	220			×××局	20××.3.6— 20××.3.6	长期		
3	×××园小区 岩土勘察文件	244			×××局	20××.10.1	长期		
4	×××园小区 岩土勘察补充文件	244			×××局	20××.11.26	长期		
5	×××园小区 工程监理规划文件	255			××监理公司	20××.11.1	长期		

图 6-6　案卷目录示例

2）编制单位应填写负责组卷的法人组织或主要责任者。

3）编制日期应填写完成组卷工作的日期。

任务二　掌握建筑工程资料的归档与移交

任务目标

知识目标	能力目标	素养目标
1. 熟悉归档的前提条件、归档时间、归档文件的审查要点及归档要求； 2. 熟悉验收和移交的要求及手续	1. 能够审查归档文件； 2. 能够按要求归档； 3. 能够进行验收和移交	1. 养成实事求是、不弄虚作假的工作习惯； 2. 养成细心周到、按时完成任务的工作作风

一、归档

对建筑工程而言，归档主要有 4 个层次的含义：一是分包单位将工程建设过程中形成的文件向总包单位归档；二是建设、勘察、设计、施工、监理等单位将本单位在工程建设过程中形成的文件向本单位档案管理机构归档；三是勘察、设计、施工、监理等单位将本单位在工程建设过程中形成的文件向建设单位档案管理机构移交；四是建设单位将工程建设过程中形成的文件向城建档案馆归档。

归档的流程如图 6-7 所示。各层次的归档都应开展验收工作，在验收合格、移交手续齐全后，接收单位方可接收移交单位的工程档案。

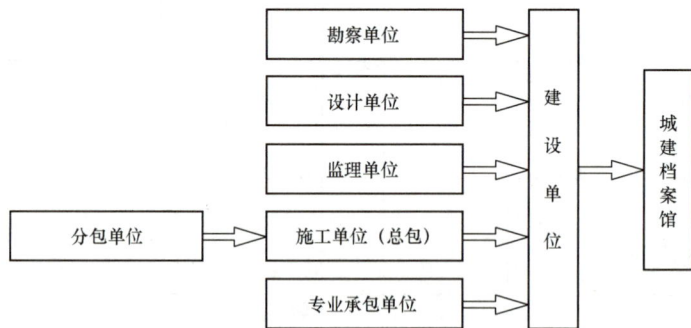

图 6-7　归档的流程

1. 归档的前提条件

（1）归档文件的范围和质量应符合《建设工程文件归档规范》(GB/T 50328—2014)第 4 章的规定。

归档的工程文件应为原件，这是归档工程文件质量的最基本要求。所谓原件即文字文件、图纸或其他形式工程文件的原始件，也就是在工程建设过程中第一次正式形成或使用，且具有依据和凭证作用的文件。

原件的认定应符合以下条件：

1）文字文件。工程建设过程中形成的文字文件，包括各种用表，其原件是指在工程建设过程中第一次形成或使用，且签字、盖章手续完备，具有依据和凭证作用的原始文件。

2）图纸。图纸原件是指第一次正式使用，并有相关责任单位和责任人签章的工程图纸。

3）声像。

①照片的原件为现场拍摄胶片底片或磁盘（卡）输出（冲洗）的样片，或制成的光盘，还应包括照片拍摄的地点、位置、部位、时间等文字说明。

②录像（音）带和磁盘、光盘。

无论是录像带、录音带，还是磁盘、光盘的原件，均为原始（母）带（盘）和编辑好的带（盘），且包括摄录的地点、时间等文字说明。

（2）归档的文件必须经过分类整理，并应符合《建设工程文件归档规范》（GB/T 50328—2014）第5章的规定。

2. 电子文件归档的方式

电子文件归档应包括在线式归档和离线式归档两种方式。可根据实际情况选择其中一种或两种方式进行归档。

在线式归档是指通过互联网上传方式将建设工程电子文件传到档案管理系统；离线式归档是指通过硬盘、一次性光盘载体，将建设工程电子文件移交给档案管理部门。对涉密的有关工程电子文件，在线归档时应做好保密工作。

3. 归档时间的要求

（1）根据建设程序和工程特点，归档可分阶段分期进行，也可在单位或分部工程通过竣工验收后进行。

（2）勘察、设计单位应在任务完成后，施工、监理单位应在工程竣工验收前，将各自形成的有关工程档案向建设单位归档。

4. 归档文件的审查

勘察、设计、施工单位在收齐工程文件并整理组卷后，建设单位、监理单位应根据城建档案管理机构的要求，对归档文件的完整、准确、系统情况和案卷质量进行审查。

归档文件审查不合格要进行整改，直至合格。审查合格后方可向建设单位移交。

5. 归档文件的套数

工程档案的编制不得少于两套，一套应由建设单位保管，一套（原件）应移交当地城建档案管理机构保存。

许多情况下为满足日后利用的需求，需要再增加一至两套档案，如为物业管理单位保留一套。应事先在协议、合同中约定。

6. 向建设单位归档的要求

勘察、设计、施工、监理等单位向建设单位移交档案时，应编制移交清单，双方签字、盖章后方可交接。电子文件归档时，电子清单和纸质清单应一致。

移交清单内容：第一部分是确认交接单位或个人的法定身份、交接性质及范围；第二部分是交接档案、资料及有关材料的种类、数量；第三部分是移出说明及接收意见，由双方负责人签字，单位盖章。

7. 向本单位归档的要求

设计、施工及监理单位需向本单位归档的文件，应按国家有关规定和《建设工程文件归档规范》(GB/T 50328—2014)附录 A 的要求组卷归档。

二、验收

工程档案的验收，也称工程档案专项验收，是工程竣工验收的重要组成部分，是评定工程质量的前提条件，也是工程档案移交的基础。工程档案的验收分为预验收和验收。

1. 工程档案预验收

工程档案预验收是工程项目施工完成后，竣工验收前组织的工程档案的专项验收。工程档案预验收是工程档案验收的基础，是对工程档案进行初步认可的全面检查。预验收的程序如图 6-8 所示。

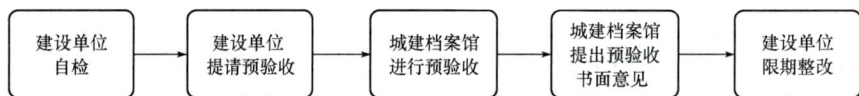

图 6-8 预验收的程序

(1)一般规定。

1)列入城建档案馆档案接收范围的工程，建设单位在组织竣工验收前，应当提请城建档案管理机构对工程档案进行预验收。

2)预验收(专项验收)合格后，由城建档案管理机构出具工程档案认可文件。

3)建设工程档案预验收不合格的，建设单位须按照要求整改、补充，重新提请建设工程档案预验收。

4)在市住房城乡建设主管部门报建的建设工程，由市城建档案馆负责组织建设工程档案预验收。

5)在各区(市)县住房城乡建设主管部门报建的建设工程，由各区(市)县城建档案馆(室)负责组织建设工程档案预验收。

(2)验收条件。

1)施工单位已按合同约定完成施工内容。

2)建设工程档案收集齐全、完整并形成电子文件，格式、载体等符合要求，对应的纸质档案装订成册，声像档案的内容、质量、格式符合要求。

3)建设单位、监理单位对建设工程档案内容的真实性、齐全性、准确性已进行审查认定。

4)建设单位向住房城乡建设主管部门提交《建设工程档案预验收申请书》《城建档案案卷目录》。

(3)验收内容。城建档案管理机构在进行工程档案预验收时,应查验下列主要内容:

1)工程档案齐全、系统、完整,全面反映工程建设活动和工程实际状况。

2)工程档案已整理立卷,立卷符合《建设工程文件归档规范》(GB/T 50328—2014)的规定。

3)竣工图的绘制方法、图式及规格等符合专业技术要求,图面整洁,盖有竣工图章。

4)文件的形成、来源符合实际,要求单位或个人签章的文件,其签章手续完备。

5)文件的材质、幅面、书写、绘图、用墨、托裱等符合要求。

6)电子档案的格式、载体等符合要求。

7)声像档案的内容、质量、格式符合要求。

(4)工程档案认可文件。工程档案预验收合格后,城建档案馆应出具工程档案认可文件,即《建设工程档案预验收意见》,这是预验收工作的终结文件。工程档案认可文件不仅是工程竣工验收的前提条件之一,也是工程竣工验收备案的重要文件,建设单位在取得工程档案认可文件后,方可组织工程竣工验收。住房城乡建设主管部门在办理竣工验收备案时,应当查验工程档案认可文件。

1)认可文件的内容。工程档案认可文件的内容通常由三部分组成,第一部分是工程的概况和相关人员的姓名,以便查验和联系。第二部分是专项验收意见,写明经预验收该项工程档案符合归档要求,通过了预验收。第三部分是签证,即城建档案管理机构盖章,预验收责任人签字。

2)认可文件的出具。工程档案预验收结束并认可合格,城建档案管理机构应将认可文件交建设单位(也可由建设单位从城建档案馆网站上下载),由建设单位填写认可文件(见表6-2)第一部分的内容,城建档案馆填写其他内容并签字盖章。认可文件一式三份,城建档案馆、建设单位和建设工程竣工备案部门各一份。预验收不合格时,也要签署不合格意见并指出原因,要求建设单位采取措施,改正后再验收。

表 6-2　建设工程档案预验收意见

工程名称		工程地址		
开工日期		竣工日期		
参建单位名称		资质等级	法定代表人	
建设单位				
勘察单位				
设计单位				
监理单位				
施工单位				

专项验收意见：

　　根据《建设工程质量管理条例》《城建档案管理规定》和××省有关城建档案管理的规定，该项建设工程档案资料符合归档要求，同意验收

城建档案管理机构(盖章)

专项验收责任人签字：

年　　月　　日

表格说明：

1. 本意见书未经城建档案管理机构盖章无效。

2. 本意见书不得涂改。

3. 本意见书一式三份(市城市建设档案馆、建设单位、建设工程竣工备案部门各一份)。

4. 本意见书为组织单位建设工程竣工验收、办理建设工程竣工备案手续的必要认可文件，不作为其他用途凭证

2. 工程档案验收

　　工程竣工验收后，建设单位将验收过程中形成的文件整理组卷，连同预验收的工程档案和按照预验收的要求进行补充、完善的工程档案，汇总完成了全部工程档案的检查及整理组卷工作。工程档案验收即可进入正式验收程序。

　　(1)验收的方法。工程档案验收是工程档案预验收的延伸，是对工程档案进行补充完善的复查和抽查。工程档案验收的重点是预验收后新产生的工程文件质量检查、预验收存在问题解决的复查和全部工程文件规范立卷的检查。

　　工程档案验收的方法，应视不同情况，区别处理。一般工程档案验收工作通常采取建

设单位自检和接收单位验收二级验收，重点工程项目档案可采取建设单位自检、联合验收和接收单位验收三级验收。

(2)验收的内容。城建档案馆对工程档案的验收，是建立在工程档案预验收和建设单位自检的基础上的，其验收内容是其复查和延伸，主要包括三个方面：

1)新形成文件质量的审查。

2)预验收指出问题的复查。

3)全部案卷完成的验收。

(3)验收的标准。工程档案经过预验收和建设单位整改后，建设单位归档或向城建档案馆移交，其验收标准主要是两条：

1)工程文件完整、准确、系统，能够反映工程建设活动的全过程。

2)工程文件必须经过分类整理，并组成符合要求的案卷。

三、移交

按照城建档案馆的接收范围，凡在接收范围内的各类工程档案，建设单位除了做好自身的归档工作外，应当向当地城建档案馆移交一套(原件)符合规范要求的工程档案。

济南市城市建设
档案管理规定

1. 移交要求

对不同类型的建设工程所形成的工程档案，其移交单位、移交时间、处理方式等都有不同要求。

(1)施工分包单位应按合同约定套数将建设工程档案向施工总承包单位移交。

(2)施工总承包单位、监理单位、勘察单位、设计单位应按合同约定套数将建设工程竣工档案向建设单位移交。

(3)列入城建档案管理机构接收范围的工程，建设单位在工程竣工验收后3个月内，必须向城建档案管理机构移交一套符合规定的工程档案。凡建设工程档案不齐全的，应当限期补充。

(4)停建、缓建建设工程的档案，可暂由建设单位保管。

(5)对改建、扩建和维修工程，建设单位应组织设计、施工单位对改变部位据实编制新的工程档案，并应在工程竣工验收后3个月内向城建档案管理机构移交。

(6)撤销单位的建设工程档案，应当向上级主管机关或者城建档案馆移交。

2. 移交手续

不论何种类型的工程档案移交及接收，都应当办理相关手续，明确双方责任。

(1)向建设单位移交。勘察、设计、施工、监理等参加建设的单位应将各自形成的文件整理立卷后，在工程档案预验收前，向建设单位移交，移交时应编制移交清单，双方签字、盖章，完善交接手续。

1)移交清单。移交清单也称移交目录，既可单独保管作为档案移交凭证，也可作为工程档案移交书的附表。

移交清单的内容包括：序号、案卷题名、档案数量(其中分别说明文字材料、图样材料、照片等)。移交清单由移交单位填写，如单独保管，移交单位和接收单位责任人双方均应签字，并注明移交时间。

2）移交书。移交书是工程参建单位向建设单位移交相关工程档案时办理的一种移交手续，其主要内容由两部分组成，一是移交的工程档案数量，包括文字材料、图样材料的卷数和照片张数等；二是移交与接收单位双方责任人签字，单位盖章，并注明移交时间。移交书是工程档案移交的凭证，并与移交档案一并保存。工程参建单位和建设单位应认真核实查验档案及数量，确定无误后履行签字盖章手续。

（2）向城建档案馆移交。当建设单位向城建档案管理机构移交工程档案时，应提交移交案卷目录，办理移交手续，双方签字、盖章后方可交接。

1）工程档案接收证明书。建设单位向城建档案馆报送工程档案，经验收合格后，城建档案馆向建设单位出具工程档案接收证明书，证明书（表6-3）的主要内容由三部分组成，一为工程基本情况；二为报送工程档案情况；三为交接双方签字盖章。江苏省规定城建档案管理机构接收建设单位报送的工程档案时，均要出具接收证明书。证明书不但是接收工程档案的凭证，而且是房产管理部门审核、颁发房屋权属证书的条件之一。

表6-3　工程档案接收证明书　　　　　　　　　　编号：×××

报送建设工程档案单位			
建设工程项目名称			
建设工程规划许可证号			
工程地点			
工程总投资/万元		工程建筑面积（长度）	
开工日期		竣工日期	

报送建设工程档案情况	建设工程档案总数＿＿＿＿＿＿＿＿卷（盒），其中： 文字材料＿＿＿＿＿＿＿＿卷；图　纸＿＿＿＿＿＿＿＿卷； 照　　片＿＿＿＿＿＿＿＿张；录像带＿＿＿＿＿＿＿＿盒； 其他材料＿＿＿＿＿＿＿＿＿＿＿＿＿＿＿＿＿＿＿＿＿ 附：工程档案移交目录＿＿＿＿＿＿份，共＿＿＿＿＿＿张
报送单位（单位印章）： 报送单位法定代表人： 报送人（签字）：	接收单位（单位印章）： 接收人（签字）： 接收时间：
说明：本证明书为城建档案管理机构接收城建档案的凭证，房产权属登记管理机构验证此证明书后办理产权证。	

2）移交书。城建档案馆接收工程档案等城建档案，应与移交单位办理城建档案移交书（图6-9），其主要内容包括两部分，一是移交档案的情况，如移交档案总数量，其中文字材料、图纸的数量，照片数量等；二是交接双方签字盖章，注明移交时间。移交书一式两份，城建档案馆和移交单位各执一份。

城 市 建 设 档 案 移 交 书

_____向_____城市建设档案馆移交_____档案共计_____册，其中，图样材料_____册，缩微号文字材料_____册，其他材料_____张（_____）。

附：城市建设档案移交目录一式三份，共_____张。

移 交 单 位：_____　　　　接 收 单 位：_____

单位负责人：_____　　　　单位负责人：_____

移 交 人：_____　　　　接 收 人：_____

移交日期：____年____月____日

图 6-9　城建档案移交书

3）移交目录。城建档案移交目录（表 6-4）是城建档案馆接收城建档案的明细表，一般作为工程档案接收证明书或城建档案移交书的附件。移交目录主要是记录城建档案案卷的基本情况及其数量，由移交单位填写，城建档案馆逐项核实无误后，双方签字盖章，各自保存一份。

表6-4　城建档案移交目录

序号	工程项目名称	案卷题名	形成年代	数量						备注
				文字材料		图样材料		综合卷		
				册	张	册	张	册	张	

注："综合卷"指文字和图样材料混装的案卷。

技 能 训 练

一、判断题

1. 工程资料应按其质量要求及编制注意事项进行编制，完成后进行组卷与移交。
（　　）

2. 纸质载体和光盘载体的工程资料应在施工过程中形成、收集和整理（包括工程音像资料）。
（　　）

3. 向城建档案馆移交的缩微卷片、封套片、平片必须按城建档案馆的要求进行标注。
（　　）

4. 工程资料移交前要进行组卷，按照组卷的基本原则和具体要求，达到质量要求后，进行移交。
（　　）

5. 卷内目录内容应与案卷内容相符，排列在封面之后卷内第"1"页之前，原资料目录及设计图纸目录不能代替。
（　　）

二、单项选择题

1. 下列选项中，不属于工程档案可采用的载体形式是（　　）。
   A. 纸质载体　　　　B. 信息载体　　　　C. 缩微品载体　　　　D. 光盘载体

2. 工程资料组卷的基本原则中，案卷不宜过厚，一般不超过（　　）mm，案卷内不应有重复资料。
   A. 10　　　　　　B. 20　　　　　　C. 30　　　　　　D. 40

3. 组卷的具体要求中,竣工图应按( )进行组卷。

    A. 类别   B. 数量   C. 专业   D. 系统

4. 工程项目各参建单位应将本单位形成的工程文件立卷后向( )移交。

    A. 建设单位   B. 设计单位

    C. 监理单位   D. 施工单位

5. 列入城建档案馆(室)接收范围的工程,建设单位在工程竣工验收后( )个月内,必须向城建档案馆(室)移交一套符合规定的工程档案。

    A. 1   B. 2   C. 3   D. 4

6. ( )向城建档案馆(室)移交工程档案时,应办理移交手续,填写移交目录,双方签字、盖章后交接。

    A. 施工单位   B. 建设单位

    C. 设计单位   D. 监理单位

三、多项选择题

1. 下列选项中,属于工程资料可采用的载体形式是( )。

    A. 纸质载体   B. 信息载体

    C. 光盘载体   D. 档案载体

    E. 缩微晶载体

2. 在纸质载体的工程档案经城建档案馆和有关部门验收合格后,应持城建档案馆发给的许可缩微证明书进行缩微,证明书包括( )等,并将证书缩拍在胶片"片头"上。

    A. 案卷目录   B. 胶片代数

    C. 验收签章   D. 案卷封面

    E. 城建档案馆的档号

3. 竣工图应按专业进行组卷,可分为( )等,每一个专业可根据图纸数量的多少组成一卷或多卷。

    A. 工艺平面布置竣工图卷   B. 给水排水及采暖竣工图卷

    C. 建筑电气竣工图卷   D. 测绘与设计文件卷

    E. 智能建筑竣工图卷

4. 工程资料的卷内目录,内容包括( )。

    A. 序号   B. 工程资料题名

    C. 原编制号   D. 编制单位和编制日期

    E. 页次和标注

四、案例分析

某工程资料移交前要进行组卷,按照组卷的基本原则和具体要求,达到质量要求后,进行移交。试问:

1. 组卷的基本原则是什么?

2. 组卷的具体要求包括哪些内容?

项目七　建筑工程资料管理软件及应用

>> 项目导航

建筑工程资料管理工作长久以来一直以工作量大、涉及面广，对应各种规范标准导致其种类繁多，表格形式多样繁杂而著称。为了适应现代建筑工程的发展，提高工作效率，提升管理质量，产生了许多建筑工程资料管理软件，这些软件以现行的施工质量验收标准、规范及其建设工程文件归档规范等为基础，参照国家及地方的有关法律、法规和行政规章制度，并结合各省市工程资料管理标准或规程等，遵循建筑工程文件材料的自然形成规律，全面地、系统地提供了工程资料管理的内容及有关表格样式，能够形成完整的、规范的工程档案资料，使资料管理人员更好地完成工程文件整理、归档工作，积极发挥档案资料在项目管理中的作用。

目前，常见的与山东省《建筑工程（建筑与结构工程）施工资料管理规程》（DB37/T 5072—2016）配套的资料管理软件，是北京筑业志远软件开发有限公司开发的筑业—建设工程资料管理软件（以下简称"筑业工程资料软件"）。下面以该软件为例，介绍建设工程资料管理软件的特点、使用功能、安装和操作。

党的二十大报告指出："问题是时代的声音，回答并指导解决问题是理论的根本任务。"建筑工程资料管理软件的作用是什么？一般使用什么软件？软件的功能有哪些？如何安装和操作？回答这些问题是理论解决的根本任务。

建筑工程资料管理工作长久以来一直以工作量大、涉及面广，对应的各种规范标准种类繁多，表格形式多样复杂而著称，为了适应现代建筑工程的发展，提高工作效率，提升管理质量，许多建筑工程资料管理软件应运而生。这些软件以现行的施工质量验收标准、规范及其建设工程文件归档规范等为基础，参照国家及地方的有关法律、法规和行政规章制度，并结合各省、市工程资料管理标准或规程等，遵循建筑工程文件材料的自然形成规律，全面、系统地提供了工程资料管理的内容及有关表格样式，能够形成完整的、规范的工程档案资料，使资料管理人员能够更好地完成工程文件的整理、归档工作，积极发挥档案资料在项目管理中的作用。

目前，常见的与山东省《建设工程（建筑与结构工程）施工资料管理规程》（DB37/T 5072—2016）配套的资料管理软件，是北京筑业志远软件开发有限公司开发的筑业—建设工程资料管理软件（以下简称"筑业工程资料软件"）。下面以该软件为例，介绍建筑工程资料管理软件的特点、使用功能、安装和操作。

任务一 熟悉建筑工程资料管理软件的特点与主要功能

任务目标

知识目标	能力目标	素养目标
1. 熟悉建筑工程资料管理软件的特点； 2. 熟练掌握建筑工程资料管理软件的主要功能	1. 能够抓住建筑工程资料管理软件的特点； 2. 能够熟练运用建筑工程资料管理软件的主要功能进行操作	1. 养成实事求是、不弄虚作假的工作习惯； 2. 养成细心周到、按时完成任务的工作作风

一、建筑工程资料管理软件的特点

"筑业工程资料软件"大幅提高了施工现场资料管理的工作效率，是广大施工技术人员的必备工具。该软件具有以下特点：

(1)具备完善的工程资料数据库管理功能，可方便地查询、修改、统计汇总、组卷、打印。

(2)实现了表格数据的录入简单、快捷。

(3)可以设置软件登录和工程登录两级密码保护，保护用户工程信息。

(4)软件提供自动备份功能，即便工地用电环境恶劣造成工程文件损坏，也能找回最后一次正确工程进行恢复，最大限度地减少损失。

(5)新建表格时，工程信息、验收部位等信息自动填充，省去了重复填充的烦恼。

(6)为表格提供大量填写范例，用户可以参照填写，即使没有做过资料的人员也可迅速掌握。

(7)具有一键分部、分项汇总功能和一键报验功能，操作更简单。

(8)具有表格自动计算、自动填充等功能，使填表更快捷。

(9)软件可根据检验批一般项目和主控项目数据，自动判定是否合格。

(10)可以多用户同时做项目，最后将几个工程文件合并成一个文件。

(11)可以同时打开多个工程，进行比较做表。

(12)做好的工程可以保存起来，下次做相同类型的工程时，导入工程后同步工程信息即可。

(13)可以导入自定义模板，编辑模板。

(14)可以跨专业、跨规范借用表格，一个工程中可以有多个规范的表格。

二、建筑工程资料管理软件的主要功能

1. 自动填表

(1)自动导入工程常用信息。

233

（2）可以在常用信息中进行编辑，直接修改常用信息的内容。

2. 自动计算

所有包含计算的表格，用户只需填写基础数据，软件即自动计算，用户可以自行输入或修改计算公式。

3. 查找替换

具有非常方便的查找功能，可将工程通用信息统一替换。

4. 自动生成分部、分项表

可根据检验批表格自动生成分部和分项表。

5. 工程表格相互导入

表格可以在不同工程之间相互导入、移动。

6. 自动编号

可自动填写表格编号，对当前模板下已编号的表格，可以重新编号。

7. 排序

上下移动：用来调整客户建立表格的顺序。

左右移动：可以改变表格的从属关系。

随意移动：可以把建好的表格随意拖动。

8. 导入、导出

可方便地导入 Excel 文件、Word 文件、文本文件和批量导入文件夹，导出 PDF 文件。

9. 智能评定

可根据国家标准或企业标准自动评定检验批质量验收表格的检测值等级，自动添加"○"和"△"，标记不合格点值。

10. 企业标准设置

用户可以修改检验批资料国家标准数据，形成企业标准，软件自动根据企业标准进行评定。

11. 表格套打

对于有特殊需要的客户，软件提供了表格套打功能。

12. 工程表格批量打印

表格填写完成后，可以批量打印整个工程表格，也可以照编制日期进行分批打印，随意设置是否打印表格、打印表格张数、图章是否打印等。

13. 电子组卷

做完工程后，软件可对工程数据进行分类组卷。

14. 盖章、电子签名

可根据当地规定的设置盖章、电子签名，可实现电子存档。

15. 数据自动保存

用户只需把数据填写完全，软件不仅可自动保存所填的内容，还可以自动备份工程，也可人为备份以确保数据的安全。

16. 画图

软件自带画图工具，可以插入不同版本的 CAD 软件，可直接调入 CAD 画版，还可以截图。

17. 附件管理

对工程中的所有附件可以进行统一管理。

18. 用户管理

有权限才能访问软件。

19. 回收站功能

表格删除后可以轻松找回。

20. 在线服务

如果在线，可以进行在线服务，还可以进行在线升级。

21. 规范自由切换

新版本资料可以在同一个软件中自由切换不同的规范标准，这大大方便了客户随时调用不同规范的表，不用同时打开两个程序。

22. 资料库查找

软件赠送了大量的资料、规程、图样、标准、施组、技术交底和安全交底，以方便客户随时查看相关资料的电子版。

任务二　熟悉建筑工程资料管理软件的安装

≫ 任务目标

知识目标	能力目标	素养目标
1. 熟悉建筑工程资料管理软件的运行环境； 2. 熟练掌握建筑工程资料管理软件的安装要求	1. 能够正确运用建筑工程资料管理软件的运行环境； 2. 能够熟练进行建筑工程资料管理软件的安装	1. 养成实事求是、不弄虚作假的工作习惯； 2. 养成细心周到、按时完成任务的工作作风

一、建筑工程资料管理软件的运行环境

筑业工程资料软件安装并运行在普通计算机环境下。

1. 硬件环境要求

PC586 或以上，内存为 64 MB 或以上。

2. 软件环境要求

操作系统：中文 Windows 98/ME/NT/2000/XP，同时兼容 Windows VISTA、Windows7/8 和 Windows 8.1 系统等。

二、建筑工程资料管理软件的安装

（1）把安装光盘放入光驱里，双击或用鼠标右键单击，进入光盘目录（图7-1），打开"筑业资料标准版"文件夹（图7-2），再打开"筑业资料山东2016规程版10.4.0.100"应用程序启动安装界面（图7-3），在安装界面中单击"下一步"按钮，弹出图7-4所示界面，单击"是"按钮。

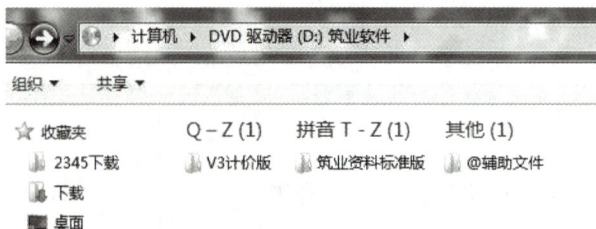

筑业软件山东

软件操作讲解

图 7-1　光盘目录

图 7-2　"筑业资料标准版"目录

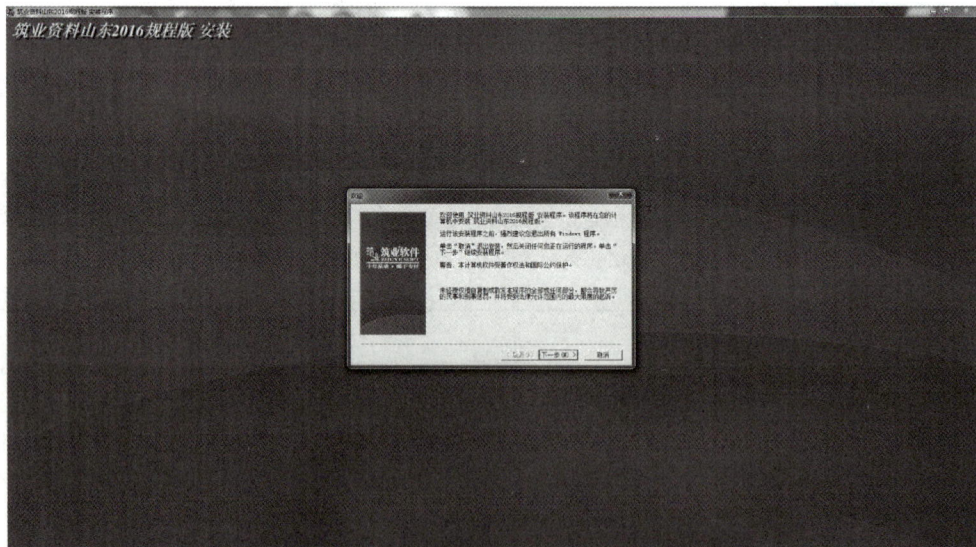

图 7-3　"筑业资料山东2016规程版安装"界面

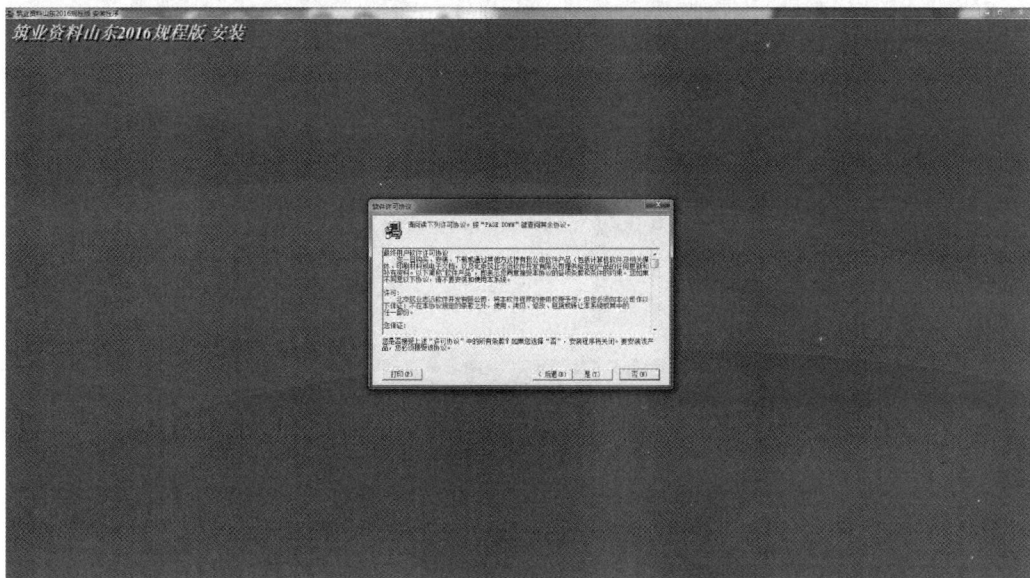

图 7-4　"最终用户软件许可协议"界面

（2）在弹出图 7-5 所示界面时，资料软件默认的安装目录为"D：\\"，也可以根据需要单击"浏览"按钮选择将软件安装在指定盘符，软件将根据选择自动生成软件的安装文件夹"筑业建筑系列软件"。然后，单击"下一步"按钮，弹出图 7-6 所示界面，再单击"下一步"按钮开始正式安装文件。

（3）当弹出图 7-7 所示界面时，单击"关闭"按钮结束安装。这时在桌面上生成一个快捷方式"筑业资料山东 2016 规程"（图 7-8）。

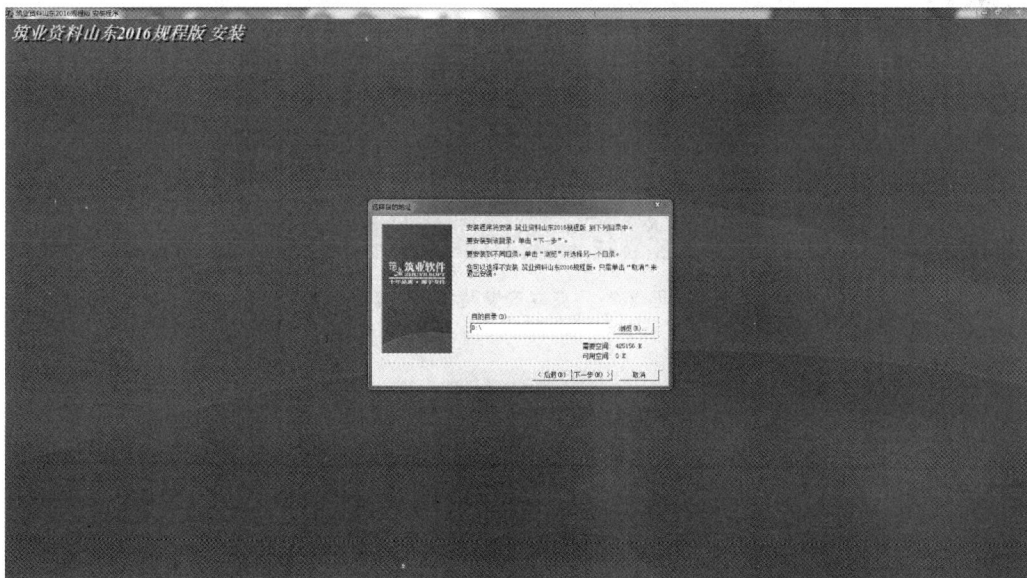

图 7-5　"目的目录（安装路径）"界面

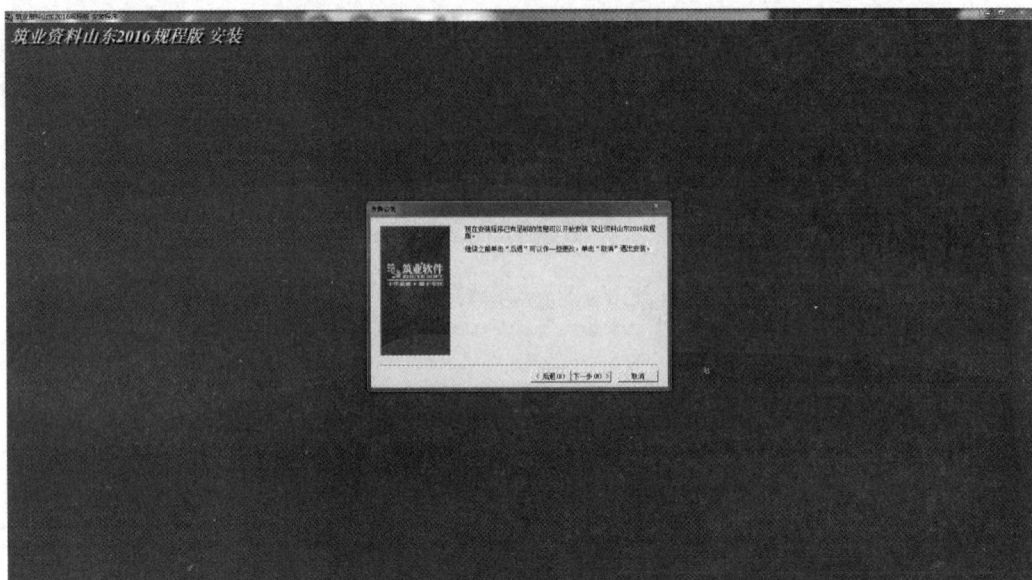

图 7-6 "准备安装"界面

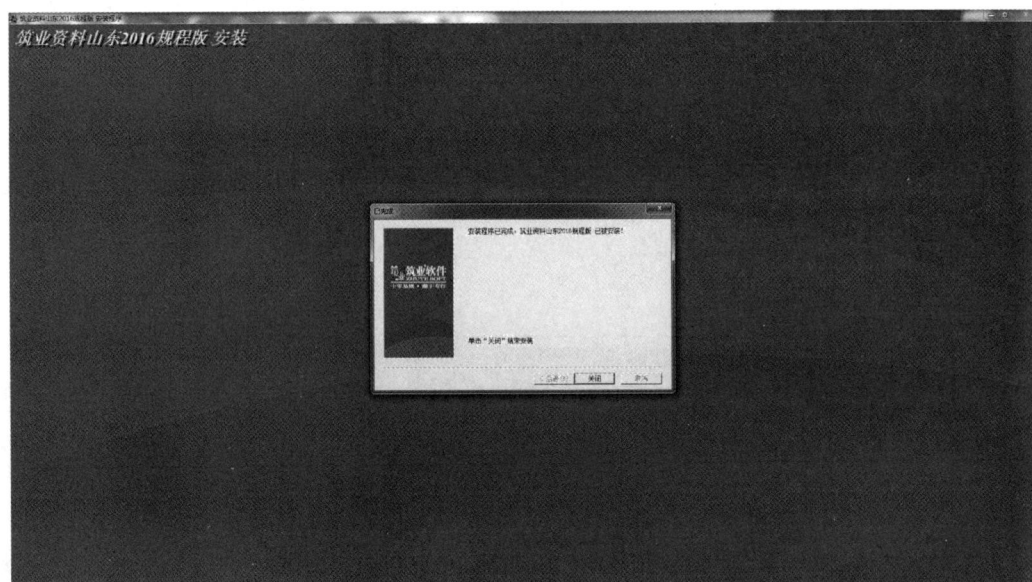

图 7-7 "完成安装程序"界面

图 7-8 桌面快捷方式

（4）主程序安装完以后，还需要安装交底软件和资料库，软件才可以完全查看技术交底、安全交底和资料库里相应的规范标准。安装很简单，只要默认安装到和资料程序相同的盘符就可以了(统一安装路径)。以后升级软件时只需要安装主程序，交底软件和资料库无须再次安装，这样可以省去升级下载的时间。

任务三　　掌握建筑工程资料管理软件的基本操作

》》任务目标

知识目标	能力目标	素养目标
1. 熟悉建筑工程资料管理软件的操作流程； 2. 熟练掌握建筑工程资料管理软件的操作知识	1. 能够熟练地按照建筑工程资料管理软件操作流程进行操作； 2. 熟练操作建筑工程资料管理软件	1. 养成实事求是、不弄虚作假的工作习惯； 2. 养成细心周到、按时完成任务的工作作风

一、建筑工程资料管理软件的操作流程

筑业工程资料软件的操作流程如图 7-9 所示。

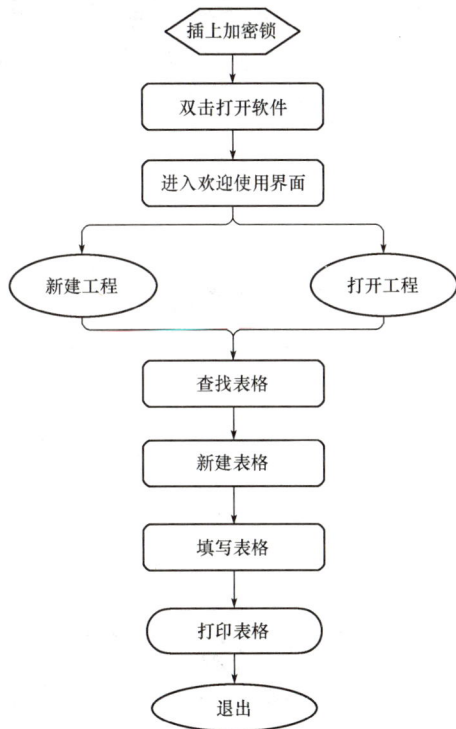

图 7-9　筑业工程资料软件的操作流程

二、建筑工程资料管理软件操作入门

1. 打开软件

先插入加密锁，双击桌面快捷方式"筑业资料山东 2016 规程版"图标，启动工程资料管理软件。

第一次打开软件时，会弹出图 7-10 所示界面，提示账户登录。如果没有账户，可以单击左下角的"账户注册"按钮，在弹出图 7-11 所示界面后直接注册一个账户。注册账户后填写图 7-10 所示界面中的"账户、密码"信息，勾选"记住密码""自动登录"，单击下方的"登录"按钮，进入"工程向导"界面(图 7-12)。直接关闭账户登录窗口，不影响软件基本功能的使用。

第二次及以后打开软件时，双击桌面快捷方式，就会自动登录"工程向导"界面，不会弹出账户登录窗口了。

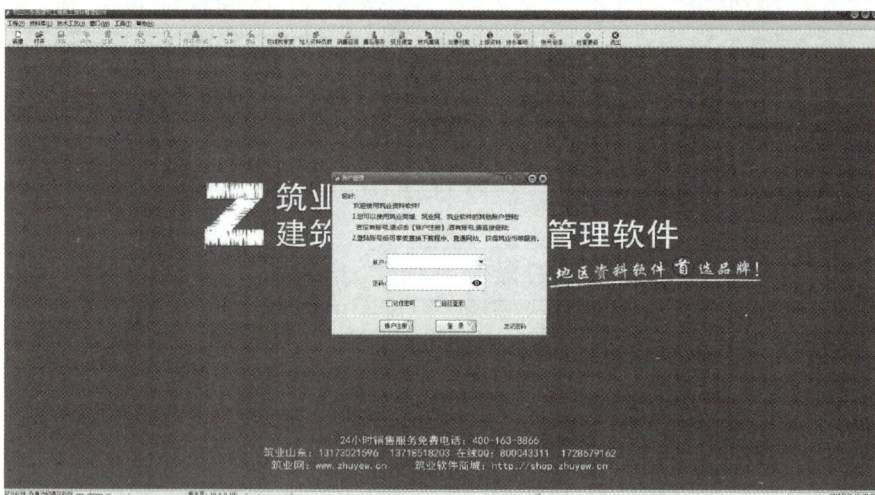

图 7-10 "账户登录"界面

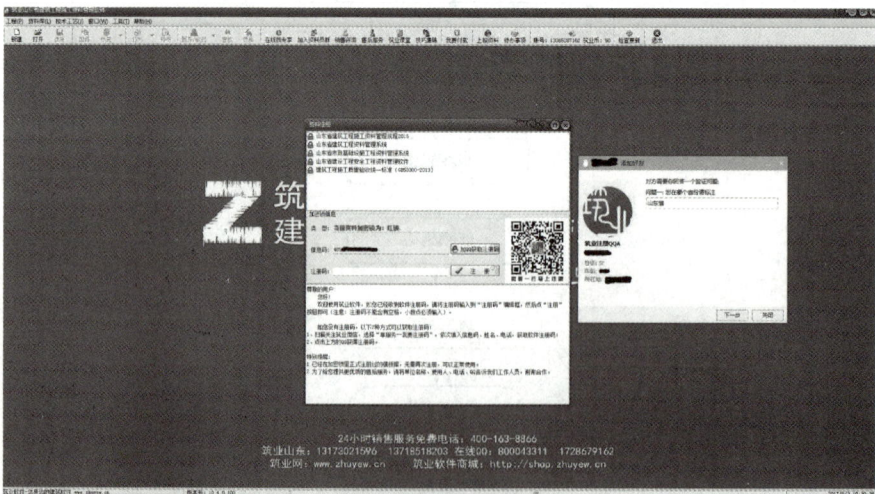

图 7-11 "注册"界面

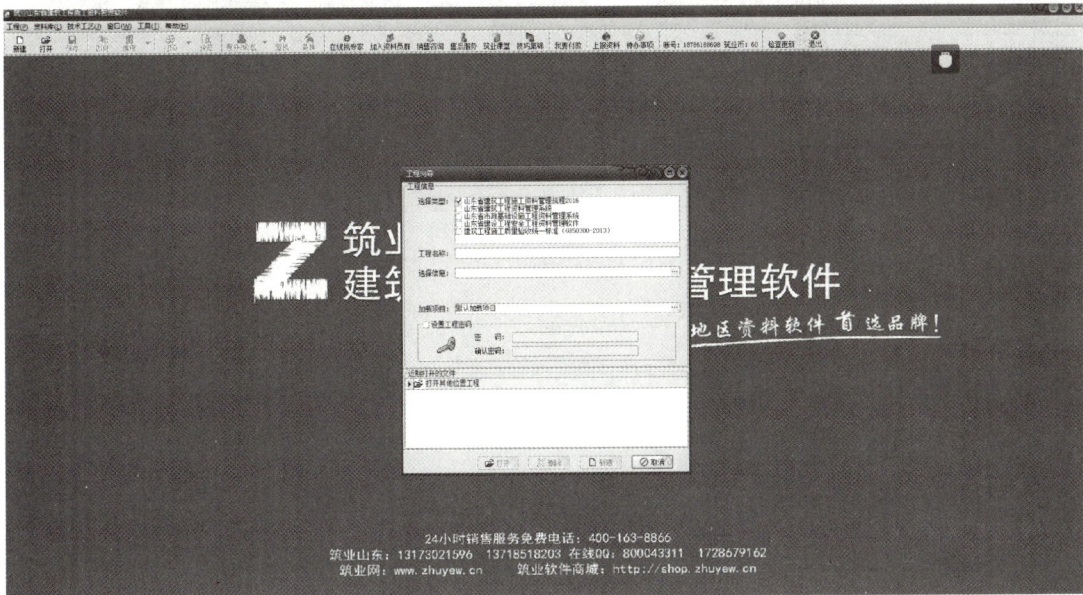

图 7-12 "工程向导"界面

2. 新建工程

在"工程向导"窗口中首先输入选择库的类型，然后输入工程名称(图 7-13)，最后单击"新建"按钮，弹出"设置-工程信息"对话框(图 7-14)，进行设置，设置好后直接单击"确定"按钮即可(可暂时不设置工程信息)。

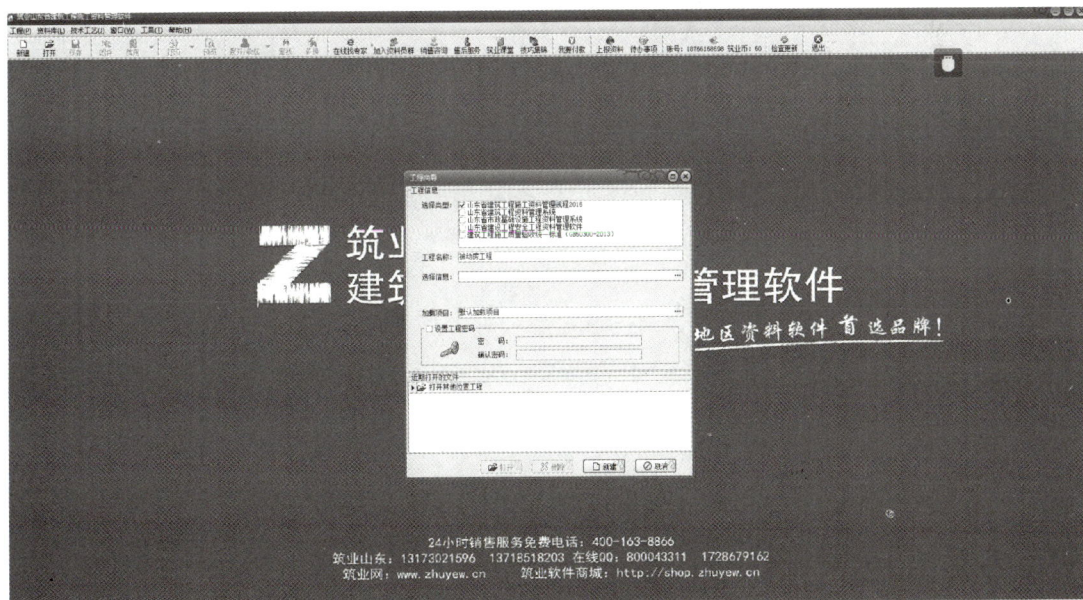

图 7-13 输入工程名称后的"工程向导"界面

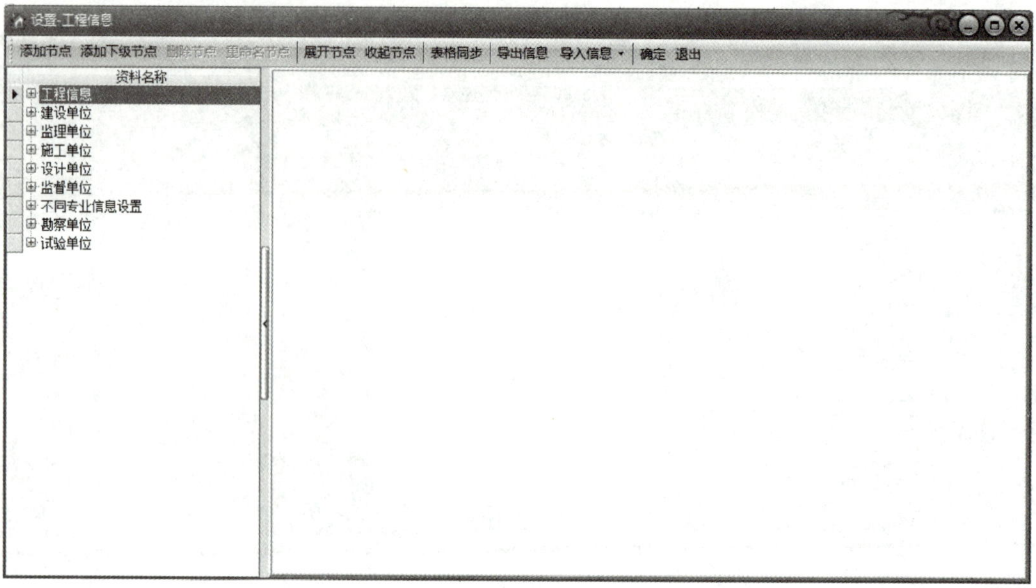

图 7-14 "设置-工程信息"对话框

3. 查找表格

软件进入主界面(图 7-15)后，在左上角可以看到"表格目录"，单击其前面的➕号，找到所需要的表格或单击工具栏中的" 查找 "，输入关键字查找到表格。

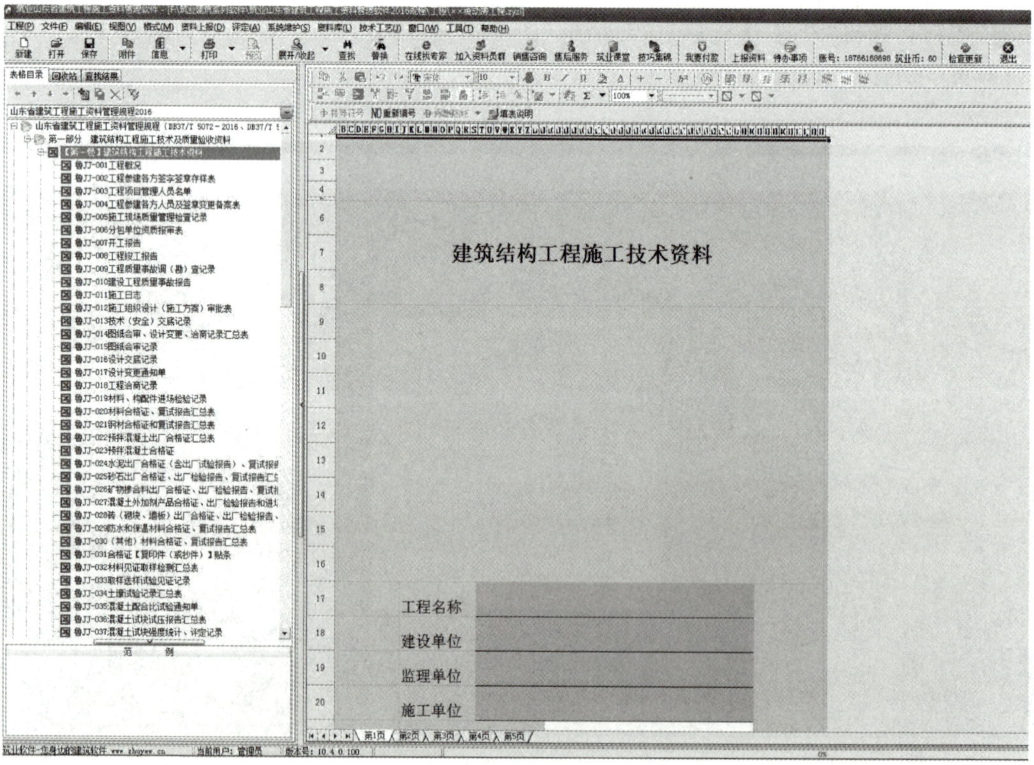

图 7-15 主界面

4. 新建表格

找到需要的表格后，双击目录名称或右边的表格区域，会弹出"新建表格"窗口(图 7-16)，单击"确定"按钮就完成表格新建了。

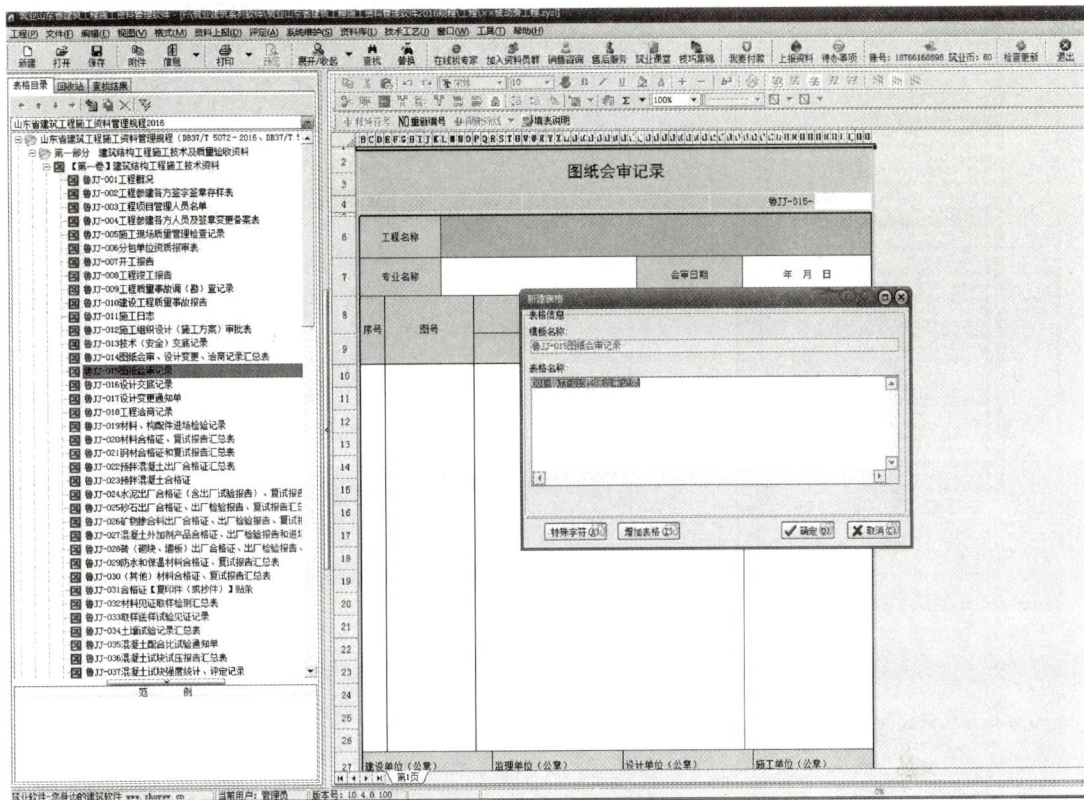

图 7-16 "新建表格"窗口

5. 填写表格

新建好表格后，在右边表格处的白色单元格中进行填写，如图 7-17 所示。

6. 输出表格

填写完表格后，可直接进行预览或打印，工具栏中有"打印预览"按钮，如图 7-18 所示。

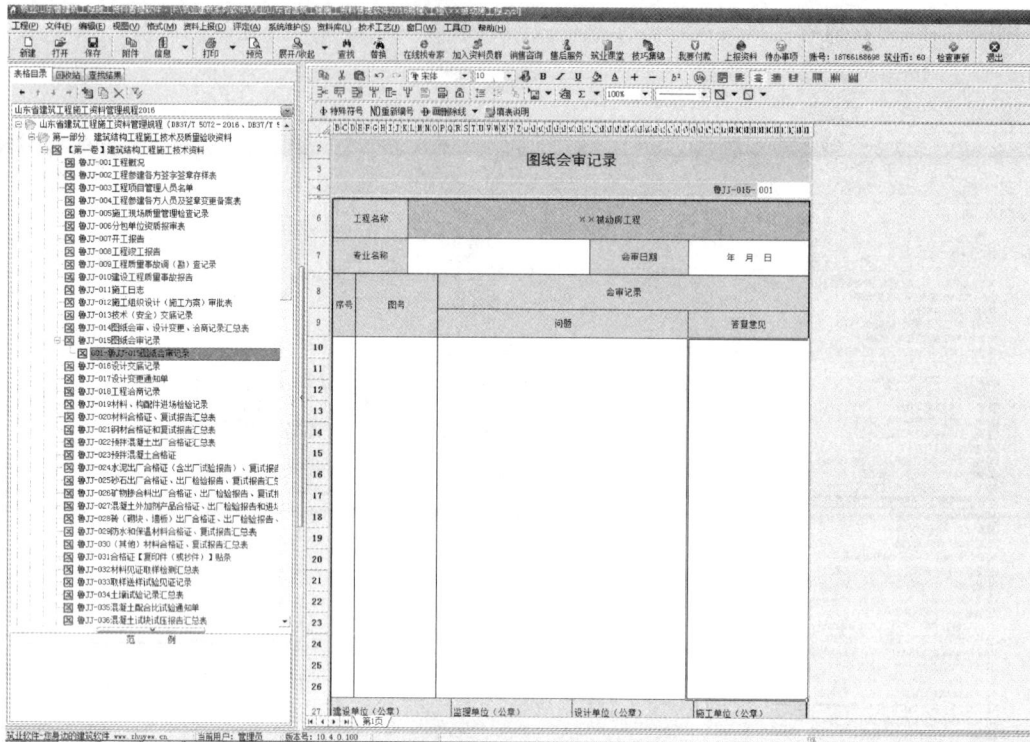

图 7-17　填写表格

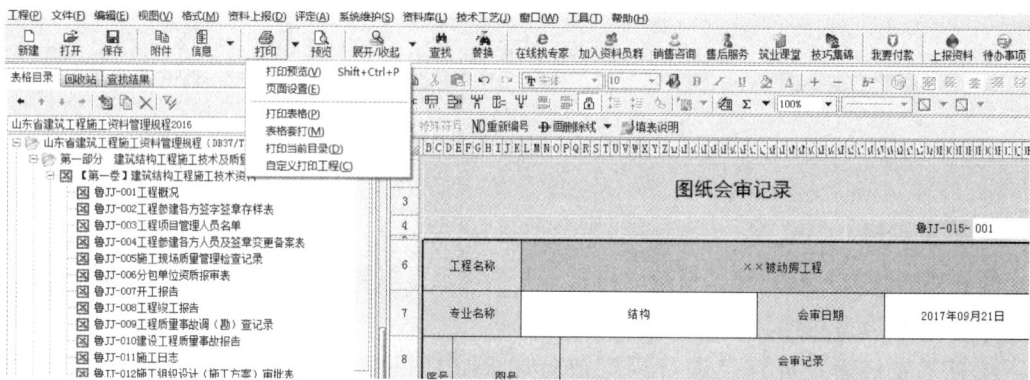

图 7-18　表格预览或打印

筑业软件山东基础、
主体表格填写

筑业软件山东砌体、
屋面相关知识及表格填写

筑业软件山东装饰装修
知识讲解及表格填写

一、多项选择题

1. 建设工程资料软件是以(　　)等为基础，参照国家及地方的有关法律、法规和行政规章制度，并结合各省、市工程资料管理标准或规程等研制开发的。

    A. 现行的设计标准、规范　　　　　　B. 现行的施工质量验收标准、规范

    C. 现行的施工标准、规范　　　　　　D. 建设工程文件归档规范

2. 筑业工程资料软件适用于(　　)操作系统。

    A. Windows 97　　　　　　　　　　B. Windows 98

    C. Windows ME　　　　　　　　　　D. Windows NT

二、简答题

1. 筑业工程资料软件的特点有哪些？

2. 筑业工程资料软件的主要使用功能有哪些？

3. 使用筑业工程资料软件新建工程的操作流程是什么？

三、实训操作

1. 利用筑业工程资料软件，练习工程资料软件的基本操作。

2. 观看筑业课堂视频，学习工程资料软件常用功能的操作技巧。

附 录

附录一　建筑工程文件归档范围

建筑工程文件规定范围应符合表 1-1 的规定。

附表 1-1　建筑工程文件归档范围

类别	归档文件	保存单位				
		建设单位	设计单位	施工单位	监理单位	城建档案馆
工程准备阶段文件（A 类）						
A1	**立项文件**					
1	项目建议书批复文件及项目建议书	▲				▲
2	可行性研究报告批复文件及可行性研究报告	▲				▲
3	专家论证意见、项目评估文件	▲				▲
4	有关立项的会议纪要、领导批示	▲				▲
A2	**建设用地、拆迁文件**					
1	选址申请及选址规划意见通知书	▲				▲
2	建设用地批准书	▲				▲
3	拆迁安置意见、协议、方案等	▲				△
4	建设用地规划许可证及其附件	▲				▲
5	土地使用证明文件及其附件	▲				▲
6	建设用地钉桩通知单	▲				▲
A3	**勘察、设计文件**					
1	工程地质勘察报告	▲	▲			▲
2	水文地质勘察报告	▲	▲			▲
3	初步设计文件(说明书)	▲	▲			
4	设计方案审查意见	▲	▲			▲
5	人防、环保、消防等有关主管部门(对设计方案)审查意见	▲	▲			▲
6	设计计算书	▲	▲			△
7	施工图设计文件审查意见	▲	▲			▲
8	节能设计备案文件	▲				▲

A4	招投标文件					
1	勘察、设计招投标文件	▲	▲			
2	勘察、设计合同	▲	▲			▲
3	施工招投标文件	▲		▲	△	
4	施工合同	▲		▲	△	▲
5	工程监理招投标文件	▲		▲		
6	监理合同	▲		▲	▲	▲
A5	开工审批文件					
1	建设工程规划许可证及其附件	▲		△	△	▲
2	建设工程施工许可证	▲		▲	▲	▲
A6	工程造价文件					
1	工程投资估算材料	▲				
2	工程设计概算材料	▲				
3	招标控制价格文件	▲				
4	合同价格文件	▲		▲		△
5	结算价格文件	▲		▲		△
A7	工程建设基本信息					
1	工程概况信息表	▲		△		▲
2	建设单位工程项目负责人及现场管理人员名册	▲				▲
3	监理单位工程项目总监及监理人员名册	▲			▲	▲
4	施工单位工程项目经理及质量管理人员名册	▲		▲		▲
	监理文件（B类）					
B1	监理管理文件					
1	监理规划	▲			▲	▲
2	监理实施细则	▲		△	▲	▲
3	监理月报	△			▲	
4	监理会议纪要	▲		△	▲	
5	监理工作日志				▲	
6	监理工作总结				▲	▲
7	工作联系单	▲		△	△	
8	监理工程师通知	▲		△	△	△
9	监理工程师通知回复单	▲		△	△	△
10	工程暂停令	▲		△	△	▲
11	工程复工报审表	▲		▲	▲	▲
B2	进度控制文件					
1	工程开工报审表	▲		▲	▲	▲
2	施工进度计划报审表	▲		△	△	

编号	名称					
B3	**质量控制文件**					
1	质量事故报告及处理资料	▲		▲	▲	▲
2	旁站监理记录	△		△	▲	
3	见证取样和送检人员备案表	▲		▲	▲	
4	见证记录	▲		▲	▲	
5	工程技术文件报审表			△		
B4	**造价控制文件**					
1	工程款支付	▲		△	△	
2	工程款支付证书	▲		△	△	
3	工程变更费用报审表	▲		△	△	
4	费用索赔申请表	▲		△	△	
5	费用索赔审批表	▲		△	△	
B5	**工期管理文件**					
1	工期延期申请表	▲		▲	▲	▲
2	工期延期审批表	▲			▲	▲
B6	**监理验收文件**					
1	竣工移交证书	▲		▲	▲	▲
2	监理资料移交书	▲			▲	
	施工文件（C类）					
C1	**施工管理文件**					
1	工程概况表	▲		▲	▲	△
2	施工现场质量管理检查记录			△	△	
3	企业资质证书及相关专业人员岗位证书	△		△	△	△
4	分包单位资质报审表	▲		▲	▲	
5	建设单位质量事故勘察记录	▲		▲	▲	▲
6	建设工程质量事故报告书	▲		▲	▲	▲
7	施工检测计划	△		△	△	
8	见证试验检测汇总表	▲		▲	▲	▲
9	施工日志			▲		
C2	**施工技术文件**					
1	工程技术文件报审表	△		△	△	
2	施工组织设计及施工方案	△		△	△	△
3	危险性较大分部分项工程施工方案	△		△	△	△
4	技术交底记录	△		△		
5	图纸会审记录	▲	▲	▲	▲	▲
6	设计变更通知单	▲	▲	▲	▲	▲
7	工程洽商记录（技术核定单）	▲	▲	▲	▲	▲

C3	进度造价文件					
1	工程开工报审表	▲	▲	▲	▲	▲
2	工程复工报审表	▲	▲	▲	▲	▲
3	施工进度计划报审表			△	△	
4	施工进度计划表			△	△	
5	人、机、料动态表			△	△	
6	工程延期申请表	▲		▲	▲	▲
7	工程款支付申请表	▲		△	△	
8	工程变更费用报审表	▲		△	△	
9	费用索赔申请表	▲		△	△	
C4	施工物资出厂质量证明及进场检测文件					
	出厂质量证明文件及检测报告					
1	砂、石、砖、水泥、钢筋、隔热、保温、防腐材料、轻骨料出厂证明文件	▲		▲	▲	△
2	其他物资出厂合格证、质量保证书、检测报告和报关单或商检证等	△		▲	△	
3	材料、设备的相关检验报告、型式检测报告、3C强制认证合格证书或3C标志	△		▲	△	
4	主要设备、器具的安装使用说明书	▲		▲	△	
5	进口的主要材料设备的商检证明文件	△		▲		
6	涉及消防、安全、卫生、环保、节能的材料、设备的检测报告或法定机构出具的有效证明文件	▲		▲	▲	△
7	其他施工物资产品合格证、出厂检验报告					
	进场检验通用表格					
1	钢材试验报告	▲		▲	▲	▲
2	水泥试验报告	▲		▲	▲	▲
3	砂试验报告	▲		▲	▲	▲
4	碎(卵)石试验报告	▲		▲	▲	▲
5	外加剂试验报告	△		▲	▲	▲
6	防水涂料试验报告	▲		▲	△	
7	防水卷材试验报告	▲		▲	△	
8	砖(砌块)试验报告	▲		▲	▲	▲
9	预应力筋复试报告	▲		▲	▲	▲
10	预应力锚具、夹具和连接器复试报告	▲		▲	▲	▲
11	装饰装修用门窗复试报告	▲		▲	△	
12	装饰装修用人造木板复试报告	▲		▲	△	
13	装饰装修用花岗石复试报告	▲		▲	△	
14	装饰装修用安全玻璃复试报告	▲		▲	△	

15	装饰装修用外墙面砖复试报告	▲		▲	△	
16	钢结构用钢材复试报告	▲		▲	▲	▲
17	钢结构用防火涂料复试报告	▲		▲	▲	▲
18	钢结构用焊接材料复试报告	▲		▲	▲	▲
19	钢结构用高强度大六角头螺栓连接副复试报告	▲		▲	▲	▲
20	钢结构用扭剪型高强螺栓连接副复试报告	▲		▲	▲	▲
21	幕墙用铝塑板、石材、玻璃、结构胶复试报告	▲		▲	▲	▲
22	散热器、供暖系统保温材料、通风与空调工程绝热材料、风机盘管机组、低压配电系统电缆的见证取样复试报告	▲		▲	▲	▲
23	节能工程材料复试报告	▲		▲	▲	▲
24	其他物资进场复试报告					
C5	**施工记录文件**					
1	隐蔽工程验收记录	▲		▲	▲	▲
2	施工检查记录			△		
3	交接检查记录			△		
4	工程定位测量记录	▲		▲	▲	▲
5	基槽验线记录	▲		▲	▲	▲
6	楼层平面放线记录			△	△	△
7	楼层标高抄测记录			△	△	△
8	建筑物垂直度、标高观测记录	▲		▲	△	△
9	沉降观测记录	▲		▲	△	▲
10	基坑支护水平位移监测记录			△	△	
11	桩基、支护测量放线记录			△	△	
12	地基验槽记录	▲	▲	▲	▲	▲
13	地基钎探记录	▲		△	△	▲
14	混凝土浇灌申请书			△	△	
15	预拌混凝土运输单			△		
16	混凝土开盘鉴定			△	△	
17	混凝土拆模申请单			△	△	
18	混凝土预拌测温记录			△		
19	混凝土养护测温记录			△		
20	大体积混凝土养护测温记录			△		
21	大型构件吊装记录	▲		△	△	▲
22	焊接材料烘焙记录			△		
23	地下工程防水效果检查记录	▲		△	△	
24	防水工程试水检查记录	▲		△	△	
25	通风(烟)道、垃圾道检查记录	▲		△	△	
26	预应力筋张拉记录	▲		▲	△	▲

序号	文件名称				
27	有粘结预应力结构灌浆记录	▲		▲	△	▲
28	钢结构施工记录	▲		▲	△	
29	网架(索膜)施工记录	▲		▲	△	▲
30	木结构施工记录	▲		▲	△	
31	幕墙注胶检查记录	▲		▲	△	
32	自动扶梯、自动人行道的相邻区域检查记录	▲		▲	△	
33	电梯电气装置安装检查记录	▲		▲	△	
34	自动扶梯、自动人行道电气装置检查记录	▲		▲	△	
35	自动扶梯、自动人行道整机安装质量检查记录	▲		▲	△	
36	其他施工记录文件					
C6	**施工试验记录及检测文件**					
	通用表格					
1	设备单机试运转记录	▲		▲	△	△
2	系统试运转调试记录	▲		▲	△	△
3	接地电阻测试记录	▲		▲	△	△
4	绝缘电阻测试记录	▲		▲	△	△
	建筑与结构工程					
1	锚杆试验报告	▲		▲	△	△
2	地基承载力检验报告	▲		▲	△	▲
3	桩基检测报告	▲		▲	△	▲
4	土工击实试验报告	▲		▲	△	▲
5	回填土试验报告(应附图)	▲		▲	△	▲
6	钢筋机械连接试验报告	▲		▲	△	△
7	钢筋焊接连接试验报告	▲		▲	△	△
8	砂浆配合比申请书、通知单			△	△	△
9	砂浆抗压强度试验报告	▲		▲	△	▲
10	砌筑砂浆试块强度统计、评定记录	▲		▲		△
11	混凝土配合比申请书、通知单	▲		△	△	△
12	混凝土抗压强度试验报告	▲		▲	△	▲
13	混凝土试块强度统计、评定记录	▲		▲	△	
14	混凝土抗渗试验报告	▲		▲	△	△
15	砂、石、水泥放射性指标报告	▲		▲	△	
16	混凝土碱总量计算书	▲		▲	△	△
17	外墙饰面砖样板粘结强度试验报告	▲		▲	△	
18	后置埋件抗拔试验报告	▲		▲	△	△
19	超声波探伤报告、探伤记录	▲		▲	△	△
20	钢构件射线探伤报告	▲		▲	△	△
21	磁粉探伤报告	▲		▲	△	△

22	高强度螺栓抗滑移系数检测报告	▲		▲	△	△
23	钢结构焊接工艺评定			△	△	△
24	网架节点承载力试验报告	▲		▲	△	△
25	钢结构防腐、防火涂料厚度检测报告	▲		▲	△	△
26	木结构胶缝试验报告	▲		▲	△	
27	木结构构件力学性能试验报告	▲		▲	△	△
28	木结构防腐剂试验报告	▲		▲	△	△
29	幕墙双组份硅酮结构胶混匀性及拉断试验报告	▲		▲	△	△
30	幕墙的抗风压性能、空气渗透性能、雨水渗透性能及平面内变形性能检测报告	▲		▲	△	△
31	外门窗的抗风压性能、空气渗透性能和雨水渗透性能检测报告	▲		▲	△	△
32	墙体节能工程保温板材与基层粘结强度现场拉拔试验	▲		▲	△	△
33	外墙保温浆料同条件养护试件试验报告	▲		▲	△	△
34	结构实体混凝土强度验收记录	▲		▲	△	△
35	结构实体钢筋保护层厚度验收记录	▲		▲	△	△
36	围护结构现场实体检验	▲		▲	△	△
37	室内环境检测报告	▲		▲	△	△
38	节能性能检测报告	▲		▲	△	▲
39	其他建筑与结构施工试验记录与检测文件					
	给水排水及供暖工程					
1	灌（满）水试验记录	▲		△	△	△
2	强度严密性试验记录	▲		▲	△	△
3	通水试验记录	▲		△	△	
4	冲（吹）洗试验记录	▲		▲	△	
5	通球试验记录	▲		△	△	
6	补偿器安装记录			△	△	
7	消火栓试射记录	▲		▲	△	
8	安全附件安装检查记录			▲	△	
9	锅炉烘炉试验记录			▲	△	
10	锅炉煮炉试验记录			▲	△	
11	锅炉试运行记录	▲		▲	△	
12	安全阀定压合格证书	▲		▲	△	
13	自动喷水灭火系统联动试验记录	▲		▲	△	△
14	其他给水排水及供暖施工试验记录与检测文件					
	建筑电气工程					
1	电气接地装置平面示意图表	▲		▲	△	△
2	电气器具通电安全检查记录	▲		△	△	

3	电气设备空载试运行记录	▲		▲	△	△
4	建筑物照明通电试运行记录	▲		▲	△	△
5	大型照明灯具承载试验记录	▲		▲		
6	漏电开关模拟试验记录	▲		▲	△	
7	大容量电气线路结点测温记录	▲		▲		
8	低压配电电源质量测试记录	▲		▲	△	
9	建筑物照明系统照度测试记录	▲		△	△	
10	其他建筑电气施工试验记录与检测文件					
智能建筑工程					
1	综合布线测试记录	▲		▲	△	△
2	光纤损耗测试记录	▲		▲	△	△
3	视频系统末端测试记录	▲		▲	△	△
4	子系统检测记录	▲		▲	△	△
5	系统试运行记录	▲		▲	△	△
6	其他智能建筑施工试验记录与检测文件					
通风与空调工程					
1	风管漏光检测记录	▲		△	△	
2	风管漏风检测记录	▲		▲	△	
3	现场组装除尘器、空调漏风检测记录			△	△	
4	各房间室内风量测量记录	▲		△	△	
5	管网风量平衡记录	▲		△	△	
6	空调系统试运转调试记录	▲		▲	△	△
7	空调水系统试运转调试记录	▲		▲	△	△
8	制冷系统气密性试验记录	▲		▲	△	
9	净化空调系统检测记录	▲		▲	△	△
10	防排烟系统联合试运行记录	▲		▲	△	△
11	其他通风与空调施工试验记录与检测文件					
电梯工程					
1	轿厢平层准确度测量记录	▲		△	△	
2	电梯层门安全装置检测记录	▲		▲	△	
3	电梯电气安全装置检测记录	▲		▲	△	
4	电梯整机功能检测记录	▲		▲	△	
5	电梯主要功能检测记录	▲		▲	△	
6	电梯负荷试运行试验记录	▲		▲	△	△
7	电梯负荷运行试验曲线图表	▲		▲	△	
8	电梯噪声测试记录	△		△	△	
9	自动扶梯、自动人行道安全装置检测记录	▲		▲		
10	自动扶梯、自动人行道整机性能、运行试验记录	▲		▲	△	△

11	其他电梯施工试验记录与检测文件					
C7	**施工质量验收文件**					
1	检验批质量验收记录	▲		△	△	
2	分项工程质量验收记录	▲		▲	▲	
3	分部(子分部)工程质量验收记录	▲		▲	▲	▲
4	建筑节能分部工程质量验收记录	▲		▲	▲	▲
5	自动喷水系统验收缺陷项目划分记录	▲		△	△	
6	程控电话交换系统分项工程质量验收记录	▲		▲	△	
7	会议电视系统分项工程质量验收记录	▲		▲	△	
8	卫星数字电视系统分项工程质量验收记录	▲		▲	△	
9	有线电视系统分项工程质量验收记录	▲		▲	△	
10	公共广播与紧急广播系统分项工程质量验收记录	▲		▲	△	
11	计算机网络系统分项工程质量验收记录	▲		▲	△	
12	应用软件系统分项工程质量验收记录	▲		▲	△	
13	网络安全系统分项工程质量验收记录	▲		▲	△	
14	空调与通风系统分项工程质量验收记录	▲		▲	△	
15	变配电系统分项工程质量验收记录	▲		▲	△	
16	公共照明系统分项工程质量验收记录	▲		▲	△	
17	给水排水系统分项工程质量验收记录	▲		▲	△	
18	热源和热交换系统分项工程质量验收记录	▲		▲	△	
19	冷冻和冷却系统分项工程质量验收记录	▲		▲	△	
20	电梯和自动扶梯系统分项工程质量验收记录	▲		▲	△	
21	数据通信接口分项工程质量验收记录	▲		▲	△	
22	中央管理工作站及操作分站分项工程质量验收记录	▲		▲	△	
23	系统实时性、可维护性、可靠性分项工程质量验收记录	▲		▲	△	
24	现场设备安装及检测分项工程质量验收记录	▲		▲	△	
25	火灾自动报警及消防联动系统分项工程质量验收记录	▲		▲	△	
26	综合防范功能分项工程质量验收记录	▲		▲	△	
27	视频安防监控系统分项工程质量验收记录	▲		▲	△	
28	入侵报警系统分项工程质量验收记录	▲		▲	△	

序号	名称					
29	出入口控制(门禁)系统分项工程质量验收记录	▲		▲	△	
30	巡更管理系统分项工程质量验收记录	▲		▲	△	
31	停车场(库)管理系统分项工程质量验收记录	▲		▲	△	
32	安全防范综合管理系统分项工程质量验收记录	▲		▲	△	
33	综合布线系统安装分项工程质量验收记录	▲		▲	△	
34	综合布线系统性能检测分项工程质量验收记录	▲		▲	△	
35	系统集成网络连接分项工程质量验收记录	▲		▲	△	
36	系统数据集成分项工程质量验收记录	▲		▲	△	
37	系统集成整体协调分项工程质量验收记录					
38	系统集成综合管理及冗余功能分项工程质量验收记录	▲		▲	△	
39	系统集成可维护性和安全性分项工程质量验收记录	▲		▲	△	
40	电源系统分项工程质量验收记录	▲		▲	△	
41	其他施工质量验收文件					
C8	**施工验收文件**					
1	单位(子单位)工程竣工预验收报验表	▲		▲		▲
2	单位(子单位)工程质量竣工验收记录	▲	△	▲		▲
3	单位(子单位)工程质量控制资料核查记录	▲		▲		▲
4	单位(子单位)工程安全和功能检验资料核查及主要功能抽查记录	▲		▲		▲
5	单位(子单位)工程观感质量检查记录	▲		▲		▲
6	施工资料移交书	▲		▲		
7	其他施工验收记录					
	竣工图(D类)					
1	建筑竣工图	▲		▲		▲
2	结构竣工图	▲		▲		▲
3	钢结构竣工图	▲		▲		▲
4	幕墙竣工图	▲		▲		▲
5	室内装饰竣工图	▲		▲		
6	建筑给水排水及供暖竣工图	▲		▲		▲
7	建筑电气竣工图	▲		▲		▲
8	智能建筑竣工图	▲		▲		▲

9	通风与空调竣工图	▲		▲		▲
10	室外工程竣工图	▲		▲		▲
11	规划红线内的室外给水、排水、供热、供电、照明管线等竣工图	▲		▲		▲
12	规划红线内的道路、园林绿化、喷灌设施等竣工图	▲		▲		▲
工程竣工验收文件(E类)						
E1	**竣工验收与备案文件**					
1	勘察单位工程质量检查报告	▲		△	△	▲
2	设计单位工程质量检查报告	▲	▲	△	△	▲
3	施工单位工程竣工报告	▲		▲	△	▲
4	监理单位工程质量评估报告	▲		△	▲	▲
5	工程竣工验收报告	▲	▲	▲	▲	▲
6	工程竣工验收会议纪要	▲				
7	专家组竣工验收意见	▲				
8	工程竣工验收证书	▲				
9	规划、消防、环保、民防、防雷等部门出具的认可文件或准许使用文件	▲	▲	▲	▲	▲
10	房屋建筑工程质量保修书	▲				▲
11	住宅质量保证书、住宅使用说明书	▲		▲		▲
12	建设工程竣工验收备案表	▲	▲	▲	▲	▲
13	建设工程档案预验收意见	▲		△		▲
14	城市建设档案移交书	▲				▲
E2	**竣工决算文件**					
1	施工决算文件	▲		▲		△
2	监理决算文件	▲			▲	△
E3	**工程声像资料等**					
1	开工前原貌、施工阶段、竣工新貌照片	▲		△	△	▲
2	工程建设过程的录音、录像资料(重大工程)	▲		△	△	▲
E4	**其他工程文件**					

注：表中符号"▲"表示必须归档保存；"△"表示选择性归档保存；

附录二 山东省建筑工程施工资料组成目录

建筑结构工程施工技术资料应按附表 2-1 组卷，建筑结构工程施工质量验收资料应按附表 2-2 组卷；桩基工程施工技术资料应按附表 2-3 组卷，桩基工程施工质量验收资料应按附表 2-4 组卷；钢结构工程施工技术资料应按附表 2-5 组卷，钢结构工程施工质量验收资料应按附表 2-6 组卷；建筑装饰装修工程施工技术资料应按附表 2-7 组卷，建筑装饰装修工程施工质量验收资料应按附表 2-8 组卷；屋面工程施工技术资料应按附表 2-9 组卷，屋面工程施工质量验收资料应按附表 2-10 组卷；单位工程竣工资料应按附表 2-11 组卷。

附表 2-1　建筑结构工程施工技术资料

序号	资料名称
1	建筑结构工程施工技术资料核查表
2	鲁 JJ-001 工程概况
3	鲁 JJ-002 工程参建各方签字签章存样表
4	鲁 JJ-003 工程项目管理人员名单
5	鲁 JJ-004 工程参建各方人员及签章变更备案表
6	鲁 JJ-005 施工现场质量管理检查记录
7	鲁 JJ-006 分包单位资质报审表
8	鲁 JJ-007 开工报告
9	鲁 JJ-008 工程竣工报告
10	鲁 JJ-009 工程质量事故调(勘)查记录
11	鲁 JJ-010 建设工程质量事故报告
12	鲁 JJ-011 施工日志
13	鲁 JJ-012 施工组织设计(施工方案)审批表
14	鲁 JJ-013 技术(安全)交底记录
15	鲁 JJ-014 图纸会审、设计变更、洽商记录汇总表
16	鲁 JJ-015 图纸会审记录
17	鲁 JJ-016 设计交底记录
18	鲁 JJ-017 设计变更通知单
19	鲁 JJ-018 工程洽商记录
20	鲁 JJ-019 材料、构配件进场检验记录
21	鲁 JJ-020 材料合格证、复试报告汇总表

22	鲁 JJ-021 钢材合格证和复试报告汇总表
23	鲁 JJ-022 预拌混凝土出厂合格证汇总表
24	鲁 JJ-023 预拌混凝土合格证
25	鲁 JJ-024 水泥出厂合格证(含出厂试验报告)、复试报告汇总表
26	鲁 JJ-025 砂石出厂合格证、出厂检验报告、复试报告汇总表
27	鲁 JJ-026 矿物掺合料出厂合格证、出厂检验报告、复试报告汇总表
28	鲁 JJ-027 混凝土外加剂产品合格证、出厂检验报告和进场复验报告汇总表
29	鲁 JJ-028 砖(砌块、墙板)出厂合格证、出厂检验报告、复试报告汇总表
30	鲁 JJ-029 防水和保温材料合格证、复试报告汇总表
31	鲁 JJ-030(其他)材料合格证、复试报告汇总表
32	鲁 JJ-031 合格证[复印件(或抄件)]贴条
33	鲁 JJ-032 材料见证取样检测汇总表
34	鲁 JJ-033 取样送样试验见证记录
35	鲁 JJ-034 土壤试验记录汇总表
36	鲁 JJ-035 混凝土配合比试验通知单
37	鲁 JJ-036 混凝土试块试压报告汇总表
38	鲁 JJ-037 混凝土试块强度统计、评定记录
39	鲁 JJ-038 砂浆试块试压报告汇总表
40	鲁 JJ-039 砂浆试块强度统计、评定记录
41	鲁 JJ-040 钢筋连接试验报告汇总表
42	鲁 JJ-041 其他(复合地基、桩基、锚杆、锚筋、面砖、节能拉拔等)检测报告
43	鲁 JJ-042 工程定位测量放线记录汇总表
44	鲁 JJ-043 工程定位测量记录
45	鲁 JJ-44.1 楼层平面放线记录
46	鲁 JJ-044.2 楼层标高抄测记录
47	鲁 JJ-045 基槽验线记录
48	鲁 JJ-046 地基验槽检查验收记录
49	鲁 JJ-047 地基验收记录
50	鲁 JJ-048 地基钎探记录
51	鲁 JJ-049 地基处理记录

52	鲁 JJ-050.1 建筑物垂直度、标高测量记录
53	鲁 JJ-050.2 建筑物垂直度、标高测量记录
54	鲁 JJ-051 隐蔽工程验收记录
55	鲁 JJ-052 钢筋隐蔽工程验收记录
56	鲁 JJ-053.1 强夯施工记录(一)
57	鲁 JJ-053.2 强夯施工记录(二)
58	鲁 JJ-054 重锤夯实施工记录
59	鲁 JJ-055 施工检查记录
60	鲁 JJ-056 直螺纹校核扭矩检查记录
61	鲁 JJ-057 混凝土浇灌申请书
62	鲁 JJ-058 混凝土开盘鉴定
63	鲁 JJ-059 预拌混凝土运输单
64	鲁 JJ-060 预拌混凝土交货检验记录
65	鲁 JJ-061 混凝土工程施工记录
66	鲁 JJ-062 混凝土养护情况记录
67	鲁 JJ-063 混凝土搅拌测温记录
68	鲁 JJ-064 混凝土同条件养护测温记录
69	鲁 JJ-065 混凝土养护测温记录
70	鲁 JJ-066 大体积混凝土养护测温记录
71	鲁 JJ-067 混凝土拆模申请单
72	鲁 JJ-068 构件吊装记录
73	鲁 JJ-069 焊接材料烘焙记录
74	鲁 JJ-070.1 预应力筋张拉记录(一)
75	鲁 JJ-070.2 预应力筋张拉记录(二)
76	鲁 JJ-071 有粘结预应力结构灌浆记录
77	鲁 JJ-072 地基基础、主体结构检验及抽样检测汇总表
78	鲁 JJ-073 地下室防水效果检查记录
79	鲁 JJ-074 屋面淋水、蓄水试验检查记录
80	鲁 JJ-075 厕所、厨房、阳台等有防水要求的地面泼水
81	鲁 JJ-076 建筑烟(风)道、垃圾道检查记录

82	鲁 JJ-077 建筑物沉降观测记录
83	鲁 JJ-078 班组自检(互检)记录
84	鲁 JJ-079 工序交接检查记录
85	鲁 JJ-080 技术复核(或预检)记录
86	鲁 JJ-081 不符合要求项处理记录
87	蓄水试验记录
88	鲁 JJ-082 样板间(分项工程)质量检查记录
89	鲁 JJ-083 新技术、新设备、新材料、新工艺施工验收记录

附表 2-2　建筑结构工程施工质量验收资料

序号	资料名称
1	鲁 JJ-084——分部(子分部)工程质量验收记录
2	鲁 JJ-085 地基与基础分部工程质量控制资料核查记录
3	鲁 JJ-086 地基与基础分部工程安全和功能检验资料核查及主要功能抽查记录
4	鲁 JJ-087 地基与基础分部工程观感质量检查记录
5	鲁 JJ-088 主体结构分部工程质量控制资料核查记录
6	鲁 JJ-089 主体结构分部工程安全和功能检验资料核查及主要功能抽查记录
7	鲁 JJ-090 主体结构分部工程观感质量检查记录
8	鲁 JJ-091.1 土方与爆破工程规范强制性条文检查记录
9	鲁 JJ-091.2 地下防水工程规范强制性条文检查记录
10	鲁 JJ-091.3 建筑地基基础工程规范强制性条文检查记录
11	鲁 JJ-091.4 混凝土结构工程规范强制性条文检查记录
12	鲁 JJ-091.5 砌体结构工程规范强制性条文检查记录
13	鲁 JJ-091.6 钢筋机械连接规范强制性条文检查记录
14	鲁 JJ-091.7 钢筋焊接及验收规范强制性条文检查记录
15	鲁 JJ-092 灰土地基工程检验批质量验收记录
16	鲁 JJ-093 砂和砂石地基工程检验批质量验收记录
17	鲁 JJ-094 粉煤灰地基工程检验批质量验收记录
18	鲁 JJ-095 强夯地基工程检验批质量验收记录
19	鲁 JJ-096 注浆地基工程检验批质量验收记录
20	鲁 JJ-097 预压地基工程检验批质量验收记录

21	鲁 JJ-098 砂桩地基工程检验批质量验收记录
22	鲁 JJ-099 高压喷射注浆地基工程检验批质量验收记录
23	鲁 JJ-100 水泥土搅拌桩地基工程检验批质量验收记录
24	鲁 JJ-101 土和灰土挤密桩复合地基工程检验批质量验收记录
25	鲁 JJ-102 水泥粉煤灰碎石桩复合地基工程检验批质量验收记录
26	鲁 JJ-103 夯实水泥土桩复合地基工程检验批质量验收记录
27	鲁 JJ-104 土工合成材料地基工程检验批质量验收记录
28	鲁 JJ-105 振冲地基工程检验批质量验收记录
29	鲁 JJ-106 排桩墙支护工程检验批质量验收记录（Ⅰ）（钢板桩）
30	鲁 JJ-107 排桩墙支护工程检验批质量验收记录（Ⅱ）（混凝土板桩）
31	鲁 JJ-108 水泥土桩墙支护工程检验批质量验收记录
32	鲁 JJ-109 锚杆及土钉墙支护工程检验批质量验收记录
33	鲁 JJ-110 钢或混凝土支撑系统工程检验批质量验收记录
34	鲁 JJ-111 地下连续墙工程检验批质量验收记录
35	鲁 JJ-112 沉井与沉箱工程检验批质量验收记录
36	鲁 JJ-113 降水与排水工程检验批质量验收记录
37	鲁 JJ-114 土方开挖工程检验批质量验收记录
38	鲁 JJ-115 土方回填（平整）工程检验批质量验收记录
39	鲁 JJ-116 爆破工程检验批质量验收记录
40	鲁 JJ-117 锚杆喷锚及土钉墙支护工程检验批质量验收记录
41	鲁 JJ-118.1 砌体挡土墙工程检验批质量验收记录
42	鲁 JJ-118.2 混凝土（悬臂式、扶臂式）挡土墙工程检验批质量验收记录
43	鲁 JJ-119 边坡工程检验批质量验收记录
44	鲁 JJ-120 防水混凝土检验批质量验收记录
45	鲁 JJ-121 水泥砂浆防水层检验批质量验收记录
46	鲁 JJ-122 卷材防水层检验批质量验收记录
47	鲁 JJ-123 涂料防水层检验批质量验收记录
48	鲁 JJ-124 塑料防水板防水层检验批质量验收记录
49	鲁 JJ-125 金属板防水层检验批质量验收记录
50	鲁 JJ-126 膨润土防水材料防水层检验批质量验收记录

51	鲁 JJ-127 施工缝防水构造检验批质量验收记录
52	鲁 JJ-128 变形缝防水构造检验批质量验收记录
53	鲁 JJ-129 后浇带防水构造检验批质量验收记录
54	鲁 JJ-130 穿墙管防水构造检验批质量验收记录
55	鲁 JJ-131 埋设件防水构造检验批质量验收记录
56	鲁 JJ-132 预留通道接头防水构造检验批质量验收记录
57	鲁 JJ-133 桩头防水构造检验批质量验收记录
58	鲁 JJ-134 孔口防水构造检验批质量验收记录
59	鲁 JJ-135 坑、池防水构造检验批质量验收记录
60	鲁 JJ-136 地下连续墙检验批质量验收记录
61	鲁 JJ-137 锚喷支护检验批质量验收记录
62	鲁 JJ-138 盾构隧道检验批质量验收记录
63	鲁 JJ-139 沉井检验批质量验收记录
64	鲁 JJ-140 逆筑结构检验批质量验收记录
65	鲁 JJ-141 渗排水、盲沟排水检验批质量验收记录
66	鲁 JJ-142 隧道、坑道排水检验批质量验收记录
67	鲁 JJ-143 塑料排水板排水检验批质量验收记录
68	鲁 JJ-144 预注浆、后注浆检验批质量验收记录
69	鲁 JJ-145 结构裂缝注浆检验批质量验收记录
70	鲁 JJ-146 模板安装检验批质量验收记录
71	鲁 JJ-147 预制构件模板安装检验批质量验收记录
72	鲁 JJ-148 钢筋原材料检验批质量验收记录
73	鲁 JJ-149 钢筋加工检验批质量验收记录
74	鲁 JJ-150.1 钢筋连接检验批质量验收记录
75	鲁 JJ-150.2 钢筋连接工程(钢筋闪光对焊接头)检验批质量验收记录(Ⅰ)
76	鲁 JJ-150.3 钢筋连接工程(钢筋电弧焊接头)检验批质量验收记录(Ⅱ)
77	鲁 JJ-150.4 钢筋连接工程(钢筋电渣压力焊接头)检验批质量验收记录(Ⅲ)
78	鲁 JJ-150.5 钢筋连接工程(钢筋气压焊接头)检验批质量验收记录(Ⅳ)
79	鲁 JJ-150.6 钢筋连接工程(直螺纹接头)检验批质量验收记录(Ⅴ)
80	鲁 JJ-150.7 钢筋连接工程(钢筋套筒灌浆连接)检验批质量验收记录(Ⅵ)

81	鲁 JJ-151 钢筋安装检验批质量验收记录
82	鲁 JJ-152 混凝土原材料检验批质量验收记录
83	鲁 JJ-153 混凝土拌合物检验批质量验收记录
84	鲁 JJ-154 混凝土施工检验批质量验收记录
85	鲁 JJ-155 预应力原材料检验批质量验收记录
86	鲁 JJ-156 预应力制作与安装检验批质量验收记录
87	鲁 JJ-157 预应力张拉与放张检验批质量验收记录
88	鲁 JJ-158 预应力灌浆与封锚检验批质量验收记录
89	鲁 JJ-159 现浇结构外观及尺寸偏差检验批质量验收记录
90	鲁 JJ-160 混凝土设备基础外观及尺寸偏差检验批质量验收记录
91	鲁 JJ-161 装配式结构预制构件检验批质量验收记录
92	鲁 JJ-162 装配式结构安装与连接检验批质量验收记录
93	鲁 JJ-163 砖砌体工程检验批质量验收记录
94	鲁 JJ-164 混凝土小型空心砌块砌体工程检验批质量验收记录
95	鲁 JJ-165 石砌体工程检验批质量验收记录
96	鲁 JJ-166 配筋砌体工程检验批质量验收记录
97	鲁 JJ-167 填充墙砌体工程检验批质量验收记录
98	鲁 JJ-168 钢管构件进场验收检验批质量验收记录
99	鲁 JJ-169 钢管混凝土构件现场拼装检验批质量验收记录
100	鲁 JJ-170 钢管混凝土柱柱脚锚固检验批质量验收记录
101	鲁 JJ-171 钢管混凝土构件安装检验批质量验收记录
102	鲁 JJ-172 钢管混凝土柱与钢筋混凝土梁连接检验批质量验收记录
103	鲁 JJ-173 钢管内钢筋骨架检验批质量验收记录
104	鲁 JJ-174 钢管内混凝土浇筑检验批质量验收记录
105	鲁 JJ-175 铝合金构件焊接工程检验批质量验收记录
106	鲁 JJ-176 铝合金紧固件连接工程检验批质量验收记录
107	鲁 JJ-177 铝合金高强度螺栓连接工程检验批质量验收记录
108	鲁 JJ-178 铝合金零部件加工工程检验批质量验收记录
109	鲁 JJ-179 铝合金构件组装工程检验批质量验收记录
110	鲁 JJ-180 铝合金预拼装工程检验批质量验收记录

111	鲁 JJ-181 铝合金框架结构安装工程检验批质量验收记录
112	鲁 JJ-182 铝合金空间网格安装工程检验批质量验收记录
113	鲁 JJ-183 铝合金面板工程检验批质量验收记录
114	鲁 JJ-184 铝合金幕墙工程检验批质量验收记录
115	鲁 JJ-185 方木和原木结构检验批质量验收记录
116	鲁 JJ-186 胶合木结构检验批质量验收记录
117	鲁 JJ-187 轻型木结构检验批质量验收记录
118	鲁 JJ-188 木结构防护检验批质量验收记录

附表 2-3 桩基工程施工技术资料

序号	资料名称
1	建筑桩基子分部工程施工技术资料核查表
2	鲁 ZJ-001 桩基工程概况
3	鲁 ZJ-002 工程参建各方签字签章存样表
4	鲁 ZJ-003 工程项目管理人员名单
5	鲁 ZJ-004 工程参建各方及签章变更备案表
6	鲁 ZJ-005 施工现场质量管理检查记录
7	鲁 ZJ-006 分包单位资质报审表
8	鲁 ZJ-007 桩基工程开工报告
9	鲁 ZJ-008 工程竣工报告
10	鲁 ZJ-009 工程质量事故调(勘)查记录
11	鲁 ZJ-010 建设工程质量事故报告
12	鲁 ZJ-011 施工日志
13	鲁 ZJ-012 施工组织设计(施工方案)审批表
14	鲁 ZJ-013 技术(安全)交底记录
15	鲁 ZJ-014 图纸会审、设计变更、洽商记录汇总表
16	鲁 ZJ-015 图纸会审记录
17	鲁 ZJ-016 设计交底记录
18	鲁 ZJ-017 设计变更通知单
19	鲁 ZJ-018 工程洽商记录
20	鲁 ZJ-019 材料、构配件进场检验记录

21	鲁 ZJ-020 预制桩(钢桩)进场验收记录
22	鲁 ZJ-021 材料合格证、复试报告汇总表
23	鲁 ZJ-022 合格证[复印件(或抄件)]贴条
24	鲁 ZJ-023 预制材料(钢桩、商品砼及桩头)合格证汇总表
25	鲁 ZJ-024 材料见证取样检测汇总表
26	鲁 ZJ-025 取样送样试验见证记录
27	鲁 ZJ-026 钢筋连接试验报告汇总表
28	鲁 ZJ-027 桩基检测资料汇总表
29	鲁 ZJ-028 试桩记录
30	鲁 ZJ-029 静压混凝土预制桩、钢桩施工工艺试验报告
31	鲁 ZJ-030 锤击混凝土预制桩、钢桩施工工艺试验报告
32	鲁 ZJ-031 混凝土试块试压报告汇总表
33	鲁 ZJ-032 混凝土试块强度统计、评定记录
34	鲁 ZJ-033 桩位测量放线记录
35	鲁 ZJ-034 工程定位测量记录
36	鲁 ZJ-035 挖至设计标高时预制桩(钢桩)桩位偏差验收记录
37	鲁 ZJ-036 挖至设计标高时灌注桩桩位偏差验收记录
38	鲁 ZJ-037 地基验槽检查记录
39	鲁 ZJ-038 隐蔽工程验收记录
40	鲁 ZJ-039 钢筋隐蔽工程验收记录
41	鲁 ZJ-040 混凝土预制桩接桩隐蔽验收记录
42	鲁 ZJ-041 钢桩焊接接桩隐蔽验收记录
43	鲁 ZJ-042 混凝土预制桩焊接接桩隐蔽验收记录
44	鲁 ZJ-043 施工检查记录
45	鲁 ZJ-044 泥浆护壁成孔灌注桩施工验收记录
46	鲁 ZJ-045 人工挖孔灌注桩施工验收记录
47	鲁 ZJ-046 预制桩、钢桩(静压沉桩)施工验收记录
48	鲁 ZJ-047 预制桩、钢桩(锤击沉桩)施工验收记录
49	鲁 ZJ-048 锤击沉管(夯扩)灌注桩施工验收记录
50	鲁 ZJ-049 混凝工程施工记录

51	鲁 ZJ-050 桩混凝工程施工记录
52	鲁 ZJ-051 灌注桩混凝土灌注记录
53	鲁 ZJ-052 班组自检(互检)记录
54	鲁 ZJ-053 工序交接检查记录
55	鲁 ZJ-054 技术复核(或预检)记录
56	鲁 ZJ-055 不符合要求项处理记录
57	鲁 ZJ-056 新技术、新设备、新材料、新工艺施工验收记录

附表 2-4 桩基工程施工质量验收资料

序号	资料名称
1	鲁 ZJ-057——分部(子分部)工程质量验收记录
2	鲁 ZJ-058 桩基子分部工程质量控制资料核查记录
3	鲁 ZJ-059 桩基子分部工程安全和功能检验资料核查及主要功能抽查记录
4	鲁 ZJ-061 桩基工程规范强制性条文检查记录
5	鲁 ZJ-063 静力压桩检验批质量验收记录
6	鲁 ZJ-064 先张法预应力管桩检验批质量验收记录
7	鲁 ZJ-065 预制桩(钢筋骨架)检验批质量验收记录
8	鲁 ZJ-066 混凝土预制桩检验批质量验收记录
9	鲁 ZJ-067 钢桩(成品)检验批质量验收记录
10	鲁 ZJ-068 混凝土灌注桩(钢筋笼)检验批质量验收记录

附表 2-5 钢结构工程施工技术资料

序号	资料名称
1	钢结构子分部工程施工技术资料核查表
2	鲁 GG-001 钢结构工程概况
3	鲁 GG-002 工程参建各方签字签章存样表
4	鲁 GG-003 工程项目管理人员名单
5	鲁 GG-004 工程参建各方人员及签章变更备案表
6	鲁 GG-005 施工现场质量管理检查记录
7	鲁 GG-006 分包单位资质报审表
8	鲁 GG-007 工程质量事故调(勘)查记录

9	鲁 GG-008 建设工程质量事故报告
10	鲁 GG-009 施工日志
11	鲁 GG-010 施工组织设计(施工方案)审批表
12	鲁 GG-011 技术(安全)交底记录
13	鲁 GG-012 图纸会审、设计变更、洽商记录汇总表
14	鲁 GG-013 图纸会审记录
15	鲁 GG-014 设计交底记录
16	鲁 GG-015 设计变更通知单
17	鲁 GG-016 工程洽商记录
18	鲁 GG-017 材料、构配件进场检验记录
19	鲁 GG-018 材料合格证、复试报告汇总表
20	鲁 GG-019 合格证[复印件(或抄件)]贴条
21	鲁 GG-020 钢结构工程材料、构配件出厂合格证及进场检验(试验)报告汇总表
22	鲁 GG-021 材料见证取样检测汇总表
23	鲁 GG-022 取样送样试验见证记录
24	鲁 GG-023 钢结构施工力学试验报告汇总表
25	鲁 GG-024 焊接工艺评定报告汇总表
26	鲁 GG-025 焊缝无损检测及热处理报告汇总表
27	鲁 GG-026 涂装质量检测报告汇总表
28	鲁 GG-027 涂膜附着力测试记录
29	鲁 GG-028 涂层厚度检测记录
30	鲁 GG-029 工程定位测量记录
31	鲁 GG-030 标高抄测记录
32	鲁 GG-031 钢结构主体整体垂直度、平面弯曲、标高观测记录
33	鲁 GG-032 钢网架结构挠度值检查记录
34	鲁 GG-033 钢结构基础复验记录
35	鲁 GG-034 隐蔽工程验收记录
36	鲁 GG-035 施工检查记录
37	鲁 GG-036 焊接材料烘焙记录
38	鲁 GG-037 钢结构零件热加工施工记录

39	鲁 GG-038 钢结构零件边缘加工施工记录
40	鲁 GG-039 钢构件组装检查记录（焊接 H 型钢）
41	鲁 GG-040 钢构件组装检查记录（焊接连接制作组装）
42	鲁 GG-041 钢构件组装检查记录（单层钢柱）
43	鲁 GG-042 钢构件组装检查记录（多节钢柱）
44	鲁 GG-043 钢构件组装检查记录（焊接实腹钢梁）
45	鲁 GG-044 钢构件组装检查记录（钢桁架）
46	鲁 GG-045 钢构件组装检查记录（钢管构件）
47	鲁 GG-046 钢构件组装检查记录（墙架、檩条、支撑系统）
48	鲁 GG-047 钢构件组装检查记录（钢平台、钢梯和防护钢栏杆）
49	鲁 GG-048 钢结构焊缝外观检查记录
50	鲁 GG-049 钢构件预拼装检查记录
51	鲁 GG-050 钢结构构件安装检查记录
52	鲁 GG-051 高强度螺栓施工检查记录
53	鲁 GG-052 班组自检（互检）记录
54	鲁 GG-053 工序交接检查记录
55	鲁 GG-054 技术复核（或预检）记录
56	鲁 GG-055 不符合要求项处理记录
57	鲁 GG-056 新技术、新设备、新材料、新工艺施工验收记录

附表 2-6　钢结构工程施工质量验收资料

序号	资料名称
1	鲁 GG-057——分部（子分部）工程质量验收记录
2	鲁 GG-058 钢结构子分部工程质量控制资料核查记录
3	鲁 GG-059 钢结构子分部工程安全和功能检验资料核查及主要功能抽查记录
4	鲁 GG-060 一、二级焊缝外观质量抽检记录
5	鲁 GG-061 高强度螺栓施工质量抽检记录
6	鲁 GG-062 柱脚及网架支座抽检记录
7	鲁 GG-063 主要构件变形抽检记录
8	鲁 GG-064 钢结构子分部工程观感质量检查记录
9	鲁 GG-065 钢结构子分部工程规范强制性条文检查记录

10	鲁 GG-066 普通紧固件连接工程检验批质量验收记录
11	鲁 GG-067 高强度螺栓连接工程检验批质量验收记录
12	鲁 GG-068 钢结构零、部件加工工程检验批质量验收记录
13	鲁 GG-069 钢构件组装工程检验批质量验收记录
14	鲁 GG-070 钢构件预拼装工程检验批质量验收记录
15	鲁 GG-071 单层钢结构安装工程检验批质量验收记录
16	鲁 GG-072 多层及高层钢结构安装工程检验批质量验收记录
17	鲁 GG-073 钢网架制作工程检验批质量验收记录
18	鲁 GG-074 钢网架安装工程检验批质量验收记录
19	鲁 GG-075 钢管结构安装工程检验批质量验收记录
20	鲁 GG-076 预应力钢索和膜结构检验批质量验收记录
21	鲁 GG-077 压型金属板工程检验批质量验收记录
22	鲁 GG-078 防腐涂料涂装工程检验批质量验收记录
23	鲁 GG-079 防火涂料涂装工程检验批质量验收记录
24	鲁 GG-080 钢结构制作(安装)焊接工程检验批质量验收记录
25	鲁 GG-081 焊钉(栓钉)焊接工程检验批质量验收记录

附表 2-7　建筑装饰装修工程施工技术资料

序号	资料名称
1	建筑装饰装修分部工程施工技术资料核查表
2	鲁 ZX-001 施工现场质量管理检查记录
3	鲁 ZX-002 工程参建各方签字签章存样表
4	鲁 ZX-003 工程项目管理人员名单
5	鲁 ZX-004 工程参建各方人员及签章变更备案表
6	鲁 ZX-005 分包单位资质报审表
7	鲁 ZX-006 工程质量事故调(勘)查记录
8	鲁 ZX-007 建设工程质量事故报告
9	鲁 ZX-008 施工日志
10	鲁 ZX-009 施工组织设计(施工方案)审批表
11	鲁 ZX-010 技术(安全)交底记录
12	鲁 ZX-011 图纸会审、设计变更、洽商记录汇总表

13	鲁 ZX-012 图纸会审记录
14	鲁 ZX-013 设计交底记录
15	鲁 ZX-014 设计变更通知单
16	鲁 ZX-015 工程洽商记录
17	鲁 ZX-016 材料、构配件进场检验记录
18	鲁 ZX-017 材料合格证、复试报告汇总表
19	鲁 ZX-018 合格证[复印件(或抄件)]贴条
20	鲁 ZX-019 材料见证取样检测汇总表
21	鲁 ZX-020 取样送样试验见证记录
22	鲁 ZX-021 工程施工控制网测量记录
23	鲁 ZX-023 幕墙等电位联结工程隐蔽工程验收记录
24	鲁 ZX-025 幕墙等电位联结测试记录
25	鲁 ZX-026 幕墙接地电阻测试记录
26	鲁 ZX-028 幕墙构件和组件的加工制作记录
27	鲁 ZX-029 打胶、养护环境的温度、湿度记录
28	鲁 ZX-030 幕墙工程安装施工检验记录
29	鲁 ZX-031 幕墙淋水试验记录
30	鲁 ZX-032 班组自检(互检)记录
31	鲁 ZX-033 工序交接检查记录
32	鲁 ZX-034 技术复核(或预检)记录
33	鲁 ZX-035 不符合要求项处理记录
34	鲁 ZX-036 样板间(分项工程)质量检查记录
35	鲁 ZX-037 新技术、新设备、新材料、新工艺施工验收记录

附表 2-8　建筑装饰装修工程施工质量验收资料

序号	资料名称
1	鲁 ZX-038——分部(子分部)工程质量验收记录
2	鲁 ZX-039 建筑装饰装修分部工程质量控制资料核查记录
3	鲁 ZX-040 建筑装饰装修分部工程安全和功能检验资料核查及主要功能抽查记录
4	鲁 ZX-041 建筑装饰装修分部工程观感质量检查记录
5	鲁 ZX-042.1 建筑装饰装修工程规范强制性条文检查记录(一)

6	鲁 ZX-042.2 建筑装饰装修工程规范强制性条文检查记录(二)
7	鲁 ZX-043 基土垫层检验批质量验收记录
8	鲁 ZX-044 灰土垫层检验批质量验收记录
9	鲁 ZX-045 砂垫层和砂石垫层检验批质量验收记录
10	鲁 ZX-046 碎石垫层和碎砖垫层检验批质量验收记录
11	鲁 ZX-047 三合土垫层和四合土垫层检验批质量验收记录
12	鲁 ZX-048 炉渣垫层检验批质量验收记录
13	鲁 ZX-049 水泥混凝土垫层和陶粒混凝土垫层检验批质量验收记录
14	鲁 ZX-050 找平层检验批质量验收记录
15	鲁 ZX-051 隔离层检验批质量验收记录
16	鲁 ZX-052 填充层检验批质量验收记录
17	鲁 ZX-053 绝热层检验批质量验收记录
18	鲁 ZX-054 水泥混凝土面层检验批质量验收记录
19	鲁 ZX-055 水泥砂浆面层检验批质量验收记录
20	鲁 ZX-056 水磨石面层检验批质量验收记录
21	鲁 ZX-057 硬化耐磨面层检验批质量验收记录
22	鲁 ZX-058 防油渗面层检验批质量验收记录
23	鲁 ZX-059 不发火(防爆)面层检验批质量验收记录
24	鲁 ZX-060 自流平面层检验批质量验收记录
25	鲁 ZX-061 涂料面层检验批质量验收记录
26	鲁 ZX-062 塑胶面层检验批质量验收记录
27	鲁 ZX-063 地面辐射供暖的水泥混凝土面层检验批质量验收记录
28	鲁 2X-064 地面辐射供暖的水泥砂浆面层检验批质量验收记录
29	鲁 ZX-065 砖面层检验批质量验收记录
30	鲁 ZX-066 大理石面层和花岗岩面层检验批质量验收记录
31	鲁 ZX-067 预制板块面层检验批质量验收记录
32	鲁 ZX-068 料石面层检验批质量验收记录
33	鲁 ZX-069 塑料板面层检验批质量验收记录
34	鲁 ZX-070 活动地板面层检验批质量验收记录
35	鲁 ZX-071 金属板面层检验批质量验收记录

36	鲁 ZX-072 地毯面层检验批质量验收记录
37	鲁 ZX-073 地面辐射供暖的砖面层检验批质量验收记录
38	鲁 ZX-074 地面辐射供暖的大理石面层和花岗石面层检验批质量验收记录
39	鲁 ZX-075 地面辐射供暖的预制板块面层检验批质量验收记录
40	鲁 ZX-076 地面辐射供暖的塑料板面层检验批质量验收记录
41	鲁 ZX-077 实木地板、实木集成地板、竹地板面层检验批质量验收记录
42	鲁 ZX-078 实木复合地板面层检验批质量验收记录
43	鲁 ZX-079 浸渍纸层压木质地板面层检验批质量验收记录
44	鲁 ZX-080 软木类地板面层检验批质量验收记录
45	鲁 ZX-081 地面辐射供暖的实木复合板面层检验批质量验收记录
46	鲁 ZX-082 地面辐射供暖的浸渍纸层压木质地板面层检验批质量验收记录
47	鲁 2X-086 一般抹灰工程检验批质量验收记录
48	鲁 ZX-088 装饰抹灰工程检验批质量验收记录
49	鲁 ZX-089 清水砌体勾缝工程检验批质量验收记录
50	鲁 ZX-090 木门窗制作检验批质量验收记录
51	鲁 ZX-091 木门窗安装检验批质量验收记录
52	鲁 ZX-092 钢门窗安装检验批质量验收记录
53	鲁 ZX-093 铝合金门窗安装检验批质量验收记录
54	鲁 ZX-094 涂色镀锌钢板门窗检验批质量验收记录
55	鲁 ZX-095 塑料门窗安装检验批质量验收记录
56	鲁 ZX-096 特种门安装检验批质量验收记录
57	鲁 ZX-097 门窗玻璃安装检验批质量验收记录
58	鲁 ZX-098 整体面层暗龙骨吊顶检验批质量验收记录
59	鲁 ZX-099 整体面层明龙骨吊顶检验批质量验收记录
60	鲁 ZX-100 板块面层暗龙骨吊顶检验批质量验收记录
61	鲁 ZX-101 板块面层明龙骨吊顶检验批质量验收记录
62	鲁 ZX-102 格栅暗龙骨吊顶检验批质量验收记录
63	鲁 ZX-103 格栅明龙骨吊顶检验批质量验收记录
64	鲁 ZX-104 板材隔墙检验批质量验收记录
65	鲁 ZX-105 骨架隔墙检验批质量验收记录

66	鲁 ZX-106 活动隔墙检验批质量验收记录
67	鲁 ZX-107 玻璃隔墙检验批质量验收记录
68	鲁 ZX-108 石板安装检验批质量验收记录
69	鲁 ZX-109 陶瓷板安装检验批质量验收记录
70	鲁 ZX-110 木板安装检验批质量验收记录
71	鲁 ZX-111 金属板安装检验批质量验收记录
72	鲁 ZX-112 塑料板安装检验批质量验收记录
73	鲁 ZX-113 外墙饰面砖粘贴检验批质量验收记录
74	鲁 ZX-114 内墙饰面砖粘贴检验批质量验收记录
75	鲁 ZX-115 水性涂料涂饰检验批质量验收记录
76	鲁 ZX-116 溶剂型涂料涂饰检验批质量验收记录
77	鲁 ZX-117 美术涂饰检验批质量验收记录
78	鲁 ZX-118 裱糊检验批质量验收记录
79	鲁 ZX-119 软包检验批质量验收记录
80	鲁 ZX-120 橱柜制作与安装工程检验批质量验收记录
81	鲁 ZX-121 窗帘盒和窗台板制作与安装工程检验批质量验收记录
82	鲁 ZX-122 门窗套制作与安装工程检验批质量验收记录
83	鲁 ZX-123 护栏与扶手制作与安装工程检验批质量验收记录
84	鲁 ZX-124 花饰制作与安装工程检验批质量验收记录
85	鲁 ZX-125 玻璃幕墙安装检验批质量验收记录
86	鲁 ZX-126 金属幕墙安装检验批质量验收记录
87	鲁 ZX-127 石材幕墙安装检验批质量验收记录

附表 2-9　屋面工程施工技术资料

序号	资料名称
1	屋面分部工程施工技术资料核查表
2	鲁 WM-001 施工现场质量管理检查记录
3	鲁 WM-002 工程参建各方签字签章存样表
4	鲁 WM-003 工程项目管理人员名单
5	鲁 WM-004 工程参建各方人员及签章变更备案表
6	鲁 WM-005 分包单位资质报审表

7	鲁 WM-006 工程质量事故调(勘)查记录
8	鲁 WM-007 建设工程质量事故报告
9	鲁 WM-008 施工日志
10	鲁 WM-009 施工组织设计(施工方案)审批表
11	鲁 WM-010 技术(安全)交底记录
12	鲁 WM-011 图纸会审、设计变更、洽商记录汇总表
13	鲁 WM-012 图纸会审记录
14	鲁 WM-013 设计交底记录
15	鲁 WM-014 设计变更通知单
16	鲁 WM-015 工程洽商记录
17	鲁 WM-016 材料、构配件进场检验记录
18	鲁 WM-017 材料合格证、复试报告汇总表
19	鲁 WM-018 防水和保温材料合格证、复试报告汇总表
20	鲁 WM-019(其他)材料合格证、复试报告汇总表
21	鲁 WM-020 混凝土试块试压报告汇总表
22	鲁 WM-021 合格证[复印件(或抄件)]贴条
23	鲁 WM-022 预拌混凝土交货检验记录
24	鲁 WM-023 材料见证取样检测汇总表
25	鲁 WM-024 取样送样试验见证记录
26	鲁 WM-025 混凝土试块强统计、评定记录
27	鲁 WM-026 原面淋水、春水试验检查记录
28	鲁 WM-027 隐蔽工程验收记录
29	鲁 WM-028 钢筋隐蔽工程验收收记录
30	鲁 WM-029 施工检查记录
31	鲁 WM-030 混凝土开盘鉴定
32	鲁 WM-031 预拌混凝土运输单
33	鲁 WM-032 混凝土浇灌申请书
34	鲁 WM-033 混凝土工程施工记录
35	鲁 WM-034 构件吊装记录
36	鲁 WM-035.1 预应力筋张拉记录(一)

37	鲁 WM-035.2 预应力筋张拉记录(二)
38	鲁 WM-036 有粘结预应力结构灌浆记录
39	鲁 WM-037 班组自检(互检)记录
40	鲁 WM-038 工序交接检查记录
41	鲁 WM-039 技术复核(或预检)记录
42	鲁 WM-040 不符合要求项处理记录
43	鲁 WM-041 样板间(分项工程)质量检查记录
44	鲁 WM-042 新技术、新设备、新材料、新工艺施工验收记录

附表 2-10 屋面工程施工质量验收资料

序号	资料名称
1	鲁 WM-043——分部(子分部)工程施工质量记录
2	鲁 WM-044 屋面分部工程质量控制资料核查记录
3	鲁 WM-045 屋面分部工程安全和功能检验资料核查及主要功能抽查记录
4	鲁 WM-046 屋面分部工程观感质量检查记录
5	鲁 WM-047 屋面工程规范强制性条文检查记录
6	鲁 WM-048 找坡层和找平层检验批质量验收记录
7	鲁 WM-049 隔汽层检验批质量验收记录
8	鲁 WM-050 隔离层检验批质量验收记录
9	鲁 WM-051 保护层检验批质量验收记录
10	鲁 WM-052 板状材料保温层检验批质量验收记录
11	鲁 WM-053 纤维材料保温层检验批质量验收记录
12	鲁 WM-054 喷涂硬泡聚氨酯保温层检验批质量验收记录
13	鲁 WM-055 现浇泡沫混凝土保温层检验批质量验收记录
14	鲁 WM-056 种植隔热层检验批质量验收记录
15	鲁 WM-057 架空隔热层检验批质量验收记录
16	鲁 WM-058 蓄水隔热层检验批质量验收记录
17	鲁 WM-059 卷材防水层检验批质量验收记录
18	鲁 WM-060 涂膜防水层检验批质量验收记录
19	鲁 WM-061 复合防水层检验批质量验收记录
20	鲁 WM-062 接缝密封防水检验批质量验收记录

21	鲁 WM-063 烧结瓦和混凝土瓦铺装检验批质量验收记录
22	鲁 WM-064 沥青瓦铺装检验批质量验收记录
23	鲁 WM-065 金属板铺装检验批质量验收记录
24	鲁 WM-066 玻璃采光顶铺装检验批质量验收记录
25	鲁 WM-067 檐口检验批质量验收记录
26	鲁 WM-068 檐沟和天沟检验批质量验收记录
27	鲁 WM-069 女儿墙和山墙检验批质量验收记录
28	鲁 WM-070 水落口检验批质量验收记录
29	鲁 WM-071 变形缝检验批质量验收记录
30	鲁 WM-072 伸出屋面管道检验批质量验收记录
31	鲁 WM-073 屋面出入口检验批质量验收记录
32	鲁 WM-074 反梁过水孔检验批质量验收记录
33	鲁 WM-075 设施基座检验批质量验收记录
34	鲁 WM-076 屋脊检验批质量验收记录
35	鲁 WM-077 屋顶窗检验批质量验收记录
36	鲁 WM-078 坡屋面防水垫层检验批质量验收记录
37	鲁 WM-079 沥青瓦屋面检验批质量验收记录
38	鲁 WM-080 块瓦屋面检验批质量验收记录
39	鲁 WM-081 波形瓦屋面检验批质量验收记录
40	鲁 WM-082 金属板屋面检验批质量验收记录
41	鲁 WM-083 防水卷材屋面检验批质量验收记录
42	鲁 WM-084 倒置式屋面基层检验批质量验收记录
43	鲁 WM-085 倒置式屋面卷材防水层检验批质量验收记录
44	鲁 WM-086 倒置式屋面涂膜防水层检验批质量验收记录
45	鲁 WM-087 倒置式屋面复合防水层检验批质量验收记录
46	鲁 WM-088 倒置式屋面接缝密封防水检验批质量验收记录
47	鲁 WM-089 倒置式屋面保温层检验批质量验收记录
48	鲁 WM-090 倒置式屋面细部构造检验批质量验收记录
49	鲁 WM-091 倒置式屋面保护层检验批质量验收记录
50	鲁 WM-092 找坡层和找平层检验批质量验收记录

51	鲁 WM-093 保护层检验批质量验收记录
52	鲁 WM-094 种植屋面绝热层检验批质量验收记录
53	鲁 WM-095 种植屋面普通防水层检验批质量验收记录
54	鲁 WM-096 种植屋面耐根穿刺防水层检验批质量验收记录
55	鲁 WM-097 种植屋面排水系统、排(蓄)水层和过滤层检验批质量验收记录
56	鲁 WM-098 种植屋面种植土层检验批质量验收记录
57	鲁 WM-099 种植屋面植被层检验批质量验收记录
58	鲁 WM-100 种植屋面园路铺装和护栏、灌溉系统检验批质量验收记录
59	鲁 WM-101 种植屋面电气和照明系统、避雷设施检验批质量验收记录
60	鲁 WM-102 种植屋面园林小品检验批质量验收记录
61	鲁 WM-103 单层防水卷材屋面防水层检验批质量验收记录
62	鲁 WM-104 单层防水卷材屋面压铺层检验批质量验收记录

附表 2-11　单位工程竣工资料

序号	资料名称
1	鲁 JG-001 单位(子单位)工程竣工预验收报审表
2	鲁 JG-002 单位(子单位)工程质量竣工验收记录
3	鲁 JG-003 单位(子单位)工程质量控制资料核查记录
4	鲁 JG-004 单位(子单位)工程安全和功能检验资料核查及主要功能抽查记录
5	鲁 JG-005 单位(子单位)工程观感质量检查记录

参 考 文 献

[1] 孙伟，麦爽．建筑工程资料管理[M]．北京：北京大学出版社，2022.

[2] 傅敏，梁晓丹．工程资料管理实务模拟[M]．3版．北京：中国建筑工业出版社，2021.

[3] 郑淳峻．资料员实操技能全图解[M]．北京：化学工业出版社，2020.

[4] 谢咸颂．建筑工程资料管理[M]．2版．北京：化学工业出版社，2020.

[5] 王丽群，朱锋．建筑工程资料管理实训[M]．北京：北京理工大学出版社，2019.

[6] 王辉，刘启顺．建筑工程资料管理[M]．2版．北京：机械工业出版社，2019.

[7] 陈金巧，曹福顺．建筑工程资料管理-模拟实务[M]．大连：大连理工大学出版社，2019.

[8] 戴成元．资料员速学手册[M]．3版．北京：化学工业出版社，2018.

[9] 孙刚，刘志麟．建筑工程资料管理[M]．2版．北京：北京大学出版社，2018.